MÉMOIRES

DU MARÉCHAL MARMONT

DUC DE RAGUSE

DE 1792 A 1841

IMPRIMÉS SUR LE MANUSCRIT ORIGINAL DE L'AUTEUR

AVEC

LE PORTRAIT DU DUC DE REICHSTADT, D'APRÈS UNE MINIATURE OFFERTE AU MARÉCHAL,
CELUI DU DUC DE RAGUSE

QUATRE FAC-SIMILE DE CHARLES X, DU DUC D'ANGOULÊME, DE L'EMPEREUR NICOLAS
DU DUC DE RAGUSE, ET UNE CARTE

TROISIÈME ÉDITION

TOME DEUXIÈME

PARIS

PERROTIN, LIBRAIRE-ÉDITEUR

41, RUE FONTAINE-MOLIÈRE, 41

1857

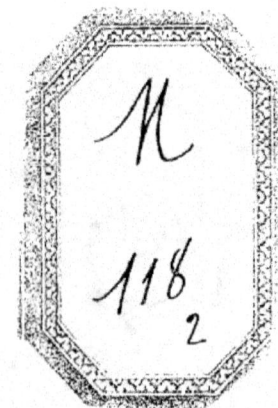

MÉMOIRES

DU MARÉCHAL MARMONT

DUC DE RAGUSE

PARIS. — IMP. SIMON RAÇON ET COMP., RUE D'ERFURTH 1.

MÉMOIRES

DU MARÉCHAL MARMONT

DUC DE RAGUSE

DE 1792 A 1841

IMPRIMÉS SUR LE MANUSCRIT ORIGINAL DE L'AUTEUR

AVEC

LE PORTRAIT DU DUC DE REISCHSTADT
CELUI DU DUC DE RAGUSE
ET QUATRE FAC-SIMILE DE CHARLES X, DU DUC D'ANGOULÊME, DE L'EMPEREUR NICOLAS
ET DU DUC DE RAGUSE

TROISIÈME ÉDITION

TOME DEUXIÈME

PARIS
PERROTIN, LIBRAIRE-ÉDITEUR
41, RUE FONTAINE-MOLIÈRE, 41

L'éditeur se réserve tous droits de traduction et de reproduction.

1857

MÉMOIRES

DU MARÉCHAL

DUC DE RAGUSE

LIVRE QUATRIÈME

1799 — 1800

Sommaire. — Expédition de Syrie. — Conférence avec le général Menou. — Alexandrie fortifiée. — Flottille envoyée au corps expéditionnaire en Syrie — Conséquences de l'insuccès à Saint-Jean-d'Acre. — Les pestiférés et les prisonniers. — Insurrection dans la province de Bahiré. — Flotte turque à Aboukir (12 juillet 1799). — Bonaparte à Alexandrie (22 juillet). — Bataille d'Aboukir (25 juillet). — Le général en chef prend la résolution de rentrer en France. — Son départ. — M. Blanc. — Navigation dangereuse. — Débarquement à Fréjus. — Anecdote. — Bonaparte se rend à Paris (octobre 1799).

On a vu quelles étaient nos misères d'Alexandrie. Nous avions de grands embarras de subsistances, peu ou point d'argent, la peste et un bombardement : c'étaient tous les fléaux réunis à la fois, et je me rappelle avec plaisir que, malgré ma fort grande jeunesse, je sus les surmonter et les vaincre.

A cette époque, on s'occupa des préparatifs de

l'expédition de Syrie. Quelle que fût l'importance de mon poste, je ne pouvais me consoler de rester étranger à de nouvelles entreprises. Les vrais soldats me comprendront : voir une campagne s'ouvrir, et ne pas y prendre part, est un horrible supplice. Notre métier veut des aventures et des hasards; on aime les émotions produites par les dangers et les chances de la guerre. Comme l'a si bien dit Louis XIV, on est indigne des faveurs accordées par la gloire quand on s'en rassasie; et on devinera ce que je devais éprouver alors, presque au début de ma carrière, moi qui, plus tard, en 1814, après vingt campagnes, avais encore la ferveur d'un novice. J'étais donc au désespoir de rester en Égypte; je remuai ciel et terre pour être appelé à l'armée active, mais inutilement. J'eus l'enfantillage de croire à une disgrâce, quand je recevais, au contraire, un témoignage de haute confiance. Il fallut donc prendre mon parti et employer de mon mieux cette brûlante activité qui ne s'est presque pas ralentie pendant le cours de ma vie.

Le général Bonaparte, en partant, fit les dispositions suivantes : il appela au Caire le général Menou pour lui en laisser le commandement, me donna à sa place celui du deuxième arrondissement, composé des provinces d'Alexandrie, de Rosette et Bahiré : il était assez naturel de les mettre toutes les trois sous l'autorité du général commandant à Alexandrie, plus intéressé qu'un autre à en exploiter les ressources destinées à satisfaire à ses propres besoins. Bonaparte ordonna à Menou de venir par terre, si le vent n'était pas favorable, afin d'arriver à époque fixe : il l'attendit trois jours. Ne pouvant cependant suspendre davantage son départ, les colonnes étant en plein mouvement, il laissa provisoirement le commandement au général Dugua, chargé de le lui remettre à son arrivée; mais Menou, fidèle à son caractère, se disposa à partir, m'annonça son voyage, m'écrivit qu'il allait me remettre le commandement, puis resta et garda ce commandement. Une fois le général en chef en route, il se mit à son aise; et, bien qu'il parlât toujours de départ, il ne pensa plus à l'effectuer. C'est à cette époque qu'il conçut l'extravagante idée de se marier à une musulmane : il crut ce mariage politique; il supposa qu'il influerait sur l'esprit des habitants et les rapprocherait de nous : le contraire arriva, et ce mariage ridicule le rendit méprisable aux yeux de tout le monde. Menou choisit pour femme la fille d'un misérable baigneur de Rosette; elle n'était plus jeune, elle n'était pas belle : ainsi ce ne fut pas l'entraînement des passions qui agit sur lui; mais elle était fille de chérif et descendante de Mahomet.

Les cérémonies bizarres auxquelles il se soumit, les humiliations qu'il lui fallut supporter, imposées par sa nouvelle famille, furent publiques; elles le rendirent la fable de l'armée. Il choisit le nom d'Abdallah (serviteur de Dieu) et échappa heureusement à la circoncision, qui n'est que de conseil et non de dogme, son âge étant d'ailleurs un titre suffisant pour l'en faire dispenser.

Le général Bonaparte partit du Caire pour la Syrie dans le courant de pluviôse, après avoir laissé le général Desaix dans la Haute-Égypte, destiné le Caire au général Menou, et m'avoir choisi pour commander et administrer toute cette partie de la Basse-Égypte connue sous le nom du deuxième arrondissement.

Le général Bonaparte avait quitté l'Égypte depuis quinze jours; il avait pris le fort d'El-Arich, traversé le désert de Syrie; et le général Menou restait à Rosette. Il ne s'occupait ni de me remettre le commandement, ni de satisfaire à mes besoins; mes lettres cependant les lui faisaient connaître chaque jour et renouvelaient mes demandes toujours plus vives. Fatigué à la fin de tant d'apathie, de tant de promesses dilatoires, je me déterminai à me rendre moi-même à Rosette, afin d'avoir avec lui une explication et de sortir de cet état de manière ou d'autre. La peste d'Alexandrie m'empêchant d'entrer à Rosette, où cette maladie ne régnait pas, je campai à la porte de la ville et priai le général Menou de venir à une conférence. Je lui déclarai que les besoins d'Alexandrie étaient arrivés au plus grand point d'urgence; tout délai était devenu impossible, et je le sommai d'y pourvoir sur-le-champ. Le général en chef, en partant, avait cru leur affecter les ressources nécessaires, et je venais réclamer l'exécution de ses ordres. Je l'assurai que je ne désirais nullement m'affranchir de son commandement, mais à la condition qu'il s'occuperait d'Alexandrie d'une manière efficace. Je reconnaissais lui devoir obéissance; mais cette obéissance, volontaire de ma part, l'obligeait à ne rien négliger pour assurer les services; ainsi il devait, dans la journée même, prendre les dispositions réclamées par les circonstances, ou me remettre un commandement qui m'était dévolu. Ma démarche m'était dictée par un devoir rigoureux, et j'ajoutais que je connaissais trop le général en chef pour croire qu'il me pardonnât jamais,. si tout périclitait à Alexandrie par suite d'une déférence qui deviendrait coupable : ainsi la règle de ma conduite devait être, avant tout, de faire mon métier et de remplir ma tâche, déjà bien difficile. Je terminai enfin en lui demandant d'arrêter dans la journée même les mesures nécessaires pour me procurer deux cent mille francs, des blés, etc., etc., ou de me remettre l'autorité. Après une discussion d'une heure et quelques moments de réflexion, il se décida pour le dernier parti, et me remit le commandement. Sa bizarrerie était si grande, que, dépouillé de tout pouvoir et sans occupation, appelé au commandement important du Caire, il resta pendant quatre mois à Rosette, sans autorité et sans fonctions quelconques. Trois jours à Rosette me suffirent pour lever, par voie extraordinaire, un emprunt de deux cent mille francs, à valoir sur les contributions de la province. Je reconnus en même temps la possibilité d'une opération dont l'idée m'était venue à l'esprit pour assurer enfin d'une manière complète l'approvisionnement en blé, toujours insuffisant, toujours incertain à Alexandrie. Après cela, je rentrai à Alexandrie, fort content du résultat de mon voyage.

J'avais toujours espéré l'éloignement momentané des Anglais; j'avais compté en profiter pour assurer, par mer, et par un grand convoi de barques, l'arrivée d'une quantité considérable de grains. Ils persistaient à rester sur la côte et à nous bloquer immédiatement, et, les consommations n'étant point alimentées, nous allions bientôt retomber dans la position dont j'étais sorti avec tant de peine. Je me déterminai à risquer sans plus de retard, et malgré la présence de l'ennemi, l'opération conçue. Je fis rassembler avec un grand soin tous les bateaux du port d'Alexandrie, et ces bateaux, barques, etc., s'élevèrent à plus de quatre-vingts. Au milieu de la nuit, ils furent tous jetés au travers de l'escadre anglaise. Le vent étant bon et le trajet court, cinq ou six bateaux seulement furent arrêtés par l'ennemi, et tout le reste arriva dans le Nil. Ces bateaux furent chargés; on attendit des circonstances favorables; on brusqua de même leur retour pendant la nuit, et, à un très-petit nombre près, ils arrivèrent heureusement. Alexandrie eut enfin pour plus de quatre mois d'approvisionnements. Le moyen à employer était dès lors connu, et je pouvais être tranquille sur l'avenir.

Quels que fussent mes efforts, il y avait des choses bien difficiles à faire : trouver de l'argent pour payer la solde des troupes; en trouver également pour payer les travaux des fortifications; réunir assez de bras pour terminer promptement ces travaux importants, indispensables pour assurer la conservation de cette ville, port unique de l'Égypte et immense dépôt de l'armée. On devait croire à une tentative prochaine de l'ennemi pour s'en emparer, et l'éloignement de l'armée empêchait de compter sur un secours prompt. Après avoir rassemblé tout ce qui aurait pu contribuer à la défense, en employant le dernier homme de la marine, on ne pouvait réunir plus de trois mille cinq cents combattants de toute espèce, de tout âge ; de bonnes fortifications étaient donc nécessaires pour donner à un si faible corps les moyens de défendre une place d'un aussi grand développement, pouvant être attaquée d'un jour à l'autre par des forces imposantes. Comme nos moyens financiers étaient très-incomplets et très-insuffisants, je me déterminai à employer de préférence l'argent dont je pouvais disposer aux travaux et aux hôpitaux, et à ne consacrer à la solde que ce qui ne serait pas indispensable à ces objets ; mais les troupes souffraient, et un grand mécontentement en était la suite. On forma des projets de révolte, et j'en fus informé. On devait battre la générale pendant la nuit, s'emparer des hauteurs et exiger ce qu'il était bien loin de mes facultés de pouvoir accorder. Le pillage de la ville aurait été sans doute le résultat d'un pareil désordre ; les Anglais, bientôt mêlés à ces événements, auraient proposé aux troupes de les ramener en Europe ; et l'on ne peut sans effroi calculer les conséquences probables d'un pareil désordre : l'armée eût été perdue.

Je pourvus à tout en même temps. Le parti pris alors réussira toujours avec des Français dans les circonstances difficiles. J'en appelai au courage, à la générosité, au patriotisme des soldats; je fis, par un ordre du jour, le tableau de nos devoirs, de nos besoins, de nos moyens, et j'annonçai que, connaissant bien l'esprit des soldats, je ne doutais pas de leur empressement à m'aider à sortir de la position difficile où nous étions placés. Nous répondions à l'armée, à la France, de l'importante place d'Alexandrie, et chacun des individus de la garnison devait se consacrer à la construction des fortifications, que sans doute nous serions appelés à défendre plus tard. C'était aux officiers à donner l'exemple, et, moi le premier, avec mon état-major, je prendrais ma tâche. En conséquence, chaque matin, à la pointe du jour, les troupes devaient prendre les armes, se rendre, drapeau déployé, sur le terrain, et là on formerait les faisceaux et on travaillerait, les ateliers étant formés par chaque compagnie. La journée entière se passerait sur les travaux, et chaque soldat recevrait une ration de vin et une indemnité en argent pour son travail. Mon atelier, des plus actifs, donnait l'exemple; il en était de même de ceux des officiers. Ce mouvement patriotique se soutint constamment et sans murmure. Il en résulta trois choses extrêmement utiles : 1° les fortifications se firent comme par enchantement et à très-bon marché; 2° le mouvement des soldats et leur séjour continuel au grand air furent favorables à leur santé, et les accidents de peste diminuèrent sensiblement; 3° enfin, les soldats fatigués, dormant la nuit, ne pouvaient pas comploter ; et, quoique la solde ne fût pas payée, il n'en fut plus question. Je dirai même qu'aucun mécontentement ne se manifesta plus. Le cœur des soldats est élevé et noble ; cette classe d'hommes est accoutumée aux souffrances, et, lorsque des chefs estimés s'y associent de bonne foi et les partagent, ces chefs peuvent tout obtenir d'eux.

Ainsi, successivement, ma situation changeait. Nous étions bien approvisionnés, la santé des troupes s'améliorait, et la ville ouverte d'Alexandrie était transformée en une place forte.

Sur ces entrefaites, j'avais préparé une flottille pour porter à l'armée, en Syrie, un petit équipage de siége. Elle mit à la voile sous les ordres du contre-amiral Perrée, et fut prise sur la côte de Damiette. Cet événement changea toute la campagne et le sort de l'armée ; car, à Saint-Jean-d'Acre, elle trouva le terme de ses succès ; et elle a échoué faute d'avoir six pièces de gros calibre. Si Saint-Jean-d'Acre eût été pris, si Djezzar-Pacha eût péri, cette nombreuse population des montagnes de la Syrie qui professe la religion chrétienne se serait réunie à nous. Alors la conquête de cette province tout en-

tière était assurée, et une révolution en Orient en
eût été la conséquence. C'était au moins la pensée
du général en chef, qui me l'a exprimée plusieurs
fois depuis; et la hardiesse d'une semblable conception ne dépasse pas les limites des choses possibles.
Cet éclat de l'Orient aurait réagi sur nos opérations, nous aurait grandis aux yeux des peuples, et
nous serions apparus au monde avec la puissance
du destin.

L'armée partit pour la Syrie forte de douze mille
hommes environ; elle avait successsivement pris
El-Arich, Gaza, Jaffa, et ouvert la tranchée devant
Saint-Jean-d'Acre. N'ayant pas eu le bonheur de
faire cette campagne, je n'en raconterai pas les
détails, d'autres s'en acquitteront mieux que moi;
toutefois il m'est démontré que le siége de Saint-
Jean-d'Acre aurait encore réussi, malgré la perte de
l'artillerie de siége, si les opérations eussent été
mieux conduites. On montra d'abord une confiance
aveugle et beaucoup de légèreté; une division coupable, une lutte scandaleuse, s'établit entre l'artillerie et le génie, et il en résulta un mauvais emploi des faibles moyens auxquels on était réduit.
Un premier échec changea tous les rapports mo-
raux, encouragea les uns, abattit les autres; cependant les troupes montrèrent une constante valeur. A l'affaire du mont Thabor, le 17 avril, le

grand vizir, à la tête de vingt mille hommes, fut battu et mis en fuite par moins de quatre mille hommes. Cette affaire sera bien comprise par les militaires qui ont combattu les Turcs. Il faut, pour vaincre les Orientaux en rase campagne, très-peu, mais d'excellentes troupes. Cela est assez vrai partout, il vaut mieux la qualité que la quantité; cependant dans notre Europe, comme on suit la même tactique, que les machines, dont l'effet est si grand, ont partout et entre toutes les mains à peu près la même valeur, il y a des proportions rigoureuses qu'il est sage de ne point dépasser pour conserver quelques chances de succès; mais, chez les Orientaux, c'est sans limites.

On a souvent reproché au général Bonaparte deux actions : l'empoisonnement de quelques pestiférés abandonnés lors de sa retraite, et le massacre des prisonniers faits à Jaffa. Je prends bien gratuitement la défense de ces deux actes, auxquels je suis complétement étranger; mais ils me paraissent si simples, que je me laisse entraîner par la conviction, dans l'espérance de les justifier. Des hommes animés d'une fausse philanthropie ont égaré l'opinion à cet égard. Si on réfléchit à ce qu'est la guerre et aux conséquences qu'elle entraîne, conséquences variables suivant le pays, les temps, les mœurs, les circonstances, on ne peut blâmer des

actions qui, j'ose le dire, ont été commandées par
l'humanité et la raison : par l'humanité, car chacun de nous, placé dans la situation où étaient les
pestiférés, ne pouvant être emportés, devant être
abandonnés, au moment même, entre les mains de
barbares qui devaient les faire mourir dans des
tourments horribles; chacun de nous, dis-je, placé
dans de pareilles circonstances, serait satisfait de
finir quelques heures plus tôt, et d'échapper à de
pareils tourments; par la raison : car quels reproches
n'aurait-on pas à faire à un général si, par un faux
motif d'humanité envers ses ennemis, il compromettait le salut de son armée et la vie de ses soldats. En Europe, il y a des cartels d'échange; afin
de ravoir ses soldats prisonniers et leur sauver la
vie, on a soin de ceux qu'on fait. Mais, avec des barbares qui massacrent, on n'a rien de mieux à faire
que de tuer. Tout doit être réciproque à la guerre,
et si, par un sentiment généreux, on n'agit pas toujours à la rigueur, il faut se borner aux circonstances qui n'offrent aucun inconvénient; or ici ce
n'est pas le cas. Un général ne serait-il pas criminel de faire vivre des ennemis aux dépens de ses
troupes manquant de pain, ou de rendre la liberté
à ses prisonniers pour qu'ils viennent de nouveau
combattre? Le premier devoir d'un général est de
conserver ses troupes, après avoir assuré le suc-

cès de ses opérations; le sang d'un de ses soldats, aux yeux d'un général pénétré de ses devoirs et faisant son métier, vaut mieux que celui de mille ennemis, même désarmés. La guerre n'est pas un jeu d'enfants, et malheur aux vaincus!

Je ne puis donc comprendre comment des gens sensés ont pu faire de la conduite tenue en cette circonstance par le général Bonaparte l'objet d'une accusation. L'incendie du Palatinat sous Louis XIV est bien autre chose, et cependant, s'il était utile au but qu'on se proposait, il était légitime. Il faut seulement s'attendre à la représaille, si les circonstances en fournissent l'occasion, et voir si, par un calcul faux, on ne risque pas de perdre plus qu'on n'a gagné d'abord : voilà toute la règle de conduite dans une pareille affaire. Quant à ce qui se passa alors, et aux faits dont il est question, il ne peut pas y avoir deux opinions parmi les gens de guerre. Je suis aussi philanthrope qu'un autre, plus humain que beaucoup de gens, et je n'hésiterais pas à agir de la même manière en circonstance semblable.

Pendant que l'armée était encore occupée en Syrie, une insurrection, promptement réprimée, fit soulever toute la population du Bahiré. Voici à quelle occasion : un Africain, venu des côtes de Barbarie, parut tout à coup au milieu des Arabes de la frontière, s'annonçant comme envoyé par l'ange Elmodi et par Mahomet pour chasser les Français d'Égypte; il savait escamoter, et particulièrement avait le don de paraître tirer du feu de sa barbe. Un prodige semblable suffit pour donner crédit à cette mission céleste; aussi toute la population de Bahiré se souleva. Les habitants de Damanhour, la capitale, tombèrent à l'improviste sur une faible garnison de soixante Français : un poste fortifié devait leur servir d'asile; mais ces soldats, surpris, furent presque tous égorgés. L'envoyé, après ce succès, crut tout possible. Tout ce qui pouvait combattre, au nombre d'environ vingt-cinq mille hommes, dont trois mille à cheval, se réunit à lui; quatre ou cinq cents seulement avaient des fusils. A la première nouvelle, je fis partir un détachement de la garnison d'Alexandrie, fort de quatre cents hommes et de deux pièces de canon; et, en même temps, le colonel Lefèvre, commandant la province et résidant à Ramanieh, marcha, de son côté, avec pareille force et quatre pièces de canon. Les insurgés se jetèrent sur lui, mais sans pouvoir lui faire aucun mal. Ses quatre cents hommes, formés en carré, reçurent l'attaque de ces malheureux, qui vinrent isolément et successivement se faire tuer : ainsi quatre cents hommes se battaient toujours, pour ainsi dire, contre un seul ou un très-petit nombre. L'envoyé, pour donner du courage à ses troupes, avait annoncé qu'il pouvait être tué, mais pas blessé; il aurait dû dire le contraire. Constamment à la tête des révoltés, ceux-ci ne se rebutèrent pas; mais, une balle l'ayant frappé au bras, et sa prédiction se trouvant ainsi démentie, tout se débanda, après avoir eu plus de deux mille hommes tués ou blessés. En se retirant, ils mirent le feu aux moissons au vent de la colonne française, qui courut les plus grands dangers. S'éloignant constamment de l'incendie, elle allait en être atteinte, quand un champ d'oignons lui servit d'asile et la sauva. Il appartient donc aux oignons d'Égypte d'avoir, dans tous les siècles, de la célébrité! L'ordre et l'obéissance se rétablirent dans la province, et ne furent plus troublés.

Le retour des chaleurs et d'une rosée abondante avait rendu les accidents de peste beaucoup plus rares, mais l'hiver nous avait coûté beaucoup de monde. Le relevé des hôpitaux nous donna une perte totale de dix-sept cents hommes morts : c'était à peu près le tiers des Français réunis à Alexandrie. Dans l'okel de France, mon habitation, il mourut onze personnes. Avant de quitter ce triste sujet de la peste, je veux citer un fait curieux pour l'histoire de cette maladie. La ville de Damanhour, dont la population, de vingt-cinq mille âmes, est entièrement composée de cultivateurs, n'a jamais été soumise à son action. Les habitants de cette ville communiquent librement et impunément avec Alexandrie; dans tous les temps ils viennent y chercher les étoffes dont ils ont besoin, et jamais cette maladie funeste ne les accompagne à leur retour. A l'époque où cette maladie faisait le plus de ravages, je m'étais mis en route pour faire une inspection à Damanhour, et j'avais pris pour escorte une compagnie de carabiniers de la quatrième légère. A quatre lieues d'Alexandrie, deux carabiniers furent attaqués de la peste. Pour les renvoyer à Alexandrie, il leur fallait une escorte, et je n'avais avec moi que le strict nécessaire; je pris le parti de les faire transporter à ma suite. Arrivé à Damanhour, et, faute d'hôpital, on les plaça dans une mosquée; on leur donna du pain et de l'eau; aucun autre secours ne put leur être administré, et, en huit jours, ils se trouvèrent guéris. Il est évident, d'après cela, que si, comme on ne peut pas en douter, cette maladie est éminemment contagieuse, l'air cependant joue un grand rôle dans ses conséquences, dans son intensité, sa propagation et sa durée.

J'ai fait le tableau des difficultés résultant pour moi, pendant tout l'hiver, du commandement d'Alexandrie : elles furent encore augmentées par un conflit de pouvoirs entre moi et le général Dugua.

L'administration d'Alexandrie avait été déclarée indépendante à l'époque du départ du général en chef pour la Syrie : on m'avait doté d'un territoire dont les revenus m'étaient entièrement consacrés, et on m'avait laissé le maître d'en ordonner l'emploi; mais le général Dugua, commandant au Caire, son ordonnateur, son payeur, etc., le trouvèrent mauvais, et se mirent en mesure de me contrarier. Il fallut toute ma force de volonté pour résister; si j'avais cédé, tout était dit à Alexandrie : tous les services tombaient à la fois. Ces obstacles d'une nouvelle nature me contrarièrent beaucoup, car je ne connais rien de plus décourageant au monde que de rencontrer des embarras là où l'on devrait trouver des secours; et cette circonstance se renouvelle sans cesse dans la vie publique.

Enfin le général Bonaparte, après une campagne de cinq mois très-pénible, mais très-glorieuse, ramena l'armée en Égypte. Chaque pas avait été marqué par des actions héroïques et des souffrances inouïes; excepté à Saint-Jean-d'Acre, où nos armes avaient échoué, partout ailleurs elles avaient triomphé. Des combats si multipliés, des marches si pénibles, une peste opiniâtre, avaient beaucoup affaibli l'armée; réduite d'un tiers, elle ne comptait pas huit mille combattants à son retour. Des généraux distingués avaient péri, entre autres Caffarelli-

Dufalgua. Ce général avait déjà perdu une jambe à l'armée de Sambre-et-Meuse, et n'en avait pas moins d'activité. Un esprit supérieur, une instruction variée et étendue, un cœur droit, lui donnaient un caractère antique; rempli de bonté, il chérissait la jeunesse. Ce fut une grande perte pour l'armée, pour ses amis et pour la France. Une blessure au bras, à l'articulation, rendit l'amputation nécessaire, et il mourut peu après. C'est lui qui, après la reddition de Malte, et après avoir fait, en sa qualité de commandant du génie de l'armée, le tour de la place et l'inspection des fortifications, dit ce mot remarquable : « Nous avons été bien heureux de trouver ici quelqu'un pour ouvrir la porte, sans cela je ne sais pas comment nous y serions entrés. »

Le général de division Bon, sous les ordres duquel j'avais servi, fut tué. Très-brave homme, sa perte cependant était médiocre. Un aide de camp, placé par moi près du général en chef en Italie, officier distingué, Croisier, périt également. Duroc fut blessé. Lannes fut regardé comme mort, après un coup de feu reçu à la tête. Ses os avaient la singulière propriété de ne pas être rompus par le choc des balles; elles s'aplatissaient, et, dans leur mouvement, contournaient l'os qu'elles avaient atteint. Une balle l'avait frappé auprès de la tempe; après avoir fait un long trajet, elle était venue se loger au-dessus de la partie du crâne, où est placé le cervelet; un coup de bistouri la fit sortir, et il fut guéri.

Il arriva à ce siége de Saint-Jean-d'Acre un événement très-touchant. Un homme d'une bonne maison, Mailly de Chateaurenaud, servait à l'état-major de l'armée. Chargé du commandement de vingt-cinq hommes choisis pour être placés en tête des troupes lors du premier assaut, il avait parfaitement reconnu la brèche, et savait qu'elle n'était pas praticable; mais le général en chef, impatient, désirait l'assaut, et se persuada à tort qu'on pouvait réussir. Les courtisans le soutenaient dans son opinion, et les courtisans, à l'armée, flattent les opinions et les caprices du chef, tout comme à la cour, et ces courtisans-là sont pires que les autres, car c'est le sang des soldats qui paye leur infamie; pour le leur, ils savent en être avares. Toutefois Mailly raisonna froidement sur sa fin prochaine, et donna rendez-vous dans l'autre monde à ses camarades, sans montrer la plus légère faiblesse. Il connaissait le sort qui lui était réservé, n'en marcha pas moins avec la plus grande résolution, et fut tué; mais cette mort eut quelque chose de remarquable et d'extraordinaire par une circonstance singulière. Un de ses frères, jeune homme fort distingué, avait voyagé en Asie avec M. Beauchamp, dans l'intérêt des sciences, et se trouvait alors prisonnier de Djezzar-Pacha. Eh bien, le jour même où le nôtre était tué, l'autre était mis dans un sac et jeté à la mer. Les vagues le jetèrent sur le rivage, tandis qu'on rapportait dans la tranchée le corps de son malheureux frère. Étrange destinée de deux frères, tendrement unis, suivant des carrières différentes! Ils semblaient s'être donné rendez-vous pour mourir ensemble, loin de leur patrie, le même jour, sur une terre barbare.

J'ai parlé de ces courtisans d'armée à l'occasion du premier assaut de Saint-Jean-d'Acre. Ils me fournissent l'occasion de répéter un mot spirituel de Kléber, où, dans cette circonstance, il donna avec finesse et modération une leçon au général en chef; mais celui-ci n'en profita pas. Le général Bonaparte cherchait des approbateurs de cette disposition intempestive qui ordonnait de monter à l'assaut. La brèche prétendue consistait en un trou de quelques pieds de diamètre, fait dans un mur non terrassé; mais ce trou n'arrivait pas jusqu'à la terre, et il y avait encore six pieds de mur jusqu'au fond du fossé. Les gens qui poussaient à l'assaut, et qui ne devaient pas y monter, avaient reconnu fort superficiellement les localités; ils répétaient, à l'imitation du général en chef : « Certainement la brèche est praticable. » Kléber était présent, et son silence paraissait désapprobateur. Le général en chef provoqua son opinion dans l'espérance de la trouver favorable, et celui-ci répondit : « Sans doute, mon général, la brèche est praticable, un chat pourrait bien y passer. » Cette phrase ne fait-elle pas image, et ne voit-on pas un chat sauter du parquet d'une chambre sur la fenêtre? L'assaut, exécuté, eut le résultat le plus funeste.

L'armée revint au Caire dans les premiers jours de juin. J'en fus fort aise, car son retour m'assurait les secours qui m'étaient nécessaires. Malgré l'urgence de mes besoins, le général en chef ne se hâta pas d'y pourvoir; faute de troupes, la province du Bahiré, ayant été constamment occupée et parcourue par les Arabes, n'avait à peu près rien payé.

La paix faite avec deux tribus, ainsi que je l'ai dit, celle des Frates et des Anadis, m'avait cependant été assez profitable. Elles résidaient habituellement sur la frontière de Bahiré, et étaient autorisées à jouir de quelques pâturages : j'avais près de moi le cheik Mosbach pour leur transmettre mes ordres. Ces Arabes fournissaient quelquefois des escortes à des officiers ou à des transports; mais ces deux tribus n'avaient à elles deux que mille combattants, et nous avions à redouter deux autres tribus, leurs ennemies, et beaucoup plus puissantes, celle des Ouladalis, pouvant mettre plus de mille hommes à cheval, dont la station habituelle est sur la côte de Barbarie, et celle des Guiates, qui réside ordinairement dans le Saïd. Le général Dugua avait négocié avec celle-ci, mais sans avoir obtenu rien de durable. Les deux premières, dont j'avais reçu des otages, nous furent utiles et combinèrent quelquefois leurs opérations avec nos troupes. Je leur avais distribué, pour être reconnues, cinquante petits drapeaux tricolores, dont chacun de leurs détachements était porteur : leurs avis étaient fort exacts. Cependant tout cela était insuffisant pour assurer la jouissance des ressources de la province. Enfin, après beaucoup de lettres et d'instances, le général en chef envoya Murat et Destains dans le Bahiré, avec trois cents chevaux et cinq à six cents hommes d'infanterie, pour balayer tout le pays et rejeter dans le désert les Arabes ennemis. Plus tard arriva le corps des dromadaires, qui rendit les plus éminents services : six cents hommes, montés sur six cents chameaux, le composaient. Chaque soldat étant pourvu de munitions et de vivres pour lui et sa monture, le tout pour une semaine, des excursions de plusieurs jours dans le désert devinrent faciles. Quand ce corps avait joint l'ennemi, les soldats combattaient à pied. Jamais troupe n'a été plus appropriée aux circonstances et aux localités et n'a rendu de plus grands services : elle seule a pu contenir les Arabes. L'unique inconvénient de ce genre de service était de détruire la santé des soldats : presque tous ont été, à la longue, attaqués de maladies de poitrine.

Le général en chef, occupé des soins de l'administration et de la réorganisation de l'armée, en fut bientôt distrait par l'ennemi : tout à coup il fallut de nouveau courir aux armes. Le 23 messidor (12 juillet), une flotte turque de soixante-dix voiles parut avec le jour devant Alexandrie; après avoir reconnu la ville, elle longea la côte et se porta sur Aboukir. Je ne perdis pas un instant pour envoyer au fort d'Aboukir cent hommes de renfort, nécessaires à sa défense; et, comme la redoute et le fort étaient bien armés, je crus pouvoir compter sur leur résistance.

Un chef de bataillon, nommé Godart, en avait le commandement. Tous les postes de la garnison d'Alexandrie furent relevés par des hommes de la marine, afin de rendre disponibles les troupes de ligne et de pouvoir les porter là où il serait nécessaire. Les quatre bataillons de la garnison formaient une force de mille hommes, officiers compris. J'écrivis six lettres successivement pour rappeler à moi le général Destains, occupé, à la tête d'une colonne mobile, à lever des contributions dans le Bahiré, et j'attendis les événements. Le soir, une autre flotte de vingt-huit bâtiments fit son atterrage à l'ouest d'Alexandrie, vint sur la ville, et continua son mouvement sur Aboukir. Tous les calculs et les apparences faisaient monter environ à quinze mille hommes les forces de l'armée à bord. Je ne pouvais, dans la circonstance, aller à Aboukir, pour défendre la côte, avec plus de mille hommes; et encore je ne laissais à Alexandrie que des troupes sans organisation, composées presque en totalité de vieillards ou d'estropiés, tout ce qu'il y avait de valide sur la flotte et appartenant à tous les pays ayant été depuis longtemps envoyé au Caire et incorporé dans l'armée. Méloigner dans la circonstance, avec tout ce que j'avais de bon, eût donc compromis la place, et j'attendis l'arrivée du détachement du général Destains pour me mettre en mouvement : elle eut lieu le 26 messidor (15 juillet), à dix heures du soir. Le lendemain 27 (16), à deux heures du matin, j'étais en marche. A une lieue d'Alexandrie, je reçus une dépêche du commandant Godart, m'annonçant que toute l'armée ennemie avait opéré un débarquement et occupait la montagne de sable et les positions en face de la redoute. Avec moins de douze cents hommes, je ne pouvais pas livrer bataille à l'armée turque, et, puisque le débarquement était opéré, je devais attendre une augmentation de forces ou que l'ennemi eût commencé le siége du fort d'Aboukir. Je rentrai donc à Alexandrie, toujours en mesure d'agir suivant les circonstances. J'écrivais trois fois par jour au général en chef pour lui rendre compte de notre situation et lui donner des nouvelles de l'ennemi.

Le 27, j'entendis un grand bruit de mousqueterie et de canon : le feu de mousqueterie fut court, celui du canon se prolongea davantage; une attaque me parut avoir été tentée et repoussée. Le fort et la redoute avaient trois cents hommes et douze pièces de canon, des vivres et des munitions en abondance, et la redoute était palissadée. Je croyais pouvoir compter sur une défense de quelques jours; il en fut cependant tout autrement. Le commandant Godart s'étant placé dans la redoute pour animer ses troupes, et étant fort exposé, fut tué; bientôt le désordre se mit partout. La garnison du fort, sans commandant, avait ouvert ses portes, et, en deux heures de temps, l'ennemi s'en était emparé. J'espérais qu'après cet événement, enorgueilli de son succès, il marcherait sans retard contre Alexandrie. Nous étions en mesure de le bien recevoir, et cette combinaison eût été très-favorable au mouvement de l'armée, conduite par le général en chef en personne. Mais l'ennemi resta à Aboukir, et voulut s'organiser complétement avant de marcher en

avant. Il agissait avec plus de calcul et de prudence
qu'à lui ne semblait appartenir. Pendant tous ces
événements, dont le général en chef avait été informé chaque jour exactement, il n'avait pas perdu
un moment pour rassembler le plus de troupes possible. Il fit descendre de la Haute-Égypte, pour lui
servir de réserve au besoin, le général Desaix, mais
ne l'attendit pas pour opérer son mouvement.

Il arriva à Alexandrie le 3 thermidor (22 juillet),
amenant avec lui cinq mille hommes d'infanterie
et mille chevaux, vit Alexandrie en détail le lendemain, et fut très-satisfait de l'état de défense
dans lequel je l'avais mise; il joignit à l'armée un
détachement de la garnison, commandé par le général Destains, et, le 5, marcha sur Aboukir. Malgré mes prières, il me refusa de le suivre. J'en eus
un véritable chagrin; mais, les circonstances étant
très-graves, il ne fallait pas, au moment où Alexandrie pouvait être appelée à jouer un grand rôle, en
éloigner celui qui, l'ayant créée, en connaissait les
ressources. Mon devoir m'ordonnait de faire ce sa-
crifice, et je me résignai.

Le 6 (25), on livra bataille. L'ennemi, adossé à
l'isthme, ayant sa gauche et sa droite couvertes de
retranchements, appuyées à la mer, occupait la redoute par son centre. Une première tentative pour
emporter la position échoua; mais, l'ennemi sur

notre gauche étant sorti pour nous poursuivre, une réserve chargea à propos, le culbuta, le poursuivit et entra avec lui dans la redoute. Pendant ce temps, la cavalerie fit une charge vigoureuse, sabra tout ce qui se retirait, et l'imperfection des retranchements lui permit d'y pénétrer. Une partie des Turcs se jeta dans les maisons du village, d'autres s'entassèrent dans le fort. La masse se précipita dans la mer; mais, comme sur ce point de la rade il y a peu de profondeur, les fuyards furent obligés de s'éloigner beaucoup en mer pour avoir le corps dans l'eau. On les fusilla à plaisir, on les mitrailla. Il y eut un spectacle hideux que l'ignorance et la barbarie seules peuvent expliquer : les chaloupes de la flotte, au lieu de recueillir ces malheureux, vinrent tirer du canon pour les forcer à sortir de l'eau et à retourner au combat; comme si des troupes battues, dispersées, jetées dans la mer, et sans armes, avaient encore quelques moyens d'affronter l'ennemi. Environ trois mille prisonniers tombèrent entre nos mains; et tout ce corps, d'une force d'environ quinze mille hommes, fut ainsi détruit et massacré. Murat fit prisonnier de sa main le pacha sérasquier, et reçut de lui, en même temps, un coup de pistolet dont la balle lui traversa la mâchoire, près de l'articulation. Cette blessure grave ne lui laissa aucune trace désagréable.

On s'occupa sur-le-champ de faire le siége du village, où les Turcs se défendirent de maison en maison; toutes sautèrent successivement. La dernière maison du village se défendit comme la première. On chemina ensuite contre le fort. Une douzaine de bouches à feu de gros calibre avaient été envoyées d'Alexandrie, et le fort se rendit après une résistance de huit jours. Plus de quinze cents hommes s'étaient jetés dans un réduit que cinquante auraient défendu, et où trois cents auraient été gênés. Entassés de manière à souffrir beaucoup, ils sortirent épuisés par la faim, se précipitèrent sur les vivres qu'on leur donna et moururent presque tous à l'instant même.

Le général Lannes, encore blessé à ce siége, donna de nouveau l'exemple de cette organisation singulière dont j'ai parlé. Une balle tirée de très-près le frappa au tibia, s'aplatit, tourna autour de l'os et alla se loger à la partie postérieure de la jambe.

Le général en chef avait défendu, pendant l'expédition de Syrie, de communiquer avec Sydney-Smith, et donné l'ordre de renvoyer tous les parlementaires. L'exécution de cette mesure, jointe à la rigueur du blocus, nous avait privés des nouvelles d'Europe; il y avait six mois que nous n'avions rien reçu. Cette privation, loin de la patrie, est un véritable supplice, et il était encore accru par la gravité des circonstances. Nous savions vaguement que la guerre avait recommencé en Europe; mais nous en ignorions l'issue. Pendant que nous cherchions à défendre les branches de l'arbre, peut-être le tronc allait-il être coupé. On comprend aussi quelle importance il y avait pour le général Bonaparte à ne pas laisser grandir de nouvelles réputations; son intérêt personnel voulait donc qu'il fût informé de la situation des affaires de l'Europe. Je fus chargé d'entrer en pourparler avec Sydney-Smith, commandant la division anglaise unie à la flotte turque. La chose était facile, car Sydney-Smith saisissait comme une bonne fortune l'occasion de parlementer et de faire des phrases. Quoiqu'il soit connu de tout le monde, j'en dirai cependant un mot. Sydney-Smith tient à la fois du chevalier et du charlatan. Homme d'esprit et frisant la folie, avec la capacité d'un chef, il a cru honorer sa carrière en faisant souvent des crâneries sans aucun but d'utilité, mais uniquement pour faire parler de lui. Chacun s'en moque avec raison, parce qu'il est, à la longue, fatigant et ennuyeux, quoique très-original. Toujours animé de sentiments élevés, délicats, généreux, sa *fuite du Temple*, sa vie aventureuse et l'influence qu'il a eue sur la résistance de Saint-Jean-d'Acre, qui, de quelque manière qu'on l'envisage, a été un très-grand événement pour l'Europe, lui ont donné une sorte de célébrité. Ce fut donc à Sydney-Smith que je m'adressai. Je lui écrivis une lettre extrêmement polie pour lui donner des nouvelles du pacha prisonnier; je lui proposai d'établir avec les Turcs un cartel d'échange, et, en même temps, d'échanger, homme pour homme, quelques Anglais, prisonniers chez nous, contre les officiers, sous-officiers et soldats pris au fort d'Aboukir. Cette proposition, simple prétexte, masquait le but véritable d'avoir des nouvelles. En conséquence, je choisis, pour porter ma lettre, un officier intelligent, parlant anglais et agréable de conversation, le jeune Descorches, officier de marine, attaché au commandant de la marine, à Alexandrie. Sir Sydney reçut Descorches à merveille, causa longuement avec lui, lui parla de nos revers d'Italie, et les exagéra encore dans son récit. Il lui remit toutes ses gazettes en ajoutant : « Je suis informé par l'amiral Nelson de l'ordre envoyé par le Directoire au général Bonaparte de revenir en Europe. Chargé d'y mettre obstacle s'il entreprend cette périlleuse traversée, j'espère lui donner de mes nouvelles. »

Là-dessus Descorches revint : il avait rempli sa mission à souhait. Le général Bonaparte s'enferma quatre heures avec Berthier pour lire les gazettes et parler de sa situation. Au bout de ce temps, son parti pris de retourner en France, il fit appeler Gantheaume. Quand je l'entendis demander Gantheaume, j'en devinai le motif. Aussitôt je dis en riant à Duroc : « C'est Vignou qu'il demande. » Vignou était l'homme chargé de ses équipages et de ses voitures. Il décida avec l'amiral qu'il prendrait les deux frégates vénitiennes, seuls bâtiments de guerre, dans le port, en état de naviguer, les frégates la *Muiron* et la *Carrère*. Me faisant appeler ensuite, il me mit dans le secret de ses projets et me dit : « Marmont, je me décide à partir pour retourner en France, et je compte vous emmener avec moi. L'état des choses en Europe me force à prendre ce grand parti; des revers accablent nos armées, et Dieu sait jusqu'où l'ennemi aura pénétré. L'Italie est perdue, et le prix de tant d'efforts, de tant de sang versé, nous échappe. Aussi que peuvent les gens incapables placés à la tête des affaires? Tout est ignorance, sottise ou corruption chez eux. C'est moi, moi seul, qui ai supporté le fardeau, et, par des succès continuels, donné de la consistance à ce gouvernement, qui, sans moi, n'aurait jamais pu s'élever et se maintenir. Moi absent, tout devait crouler. N'attendons pas que la destruction soit complète : le mal serait sans remède. La traversée pour retourner en France est chanceuse, difficile, hasardeuse; mais elle l'est moins que ne l'était notre navigation en venant ici, et la fortune, qui m'a soutenu jusqu'à présent, ne m'abandonnera pas en ce moment. Au surplus, il faut savoir oser à propos; qui ne se soumet à aucun risque n'a aucune chance de gain. Je mettrai l'armée en des mains capables; je la laisse en bon état et après une victoire qui ajourne à une époque indéterminée le moment où l'on formera de nouvelles entreprises contre elle. On apprendra en France presque en même temps et la destruction de l'armée turque à Aboukir et mon arrivée. Ma présence, en exaltant les esprits, rendra à l'armée la confiance qui lui manque, et aux bons citoyens l'espoir d'un meilleur avenir. Il y aura un mouvement dans l'opinion tout au profit de la France. Il faut tenter d'arriver, et nous arriverons. Gardez un profond secret, vous en sentez l'importance; secondez Gantheaume et Dumanoir dans les dispositions qu'ils vont faire pour préparer mon embarquement. J'emmènerai peu de monde avec moi; mais, je le répète, vous êtes du nombre de ceux que je compte choisir. Informez-moi journellement des progrès des travaux de la croisière ennemie; et, quand le moment de partir sera arrivé, j'arriverai ici comme une bombe. »

J'exécutai de grand cœur, comme on se l'imagine, les ordres qui m'étaient donnés; d'abord c'était mon devoir, et ensuite mon avantage. On travailla à ces deux frégates sous divers prétextes, et le projet de départ ne s'ébruita pas. L'une de ces frégates était dans le port vieux, l'autre dans le port neuf; il fallait les réunir toutes les deux dans ce dernier bassin pour appareiller plus facilement. Mais, pour doubler la presqu'île, il est nécessaire de s'élever en mer, et le voisinage des Anglais y mettait obstacle. L'escadre turque, tout entière à l'ancre dans la rade d'Aboukir, ne nous présentait aucun embarras; mais Sidney-Smith ne nous perdait pas de vue et nous observait de près. Je continuai à correspondre avec lui, et je reçus chez moi plusieurs fois son homme de confiance, son secrétaire, M. Keit, homme fort recommandable et fort distingué, depuis noyé par accident dans le Nil. Nous signâmes une convention pour établir le mode de nos échanges avec les Turcs, dont M. Keit était le fondé de pouvoirs. Comme je désirais éloigner les Anglais d'Alexandrie, je prétextai des devoirs de service me forçant d'aller pour quelques jours à Aboukir, et je campai près de la côte. Comme nos communications étaient très-fréquentes, Sidney trouva plus commode de se rapprocher; il vint mouiller avec son vaisseau dans la rade d'Aboukir; c'était dans cet espoir que je m'étais déplacé. La frégate la *Carrère* profita immédiatement de son absence et se réunit à la *Muiron* dans le port neuf.

Pendant ce temps-là, le général en chef était retourné au Caire, il annonça un prochain voyage dans l'intérieur des provinces. Quelques bruits sourds sur son départ pour l'Europe circulèrent, mais les bruits ne prirent pas assez de consistance pour y faire croire. Cependant sa sortie du Caire était délicate; si l'on avait cru à un embarquement prochain, sans doute un mouvement aurait eu lieu dans l'armée. Nous en étions aux politesses continuelles, sir Sidney et moi, aux bons procédés réciproques, à nous faire des cadeaux même, quand tout à coup il disparut. M. Keit était venu dans ma tente la veille au soir, et, en arrivant, il me dit qu'un aviso avait été signalé venant d'Europe, à l'instant où il quittait le vaisseau. Cette disparition si subite me fit croire dans le temps à l'arrivée d'une escadre française dans la Méditerranée, et effectivement l'escadre française et espagnole, commandée par l'amiral Bruix, était venue à cette époque jusqu'à Malte; mais elle avait rétrogradé. Sir Sidney m'a dit depuis que, ne supposant pas notre départ si prompt, il était allé à Chypre faire de l'eau, avec l'intention de revenir immédiatement et de ne plus quitter sa croisière.

Gantheaume et moi nous nous hâtâmes d'informer le général en chef de l'état des choses. Tout étant préparé pour nous rejoindre, il arriva sans retard, amenant avec lui Berthier, Andréossi, Bourrienne, ses aides de camp; Monge, Berthollet, Denon et Parceval-Grandmaison. Les autres compagnons de voyage étaient à Alexandrie, et parmi eux Lannes et Murat, restés dans cette ville pour soigner leurs blessures. Le général Bonaparte, comme chacun le sait, choisit Kléber pour le remplacer; c'était sans contredit le plus digne et le plus capable des généraux. Il rappela en même temps en Europe le général Desaix, compagnon et émule de Kléber, afin de prévenir une rivalité dangereuse. Son départ eut lieu sans conférence ni entrevue avec Kléber, voulant éviter les obstacles que celui-ci aurait pu y mettre, et craignant de le voir refuser le commandement; car cet homme vraiment supérieur avait cependant autant de répugnance à commander que de difficulté à obéir. Il se contenta de lui donner des instructions détaillées; tout le monde les a lues; et il s'en rapporta pour le surplus à son esprit et à sa haute capacité. Enfin le général en chef donna rendez-vous au général Menou sur la plage, à peu de distance d'Alexandrie, s'entretint quelques moments avec lui, et le chargea de me remplacer dans mon commandement.

Si j'avais su que la condition de mon départ était l'arrivée de Menou, j'aurais éprouvé beaucoup d'inquiétudes, car je connaissais l'homme et sa manière d'agir; mais cette fois, unique, je crois, dans le cours de sa vie, il fut exact, et se trouva au rendez-vous. Enfin le 23 fructidor (10 septembre), à cinq heures du matin, les frégates et les avisos sortirent du port, et nous nous trouvâmes livrés à de nouvelles destinées. Ces destinées semblaient précaires, incertaines, elles pouvaient à chaque instant se terminer d'une manière funeste, et elles devaient remplir le monde. C'est ici l'occasion de raconter un événement peignant bien Bonaparte, et qui le justifie de l'accusation d'insensibilité dont il a été souvent l'objet. J'ai déjà combattu cette prévention par des faits, celui-ci ajoute encore une nouvelle preuve. Bonaparte cachait sa sensibilité, en cela bien différent des autres hommes, qui souvent affectent d'en montrer sans en avoir. Jamais un sentiment vrai n'a été exprimé en vain devant lui et sans le toucher vivement.

J'étais lié avec un négociant de Marseille, nommé Blanc, homme estimable, actif, intelligent; sous mes auspices il avait connu le général Bonaparte. Le maximum l'avait ruiné, et il s'occupait à refaire sa fortune. L'expédition d'Égypte lui parut devoir offrir des chances favorables, et il désira en faire partie. Je le conduisis chez le général en chef, qui l'agréa. Dans le grand mouvement de la marche des armées, dans cette confusion apparente, où cependant l'ordre existe, et où un certain égoïsme est nécessaire, car c'est l'élément de la conservation, les besoins de chacun sont si pressants, qu'on est peu porté à s'occuper de ceux des autres. A l'armée, quiconque est sans un titre, sans un emploi, sans une fonction déterminés, est fort malheureux : tout lui est refusé.

On imagina de donner à Blanc celui d'ordonnateur des lazarets ; il fallait s'occuper de la santé de l'armée ; il était familiarisé avec les mesures consacrées par l'expérience sur nos côtes, parce que, comme tous les négociants de Marseille, il avait été à son tour à la tête de l'administration de la santé de cette ville, où ce service est un service d'honneur. Il justifia la confiance mise en lui ; partout où la chose fut possible et utile, on construisit des lazarets, et sa place d'ordonnateur ne fut pas une sinécure. Mais Blanc s'aperçut bientôt que l'Égypte, dans la circonstance, n'offrait pas les moyens de l'enrichir ; il fut dévoré du désir de retourner en Europe : on ne permettait presque à personne de partir, et, pendant longtemps, ses vœux furent impuissants. Il vint me confier ses chagrins et ses désirs : il soupçonna, aux préparatifs dont il était témoin, le projet qui nous occupait ; il m'en parla ; j'en convins avec lui sous le plus grand secret, en lui exprimant mon vœu de le voir du voyage. Le moyen le plus simple était de le déguiser en matelot, et de l'embarquer sur une des frégates, moyen employé souvent dans la marine pour avoir un passage refusé : une fois en pleine mer, l'homme caché se montre ; on appelle ces hommes-là des enfants trouvés. J'en entretins le commandant de la marine, Dumanoir ; mais il trouva des difficultés pour le laisser embarquer sur une frégate : il existe, à bord de ces bâtiments, un ordre et une surveillance qui feraient supposer de la connivence de la part des officiers et les compromettraient ; il y avait trois avisos désignés pour partir avec nous : il fut convenu que, habillé en matelot, il monterait sur l'un d'eux. La chose exécutée, nous voilà hors du port ; mais un des trois avisos reçoit l'ordre de rentrer, et c'est précisément celui sur lequel Blanc est embarqué. La tête de ce malheureux s'égare, il ne calcule plus rien, et, comme il n'y avait presque pas de vent, que les frégates étaient très-rapprochées, il se jette dans une barque et monte précipitamment sur la *Muiron*, qui était la plus voisine, et sur laquelle était le général en chef. Il y entre de force, malgré la résistance des gardes, et court se cacher à fond de cale. Son entrée cause du tumulte et du bruit ; le général en chef sort de sa chambre, vient sur le pont demander ce que c'est : on le lui dit ; on cherche le coupable, et on l'amène devant lui plus mort que vif. Bonaparte le traita de misérable qui abandonnait son poste, et lui manifesta l'intention de le livrer à un conseil de guerre pour servir d'exemple; il ajouta : « Je pars, en vertu des ordres du gouvernement, pour aller combattre l'ennemi victorieux et secourir la France attaquée; je m'expose aux plus grands dangers par devoir et par dévouement, tandis que vous, vous n'êtes qu'un lâche déserteur. »

Blanc, confondu, retrouva cependant la parole pour lui répondre : il lui parla de sa famille dans le besoin, de ses enfants laissés à l'abandon, de l'impossibilité où il était, en Égypte, de venir à leur secours, et il ajouta que l'excès de ses maux lui avait donné le désir de les rejoindre et le courage de tout risquer pour y parvenir. Ces paroles, prononcées avec feu, avec vérité, avec une profonde expression de douleur, émurent Bonaparte : Blanc fut renvoyé à Alexandrie; mais, deux mois et demi après, cette scène était encore tellement présente à l'esprit du général, qu'au milieu de toute la préoccupation d'une révolution et de l'arrivée au pouvoir suprême, le premier acte qu'il ait signé au Luxembourg, le 20 brumaire, comme consul provisoire, fut le rappel de Blanc, et le second sa nomination de consul général à Naples, chose à peine croyable, mais exacte. Je n'eus pas le mérite de lui rappeler ce malheureux : je l'aurais fait sans doute plus tard; mais j'avoue que moi, son ami, je ne pensais pas à lui dans ce moment : le bienfait de Bonaparte le rappela seul à ma mémoire.

Je le demande, n'est-ce pas là un souvenir du cœur, de la véritable bienfaisance? et, j'en doute fort, ceux qui font métier de la sensibilité peuvent rarement présenter des actions à mettre en parallèle avec celle-ci.

Je reviens à notre départ. Il était difficile d'éprouver une joie plus vive que la nôtre : nous avions de grandes chances contre nous; mais nous étions à cet âge où l'espérance est vive, où l'on a une foi sans bornes dans l'avenir : aussi les obstacles disparaissaient-ils à nos yeux. Nous nous sentions d'ailleurs associés à une destinée toute-puissante: Si jamais homme a pu croire à la protection d'une main divine, à une autorité tutélaire veillant sur lui et préparant tout ce qui était nécessaire aux succès de ses entreprises, c'est Bonaparte. Sans doute il savait oser, et cette faculté est la première de toutes pour faire de grandes choses. Il osa beaucoup, il osa à propos, et, si les circonstances ne lui manquèrent pas, jamais il ne manqua aux circonstances : tout cela est vrai; mais n'est-il pas permis de s'élever à de plus hautes pensées, quand on le voit se soumettre quelquefois volontairement à des combinaisons presque toutes contre lui, dont une seule lui est favorable, et que l'on voit constamment cette seule chance venir le tirer de la crise où il s'est placé de propos délibéré? Ne peut-on pas croire à une espèce de prédestination, quand on remarque que, souvent, les résultats les plus favorables sont la conséquence nécessaire d'événements qui d'abord le contrarient et paraissent l'éloigner de ses vues? N'offre-t-il pas le spectacle d'un homme soumis à une puissance irrésistible, conduit par la main, en aveugle, dans une route meilleure que celle qu'il a d'abord choisie, et forcé ainsi d'atteindre plus tôt le but, l'objet de ses vœux?

Je l'ai déjà montré sous cet aspect, quand on lui retira le commandement de l'artillerie à la première armée d'Italie; les circonstances de sa traversée vont reproduire le même spectacle. Je le répète, jamais homme ne fut autant autorisé à se croire l'agent spécial d'un pouvoir supérieur et irrésistible, et il le crut effectivement; c'est, d'ailleurs, une chose assez flatteuse pour l'amour-propre que de se considérer comme une exception aux lois qui régissent l'univers.

J'avais des motifs de joie particuliers; j'étais parti fort amoureux, j'avais emporté avec moi des idées de bonheur domestique, de fidélité, et je revenais digne, par l'état de mon cœur et par ma conduite, des sentiments les plus tendres. Je dirai plus tard comment toutes ces illusions se dissipèrent et se changèrent en douleurs.

Nous étions ainsi divisés sur les deux frégates; sur la *Muiron* : Bonaparte, Berthier, Andréossi, Monge, Berthollet, Bourrienne, les aides de camp du général en chef, et Gantheaume, commandant la division. Sur la *Carrère* : Lannes, Murat, moi, Denon, Parceval-Grandmaison, nos officiers et Dumanoir, chef de division commandant la frégate. On avait embarqué sur chaque frégate cent hommes des guides du général en chef, qui en faisaient la garnison; nous avions en outre deux avisos bons marcheurs.

La route à prendre pour revenir en Europe fut l'objet d'une grande discussion; les vents de nord-ouest sont constants en été et durent jusqu'à l'équinoxe d'automne; ces vents sont précisément opposés à la direction que nous devions suivre. Dans les circonstances ordinaires, l'été est la saison choisie par les bâtiments de commerce pour aller en Égypte; ils attendent l'hiver pour revenir, et, quand ils veulent retourner plus tôt en Europe, ils vont chercher les vents variables de l'Archipel. Dans ces parages, des vents de terre, soufflant toutes les nuits, et les courants portant à l'ouest, sont favorables. Mais sur cette côte, très-habitée, il y a une navigation active;

on pouvait y rencontrer l'ennemi, on y trouverait sûrement des bâtiments de commerce qui pourraient nous signaler, et plus sûrement encore les voiles rencontrées nous feraient faire souvent fausse route. On se décida à suivre la côte d'Afrique, côte déserte, hors de toute direction, et offrant les plus grandes difficultés pour la navigation; des courants très-forts portent de l'ouest à l'est, et nous étaient précisément contraires; ainsi nous avions à lutter à la fois contre le vent et contre le courant; quelques brises de terre pendant les nuits étaient à espérer; l'arrivée de l'équinoxe, époque du changement des vents dominants, n'étant pas éloignée, devait nous tirer d'affaire et nous sauver; enfin, pour rendre en un mot la pensée de l'amiral, nous allâmes nous cacher pendant trois semaines sur cette côte, en attendant les vents favorables. Notre navigation fut précisément telle que les calculs l'avaient fait prévoir, extrêmement pénible pendant vingt jours et meilleure ensuite; il y a quatre-vingts lieues d'Alexandrie au cap d'Ocre, pointe est du golfe de la Syrte, et nous mîmes vingt jours pour parvenir à la doubler. Un vent constant et toujours contraire nous faisait quelquefois perdre jusqu'à dix lieues dans le jour; mais, la nuit, la brise de terre nous soutenait, et nous faisait réparer nos pertes; on peut juger de notre impatience, de nos tourments; je ne répondrais pas qu'il n'y ait eu parfois quelques murmures contre la direction suivie et contre l'amiral qui l'avait fait adopter avec tant de sagesse. Après vingt jours, nous arrivâmes à l'entrée du golfe de la Syrte; un calme plat nous prit; à ce calme succéda un vent d'est extrêmement faible, qui se renforça par degrés et ne varia plus. Les effets de notre marche furent tels, qu'après vingt-quatre heures de navigation nous arrivâmes, au coucher du soleil, en vue du cap Bon; on put très-bien le reconnaître. Ce cap, fort élevé, se voit d'assez loin; il forme, avec la Sicile, un détroit qui était gardé par une croisière ennemie; il fallait le franchir. La combinaison de notre marche, due au hasard, nous en donna heureusement le moyen. Effectivement, si le vent d'est se fût élevé plus tôt ou qu'il eût été plus fort, nous serions arrivés de meilleure heure; vus par la croisière, elle nous aurait donné chasse; nos frégates vénitiennes marchant très-médiocrement, nous aurions couru de grands dangers. En arrivant plus tard, notre marche aurait été incertaine, nous aurions peut-être hésité à donner la nuit dans le détroit. Au lieu de cela, nous arrivâmes assez tard pour ne pas être vus, d'assez bonne heure pour bien reconnaître notre position et naviguer avec confiance; nous fîmes donc route pendant la nuit et force de voiles. Après avoir éteint nos feux, nous reconnûmes la croisière ennemie aux siens qui étaient allumés, nous la traversâmes sans être aperçus, et, le lendemain, nous étions hors de vue, en face des ruines de Carthage. Dans la navigation de cette nuit, la frégate la *Carrère*, sur laquelle j'étais embarqué, faillit périr. Précédant la *Muiron*, toutes voiles dehors, le vent étant bon frais, la nuit claire, on aperçut la terre à deux encâblures de la proue. A peine eut-on le temps d'abattre sur bâbord pour l'éviter. C'était un écueil voisin de la petite île de Lampedouze, contre lequel nous allions nous briser, et nous l'évitâmes heureusement. Nous reconnûmes l'île Saint-Pierre au sud de la Sardaigne; là nous aperçûmes une voile de guerre, que nous évitâmes aussi, et nous continuâmes notre route sur la Corse, en portant sur Ajaccio. Le général en chef résolut d'y prendre langue. Le début de la guerre en Italie avait été accompagné de tant de désastres, qu'on pouvait redouter de trouver l'ennemi sur les côtes de Gênes, et même sur celles de la Provence. La Corse pouvait être occupée; il était bon de savoir, au moment de l'atterrage, sur quel point on pouvait se jeter avec sûreté. On envoya donc un de nos avisos à Ajaccio. Il rendit compte qu'il n'y avait aucun ennemi en Corse, et que les côtes de la France et de Gênes étaient libres; le vent étant devenu contraire, nous relâchâmes à Ajaccio. Notre arrivée, comme on peut le supposer, fut un grand événement; nous passâmes là quatre jours. Dans tous les pays, un homme illustre et puissant trouve facilement de nombreux parents; mais en Corse et dans les pays d'une civilisation arriérée, la famille devant sa puissance à son étendue, parce qu'elle forme une agrégation plus redoutable, on reconnaît les parents à un degré fort éloigné. Aussi une multitude de cousins, paysans en veste, vint-elle remplir la maison du général Bonaparte. Nous fîmes quelques courses dans les environs et nous chassâmes dans ce pays sauvage. Bonaparte n'a jamais revu la Corse depuis. On le conçoit aisément; mais, chose étonnante! il n'a jamais rien fait pour l'améliorer, la civiliser et l'enrichir; il n'a rien fait non plus pour les individus en particulier, et cela par système. Je lui ai souvent entendu dire que faire du bien à un Corse, c'était un moyen infaillible d'irriter les autres; et, ne pouvant pas donner à tous, il aimait mieux ne donner à personne. Jamais il ne s'est écarté de cette doctrine commode.

Le coup de vent du nord-ouest, cause de notre entrée à Ajaccio, s'étant calmé, nous partîmes pour achever notre traversée, et nous nous dirigeâmes sur Toulon. Une nouvelle circonstance fait reconnaître l'action de cette main puissante et cachée qui conduisait Bonaparte. De même qu'à l'entrée du golfe de la Syrte, le vent favorable se fit désirer, attendre, et vint, mais faible d'abord. S'il eût été plus fort, comme nous le souhaitions, nous aurions couru de grands risques ; au lieu de cela, il nous conduisit de manière à nous faire arriver le lendemain soir en vue des îles d'Hyères. En reconnaissant l'île du Levant, nous distinguâmes sept voiles de guerre précisément sur notre route ; nous amenâmes vivement nos perroquets. L'ennemi cependant nous avait vus, et sur-le-champ il nous donna la chasse. Mais c'était au moment du soleil couchant : l'ennemi était placé dans le soleil ; nous pouvions le voir distinctement, tandis que nous, au contraire, placés à l'est, au milieu de la brume, nous ne lui présentions qu'une image confuse. Il ne put juger de la manière dont nos voiles étaient orientées, et cette circonstance fit notre salut. La situation était grave et critique. Gantheaume proposa à Bonaparte de retourner en Corse, et l'assura qu'il y arriverait sans danger : nous avions assez d'avance sur l'ennemi pour lui échapper. Mais Bonaparte, après un moment de réflexion, rejeta sa proposition : sa présence y serait bientôt connue ; chaque jour les difficultés pour en sortir augmenteraient, et il calcula qu'il valait mieux continuer sa route, s'abandonner à la fortune, et seulement modifier sa direction et prendre un autre point d'atterrage. Il donna donc ordre à l'amiral, en laissant arriver de deux quarts, de se diriger sur Fréjus. Une très-grande et très-belle felouque, prise en Corse, le suivait ; il s'y serait jeté dans le cas d'un combat disproportionné et dont l'issue aurait dû être funeste. Mais ce moyen de salut ne fut pas mis en usage, et l'erreur de l'ennemi nous dispensa de nous en servir. Effectivement, les Anglais, jugeant nos deux frégates sorties de Toulon, nous donnèrent chasse au large tandis que nous courions à terre : nous en fûmes bientôt informés. A la nuit close, l'ennemi tira sept coups de canon de signaux; ils se firent entendre de l'avant à nous par le bossoir de bâbord : c'était une position menaçante. Une demi-heure après, les mêmes coups de canon furent répétés; leur direction était par le travers du bâtiment, et alors nous étions sauvés ! Nous avions couru des bords opposés, et rien ne pouvait nous empêcher de prendre terre. Un de nos avisos, resté en arrière, se trouva pendant la nuit au milieu de l'escadre anglaise; il baissa ses voiles, et elle passa sans le prendre. Nous approchâmes de la côte à toucher terre, et, au jour, nous nous trouvâmes en face de Saint-Raphael, port de Fréjus : notre joie ne peut s'exprimer, mais elle peut se comprendre.

Nous venions d'échapper à un danger pressant,

immédiat, terrible; nous avions eu trente-quatre jours d'angoisses et d'espérances. Chaque matin nous étions sur le pont avant le jour, inquiets de savoir quel changement la nuit avait apporté à notre sort. Chaque journée était un succès, mais il devait être suivi de tant d'autres succès pareils, qu'il était à peine senti et apprécié. Enfin, après avoir couru un si grand nombre de chances, au moment de recueillir le fruit de tant de hardiesse et de tant de bonheur, nous voilà en face d'une escadre anglaise, précisément sur notre route. Était-ce donc pour arriver à cette fin que nous avions désiré si ardemment de quitter l'Égypte et éveillé par notre départ l'envie de nos camarades restés en Orient? Nous allions probablement être jetés dans les prisons d'Angleterre, et la guerre se continuerait sans nous, après être venus la chercher au milieu de tant de périls! Mais non; ces dangers sont un songe; ils ont disparu, ils sont venus pour orner notre triomphe et pour compléter nos destinées. En effet, sans la rencontre de cette escadre, nous arrivions à Toulon, et là nous faisions une longue et bonne quarantaine; ceux qui redoutaient les projets de Bonaparte auraient eu le temps de se précautionner; ses ennemis se seraient ralliés, et la correspondance accusatrice de Kléber aurait eu le temps d'arriver et de leur donner des armes puissantes. Au lieu de cela, c'est en échappant à un grand danger que nous atteignons le sol de la patrie ; et cet événement encadre dignement ce retour miraculeux ; il nous force à nous jeter sur Fréjus, où des transports de joie et d'ivresse s'emparent de la population. On accourt de tous côtés; des barques nous entourent ; on veut voir le général Bonaparte; on veut toucher cet homme, envoyé par la Providence pour sauver la France et rappeler la victoire. On veut éloigner les enthousiastes, on parle de santé, de peste; on répond que le général Bonaparte ne peut rien apporter de fâcheux avec lui. Aucune autorité n'est là pour modérer leurs transports; ils s'élancent, montent à l'abordage, et les frégates sont envahies par la foule. Dès lors nous avons l'entrée, ou bien il aurait fallu mettre tout le pays en quarantaine. Nous entrons donc à Fréjus, et, après deux heures de préparatifs, le général Bonaparte, qui connaît le prix du temps, est déjà en route pour Paris. A la fin du déjeuner, un homme de Fréjus, une espèce d'orateur de club, à figure commune, mais expressive, vint lui faire son compliment et lui parla avec une sorte d'autorité. Il termina sa harangue ainsi : « Allez, général, allez battre et chasser l'ennemi, et ensuite nous vous ferons roi, si vous le voulez. » Le général Bonaparte reçut ce compliment avec embarras; il n'y répondit pas, il eut même l'air de le repousser; mais certainement il l'entendit avec plaisir.

Avant de se mettre en route, il me dit les paroles suivantes : « Arrivez promptement et suivez-moi de près. J'aurais préféré aller faire une apparition à l'armée d'Italie, et, après avoir battu l'ennemi, me rendre ensuite à Paris; mais Dieu sait dans quel état se trouve cette armée et quels sont les moyens d'offensive qu'elle possède. Il faudrait sans doute beaucoup de temps avant de pouvoir rien entreprendre de sérieux, et l'effet de mon arrivée s'affaiblirait. Il vaut mieux aller tout de suite au centre des affaires juger sur place du véritable état des choses et de la nature des remèdes à employer. Ainsi je pars pour Paris; soyez-y bientôt. »

Je n'essayerai pas de peindre les transports de joie de toute la France : cette étincelle, partie de Fréjus, s'était communiquée au pays tout entier; partout on voyait en Bonaparte le gage de la victoire et du salut public. De grands revers nous avaient accablés, et, si l'État n'avait pas encore croulé, on le devait uniquement à la victoire de Zurich, qui, momentanément, en avait suspendu la chute; mais avec les hommes incapables, placés à la tête des affaires, avec la faiblesse et la corruption répandues partout; avec les divisions, avec les partis, ce prodige ne pouvait plus se renouveler.

La loi des suspects rendue, tous les malheurs intérieurs dont la Révolution avait accablé la France, étaient au moment de renaître : voilà ce que tout le monde contemplait avec effroi. Le retour de Bonaparte, la supériorité de son génie, son caractère connu, semblaient mettre à l'abri de tous ces dangers et remplacer l'horizon le plus sombre par l'aurore d'un beau jour; j'en appelle à ceux de cette époque qui vivent encore; ils trouveront ce récit bien faible; jamais mouvement d'opinion ne s'opéra avec plus d'énergie en faveur d'un homme, et ne provoqua et ne justifia davantage son ambition. L'état réel du pays, menacé de sa ruine, et cette disposition des esprits, rendirent légitime un pouvoir qui venait d'échapper à tant de mains débiles, car Bonaparte en réclamait la possession au nom du salut de l'État, que lui seul, au dire de tous, pouvait sauver.

Le général Bonaparte, en route pour Paris, emmena avec lui ses aides de camp, et Bourrienne, Andréossi, Monge et Berthollet. Murat, Lannes, Gantheaume et moi, ayant nos voitures à Toulon, nous nous y rendîmes pour les prendre. Les deux cents hommes du corps des guides, revenus de l'Égypte, et formant la garnison des frégates, débarquèrent également à Fréjus, et se mirent en route pour Paris.

Nous quittâmes Fréjus en même temps que le général Bonaparte, et nous allâmes coucher à Vidauban : à peine arrivés dans cette ville, un grand fracas de voitures se fit entendre : c'étaient des commissaires de la santé, venant de Toulon, et allant mettre en quarantaine tout ce qui avait débarqué à Fréjus. Gantheaume se hâta de sauter au cou d'un de ces administrateurs, de sa connaissance, afin de nous garantir ainsi des mesures dont nous aurions pu être l'objet. Mais il fallait que la colère de l'administration s'exerçât sur quelqu'un : nos bâtiments se rendirent à Toulon, et les équipages firent une quarantaine de trente jours, et cependant plus de deux cent cinquante individus étaient sortis de ces mêmes frégates et parcouraient librement la France. Je ne fis pas un long séjour à Toulon, j'allai embrasser mon père et ma mère, comblés de bonheur par mon retour, et je me rendis à Paris.

CORRESPONDANCE ET DOCUMENTS

RELATIFS AU LIVRE QUATRIÈME

BERTHIER A MARMONT.

« Gaza, 29 décembre 1798.

« Nous voilà à Gaza, mon cher général, après avoir traversé soixante lieues de désert et pris le fort d'El-Arich, dans lequel Djezzar-Pacha avait eu la bêtise de laisser quinze cents hommes, que nous avons pris en usant environ quatre cents boulets, que nous avons retrouvés dans la brèche. Ils nous ont laissé également de la poudre et des vivres. Arrivés à Gaza, environ six cents hommes de cavalerie et quelques hommes d'infanterie de Djezzar se sont retirés aussitôt que nos dispositions de les attaquer ont été faites et que nos tirailleurs les ont joints. Il y a eu trois ou quatre hommes blessés de part et d'autre, trois tués à eux, et un à nous.

« Nous avons, à Gaza, un très-bon fort dans lequel étaient cent cinquante mille rations de biscuit, du riz, trente mille milliers de poudre, des boulets, des balles, et beaucoup d'obus ensabotés.

« Nous trouvons ici un pays qui ressemble à la Provence, et le climat à celui d'Europe.

« Vous avez dû recevoir, par le général Andréossi, les relations de toutes nos affaires.

« Donnez-nous de vos nouvelles, mon cher général, et croyez à l'amitié et au désir que j'ai de vous revoir. J'espère que nos affaires iront bien ici.

« On dit que les troupes de Djezzar nous attendent à Jaffa. Nous le désirons plus que nous ne le croyons. »

MARMONT A BONAPARTE.

« Alexandrie, 15 janvier 1799.

« Je viens de recevoir, mon cher général, votre lettre du 18 nivôse; vous êtes instruit maintenant des ravages que la peste continue à faire ici. Nous avons perdu déjà cent trente hommes. Le bataillon de la quatrième est extrêmement maltraité : il a quarante hommes ou morts ou malades de la peste. Ce matin encore, six hommes sont tombés tout à coup : un est mort dans une heure. Le bataillon de la quatre-vingt-cinquième est privilégié; il est encore intact. Les grenadiers qui font le service de la ville, et qui sont dans un camp à part, n'ont perdu encore qu'un homme : je ne sais à quoi attribuer cette différence.

« Les camps sont bien placés, bien aérés, bien divisés; les soldats ont un vaste espace pour se promener et ne sont point abandonnés à eux-mêmes, et cependant le nombre des malades va toujours en augmentant.

« J'ai fait augmenter le nombre des hôpitaux; je fais évacuer un local dès qu'il est entaché de peste, afin de le purifier : tout cela ne sert à rien; la terreur que la peste répand chez les officiers de santé est telle, que les malades attaqués de maladie ordinaire courraient risque de mourir faute de soins. Je dois cependant rendre justice au citoyen Masquelet, chirurgien en chef, qui montre beaucoup de zèle; il serait bien nécessaire que vous m'envoyiez ici quelqu'un pour le seconder. Le commissaire des guerres Michaud, que l'ordonnateur en chef a envoyé ici, a rendu des services par son activité et son zèle; il a fort bien organisé les services, et particulièrement celui des hôpitaux; mais ses moyens viennent d'être paralysés par le malheur qu'il vient d'éprouver : son secrétaire et son domestique viennent de mourir de la peste. L'administration sanitaire vient de le mettre en quarantaine. J'ai établi, pour le remplacer momentanément, et chargé du service le commissaire de Ramanieh, qui était traduit au conseil de guerre, mais que je crois honnête homme, et qui, probablement, n'est pas coupable.

« Personne ne sort plus d'Alexandrie sans faire quarantaine. Cette institution est sans doute indispensable; il me paraît aussi nécessaire de la modifier. Mes relations avec l'intérieur sont extrêmement difficiles; les plus petites choses rencontrent les plus grands obstacles, et, si cela durait, nous risquerions bientôt de mourir de faim. L'administration sanitaire ne voit que la peste, et n'aperçoit pas les autres branches de service qui sont aussi importantes; et, comme votre ordre du jour du 18 frimaire est très-précis, je ne puis pas le contrarier. Je vous demanderai donc, tout en laissant la quarantaine établie à Alexandrie pour les relations ordinaires, de m'autoriser à y déroger dans les occasions importantes, et notamment pour mes relations avec Damanhour, en prenant toutes les précautions imaginables pour qu'il n'y ait pas de résultat fâcheux, et ensuite ordonner qu'à Ramanieh il soit établi une quarantaine sévère pour tout ce qui viendra de Damanhour, pour que l'intérieur de l'Égypte soit entièrement préservé.

« Je n'ose vous envoyer aujourd'hui les quatre ou cinq cents matelots que je vous ai annoncés. Si je les faisais mettre en quarantaine dans un jardin, à Alexandrie, au bout de huit jours la moitié aurait échappé. Si vous adoptez la mesure que je vous propose plus haut, je les enverrai à Damanhour, où on les mettra à part pour faire quarantaine; là il leur sera impossible de déserter.

« Il n'y a pas encore eu un seul accident de peste parmi les habitants du pays.

« Nous sommes toujours sans argent; nous n'avons pas un seul acheteur pour le vin. J'attends la réponse du général Menou sur la mesure que je lui ai proposée; s'il l'adopte et qu'il réussisse, nous serons au-dessus de nos besoins.

« Le capitaine Ravaud, ingénieur des ponts et chaussées, a cherché, dans la ville d'Alexandrie, de l'eau douce; s'il n'a pas entièrement rempli son but, il en a du moins beaucoup approché. Il a trouvé, dans la presqu'île des Figuiers, de l'eau potable; il a fait faire un puits d'assez grande dimension : il peut fournir, en raison des remplacements, qui se font très-vite, à une consommation de soixante-dix mille pintes d'eau par jour. Chose bizarre! il y a un puits d'eau salée à quinze pieds de là.

« Il a trouvé, sur la place d'Alexandrie, de l'eau moins bonne que celle du Nil, mais meilleure que celle dont je vous ai parlé; il s'occupe d'en tirer parti.

« Il y a un bruit populaire qu'il existe, aux environs de la batterie des Bains, une source d'eau vive souterraine : on la recherche, et nous espérons la découvrir.

« Depuis huit jours les Anglais ont disparu; le gros temps les a forcés de s'éloigner. S'il y eût eu un jour de beau temps, la caravelle serait sortie facilement; hier, on l'avait conduite jusqu'à la passe, lorsqu'un coup de vent a forcé de mouiller : ce matin, les Anglais paraissent, et l'on est obligé de la ramener dans le port. Je ne pense pas qu'ils l'aient aperçue. »

BERTHIER A MARMONT.

« 9 mars 1799.

« Nous voilà maîtres de Jaffa, mon cher Marmont, ville dans une position militaire assez bonne, entourée de murs et flanquée de tours : environ quatre mille hommes, dont dix-huit cents canonniers turcs. Nous avons établi nos batteries; ils n'ont fait aucune réponse à deux sommations. La barbarie, l'ignorance de ces hommes nous a mis dans le cas de faire la brèche et de prendre la ville d'assaut. Presque tout a été passé au fil de l'épée; le pillage a duré vingt-quatre heures, malgré tous les efforts que nous avons faits pour l'arrêter : les lois de la guerre le permettaient. Nous avons trouvé dans cette ville une vingtaine de pièces de campagne toutes neuves, environ soixante pièces garnissant les remparts, beaucoup de munitions et de vivres. Le port est assez bon : les frégates peuvent mouiller en rade. Nous y avons trouvé plusieurs bâtiments qui nous seront fort utiles; depuis que nous sommes maîtres de Jaffa, nous en avons déjà pris trois de Djezzar, arrivant d'Acre, portant des vivres et des munitions.

« Nous avons eu environ trente hommes tués et environ cent cinquante blessés. Nous avions le plus grand besoin d'entrer dans cette place; nos troupes et nos chevaux avaient beaucoup souffert par les pluies continuelles que nous avons eues à la sortie du désert. Nous nous disposons à poursuivre notre ennemi, et bientôt nous serons devant Acre.

« Vous acquérez aussi une gloire particulière et qui a des droits bien réels à la reconnaissance, dans le poste si difficile et si pénible que vous occupez.

« Je désire que les événements politiques nous réunissent dans le pays où nous avons des intérêts si chers. »

BERTHIER A MARMONT

« 29 mars 1799.

« Nous sommes devant Saint-Jean-d'Acre, mon cher Marmont, place qui a une assez bonne enceinte et un bon fossé; nous sommes sur le glacis, et bientôt nous serons dans la place. Nous habitons un pays très-sain et où les subsistances abondent de tous les côtés. Nous avons reçu avec grand plaisir des nouvelles de France; la révolution de Naples est très-importante relativement à notre position dans ce pays.

« Nous avons perdu, dans la tranchée, les adjudants généraux Laugier et Lescalle, et l'adjoint Mailly; ce sont de braves gens que nous regrettons. »

MARMONT A BONAPARTE.

« 30 avril 1799.

« Nous venons d'éprouver, mon général, un événement extrêmement malheureux : la garnison de Damanhour, composée de cent quatorze hommes, vient d'être surprise et égorgée par les Arabes et un corps de Maugrebins. Voici les détails que je viens de recueillir :

« Le 3, le chef de brigade Lefèvre s'est mis en

route pour lever les contributions : il avait avec lui environ deux cents hommes. Ce voyage à Damanhour avait produit un bon effet : les villages étaient disposés à payer. La province jouissait de la plus complète tranquillité; cent hommes et une pièce de huit étaient plus que suffisants pour se soutenir à Damanhour : on était loin d'éprouver la plus légère inquiétude.

« J'avais profité de l'instant d'absence du lieutenant Lefèvre pour envoyer cinquante hommes protéger les travaux du canal, à une petite distance de cette ville, afin de tirer un double parti de cette augmentation de force. Le 5, à deux heures du matin, trois cents Ouladalis et quatre-vingts Maugrebins se portèrent sur le camp, trouvèrent tout le monde endormi, et égorgèrent tous les soldats sans pitié.

« Dans la journée du 5, un cheik de Damanhour avait averti trois fois le citoyen Martin, lieutenant de la légion, de se tenir sur ses gardes : il négligea ou méprisa ses avis. Il coucha chez lui, et, après une résistance de quatre heures, il a péri comme les autres, avec le commissaire des guerres, le payeur et quelques employés.

« Le 6, à midi, le lieutenant Lefèvre fut instruit de ce qui se passait par des lettres des cheiks de Damanhour. Il y retourna sur-le-champ, fit huit lieues en quatre heures; mais il trouva seulement les cadavres des malheureux soldats : — l'ennemi s'était retiré depuis longtemps. — Le lieutenant Lefèvre se porta alors sur Ramanieh. — Au premier bruit de ce malheureux événement, je fis partir le bataillon de la quatrième, trois compagnies de grenadiers, et deux pièces de canon, sous les ordres du chef de bataillon Redon, pour se rendre à Damanhour et se joindre avec le chef de brigade Lefèvre, et marcher sur les Arabes ou les révoltés, car j'ignorais alors quels étaient nos ennemis. A une lieue en deçà de Damanhour, il a été attaqué par environ trois cents hommes à cheval et six mille hommes à pied. Il s'est battu pendant cinq heures, leur a tué ou blessé trois cents hommes; mais, au lieu de se rapprocher du citoyen Lefèvre, il est resté en place, et, voyant les munitions tirer à leur fin, il a fait sa retraite sur Alexandrie. Il en résulte une chose très-fâcheuse : c'est que ce mouvement rétrograde leur laisse l'opinion de la victoire lorsqu'ils n'ont résisté nulle part et que, dans le fait, ils ont été battus; tandis que, s'il eût été jusqu'à Ramanieh, ou au moins à portée d'en être entendu, le citoyen Lefèvre se serait réuni à lui, et tout rentrait dans l'ordre. Il paraît qu'une partie des habitants de Damanhour et des villages circonvoisins se sont armés et joints aux Arabes après le malheur du 6. Un village ou deux brûlés auraient suffi pour réprimer tous ces désordres, au lieu qu'aujourd'hui on y trouvera peut-être plus de difficultés.

« J'ai été sur le point, à l'instant du retour du commandant Redon, de partir moi-même avec les trois quarts de la garnison; mais les bruits réitérés de l'approche d'une armée de Maugrebins, bruits qui chaque jour acquièrent plus de vraisemblance, l'extrême faiblesse de la garnison, qui est réduite à cinq cents soldats, l'inconvénient mille fois plus grand de compromettre Alexandrie, enfin la possibilité de l'arrivée subite des escadres, la longueur de cette expédition, qui exigeait au moins six jours pour remplir le but proposé, toutes ces raisons m'ont déterminé à prendre un autre parti.

« J'ai donné l'ordre à l'adjudant général Jullien d'envoyer sur-le-champ trois cents hommes et quatre pièces de canon à Ramanieh, en passant par le Delta; j'ai écrit au général Fugières pour le prier de prêter aussi, pour quelques jours, une partie de ses troupes au citoyen Lefèvre. J'ai ordonné à l'adjudant Jullien de se retirer dans le fort, s'il le croit nécessaire, à cause de la très-petite quantité de troupes qui lui reste; enfin je donne l'ordre au citoyen Lefèvre de balayer, avec ces troupes réunies et quatre pièces de canon, tout ce qu'il trouvera devant lui; de s'occuper particulièrement de couvrir Rosette, de brûler, pour l'exemple, un ou deux villages, et de ne pas donner de relâche aux révoltés qu'ils ne soient entièrement dispersés ou perdus dans les déserts. — Dans le cas où il s'appprocherait à six heures de marche d'Alexandrie, j'irais à leur rencontre.

« Je reviens à la nouvelle que je vous ai donnée des Maugrebins. Il y a environ dix jours qu'il en est arrivé quatre-vingts chez les Ouladalis. Le bruit se répandit aussitôt qu'ils étaient suivis par une grande armée. J'ai méprisé ces rapports, qui m'ont paru absurdes. Depuis, ils se sont tellement multipliés, qu'ils ont acquis de la vraisemblance. J'ai questionné un homme arrivant de l'oasis de Jupiter-Ammon, qui me les a confirmés, et qui m'a dit avoir vu un corps de quatre à cinq mille hommes, occupés à faire des puits pour l'armée qui les suivait, et que cette armée était, il y a trente jours, en deçà du Boghaz, et, à l'avant-garde qu'il a vue, il l'a laissée à dix jours de marche d'Alexandrie. — Il porte cette armée très-haut; en la réduisant des trois quarts, si elle se présente de dix mille hommes, ce sera beaucoup.

« Si ces bruits se réalisent, quoique ces hommes soient sans doute exaltés par le fanatisme, je ne présume pas qu'ils soient fort dangereux, et nous n'aurons pas grande gloire à les vaincre; — mais, s'ils se dispersaient dans le Bahiré, ils pourraient y faire bien du mal.

« Dans ce cas, il me faudrait de la cavalerie :
1° pour en imposer aux Arabes; 2° pour contenir
les habitants et parcourir rapidement une langue
de terre étroite. — Cette province ne ressemble en
rien à l'intérieur de l'Égypte. Vous connaissez notre
pauvreté; aujourd'hui elle est extrême. Les contributions du Bahiré allaient nous soulager, l'affaire
de Damanhour renverse tous mes calculs et éloigne
mes espérances. Je dois à tout le monde, j'ai emprunté partout, et nos caisses sont vides. Nos travaux auraient été suspendus si je n'avais employé
un moyen exceptionnel pour les soutenir : chaque
jour je me rends sur les travaux avant le soleil, à
la tête des officiers, des soldats, des membres de
l'administration, et nous travaillons tous avec ardeur.

« Je reçois à l'instant le courrier que vous m'a-
vez envoyé. Je vous remercie, mon général, de la
confiance que vous me témoignez en me destinant
à défendre Alexandrie.—C'est la plus belle récom-
pense que je puisse obtenir; je crois pourtant pouvoir vous demander d'ajouter quelque chose à mes
moyens en troupes.

« Si j'eusse eu la permission de recruter les bataillons qui sont ici dans la marine, ils seraient aujourd'hui les plus forts de l'armée; mais le contre-
amiral Perrée a presque tout emmené. Le lieute-

nant Dumanoir a armé ses frégates, et il ne reste plus rien. — Je vais cependant chercher encore à trouver quelques hommes. »

MARMONT A BONAPARTE.

« Alexandrie, 6 mai 1799.

« J'ai eu l'honneur, mon général, de vous rendre compte des événements qui se sont passés dans la province du Bahiré. J'espérais que les désastres dont elle était le théâtre étaient au point de finir, je me suis trompé : l'incendie a pris rapidement et menace de s'augmenter encore.

« Le 10, je donnai l'ordre à l'adjudant général Jullien d'envoyer au citoyen Lefèvre trois cents hommes de renfort et quatre pièces de canon. Le 14 au matin, le chef de brigade Lefèvre se mit en route pour Damanhour avec quatre cents hommes d'infanterie et quatre pièces de canon. Il rencontra l'ennemi après le village des Annhour; le combat s'engagea et fut extrêmement vif; il dura sept heures. Le citoyen Lefèvre, après avoir eu huit hommes tués et quarante blessés, se retira à Ramanieh. L'ennemi, pendant le combat, mit le feu aux blés qui environnaient Ramanieh; de manière que, sans un champ d'oignons qui n'a pu être embrasé, il aurait été dans la position la plus horrible. Il y a eu au moins quinze cents feddams de brûlés.

« Le citoyen Lefèvre estime ce rassemblement à vingt ou vingt-cinq mille hommes, dont trois mille cavaliers. Il ne doit pas être exagéré, car tout le Bahiré est en armes et en insurrection, et la nombreuse tribu des Ouladalis lui est réunie. Le citoyen Lefèvre croit avoir tué dans ce combat seize cents à deux mille hommes. Ce rapport est conforme à celui des Turcs. Les révoltés se sont battus avec un acharnement inconcevable. Les boulets et les balles en ont détruit une partie sans effrayer l'autre. Le saint Maugrebin avec ses apôtres, accompagné de Selim-Kachef et Abdallah-Baschi, en répandant partout des firmans du Grand Seigneur, les ont fanatisés d'une manière horrible.

« Il me paraît démontré, après les deux combats qui viennent d'avoir lieu, que je suis dans l'impossibilité, avec les troupes qui sont à ma disposition, de rétablir l'ordre dans la province du Bahiré. Encore deux ou trois combats semblables, après avoir tué douze mille hommes, il ne me resterait plus un soldat pour défendre Alexandrie. Il faut, pour anéantir ces rassemblements, un corps de troupes assez considérable pour se diviser en plusieurs colonnes et occuper beaucoup de terrain. Il faut en outre de la cavalerie, car celle qu'ils ont n'empêcherait pas d'agir utilement un corps de trois cents cavaliers, qui serait soutenu par de l'infanterie et de l'artillerie. Enfin un corps d'infanterie, tel que je peux le mettre en campagne au milieu de cette multitude, est dans la même position que Crassus au milieu des Parthes.

« Je ne crois pas que le général Dugua soit à même de m'envoyer des secours puissants. Votre retour seul, ou celui du général Desaix, peut rétablir l'ordre. Ces secours seront lents; il a fallu pourtant prendre un parti; voici celui auquel je me suis arrêté :

« J'ai donné ordre au chef de brigade Lefèvre de se rendre à Rosette, en laissant cent ou cent cinquante hommes d'infanterie, six pièces de canon, des munitions et des vivres pour plus de deux mois dans le fort de Ramanieh, qui, par ce moyen, est en sûreté.

« Le secours que l'adjudant général Jullien avait envoyé à Ramanieh avait laissé Rosette entièrement dégarnie. L'arrivée du chef de brigade Lefèvre couvrira bien cette place, qu'il est pour nous de la plus haute importance de protéger.

« S'il y a des troubles dans le Delta, il sera bien situé pour aller brûler le premier village qui aurait suivi l'exemple des révoltés. Enfin, si l'adjudant général Jullien et le chef de bataillon Lefèvre, par des événements que je ne puis que difficilement supposer, se trouvaient dans l'impossibilité de défendre Rosette, ou si une flotte se présentait devant la ville d'Alexandrie, ils jetteraient cent cinquante hommes dans le fort et se retireraient ici.

« Le fort de Rosette est parfaitement approvisionné et complétement armé; j'ai ordonné d'y transporter tous les effets appartenant aux Français, et enfin tous les vivres existant à Rosette.

« J'ai ordonné de rassembler devant les forts de Ramanieh et de Rosette toutes les barques des environs, afin d'avoir des moyens de passage et de les ôter aux ennemis pour pénétrer dans le Delta.

« J'ai écrit aux généraux Lanusse et Fugières, pour les prévenir de tout ce qui se passe. Je les ai engagés à se réunir et à se porter sur la rive droite du Nil, et à s'y promener en descendant jusqu'à Fouéh, pour punir le premier village qui se révolterait, ou tomber sur le premier détachement d'Arabes, Maugrebins ou révoltés qui voudrait y pénétrer. Voilà, mon général, ce que j'ai cru devoir faire. Si la place d'Alexandrie était moins importante, plus facile à garder, si j'avais plus de troupes, enfin si je n'étais pas certain de compromettre le dépôt qui m'est confié, en m'en éloignant, j'aurais marché avec toute ma garnison sur les révoltés; mais quinze lieues de désert me séparent d'eux, et la peste ne m'a pas laissé cinq cents soldats; les bruits sur les Maugrebins sont toujours les mêmes, et une escadre peut paraître d'un jour à l'autre.

« J'ai eu quelques inquiétudes sur les habitants d'Alexandrie. J'espère cependant qu'ils continueront à se bien conduire. Nous devrons leur tranquillité à l'état menaçant de nos forts, et aux soins du cheik El Messiri et du commandant turc.

« Nos travaux avancent à vue d'œil; tous les Européens ont mis la main à l'ouvrage. Je suis tous les jours avant le soleil aux travaux, et je n'en reviens qu'à la nuit. Mon exemple a produit un bon effet; j'ai trouvé chez tout le monde zèle et patriotisme, et, malgré la pauvreté de tous les individus et la certitude de ne pas sortir de la misère de longtemps, officiers, soldats, administrateurs, habitants, tous travaillent avec autant de gaieté que les Parisiens à l'époque de la fédération de 1790. »

MARMONT A BONAPARTE.

« Alexandrie, 7 mai 1799.

« Je n'ose encore crier victoire, mon général, car nous avons encore quinze jours critiques à passer; mais tout va pour le mieux, et la peste est toujours à son minimum; les accidents nouveaux sont rares et les morts peu fréquentes. La maladie se traite fort régulièrement, et le citoyen Valdony nous rend journellement de grands services. Nous n'avons point encore eu d'accidents parmi les Turcs; deux maisons cophtes seulement ont été atteintes, mais elles sont en quarantaine. Si, après les premiers jours du vent chaud qui va souffler, la peste ne se développe pas davantage, nous sommes sauvés. Je serai payé amplement de mes inquiétudes et de mes peines si je suis assez heureux pour obtenir ce résultat.

« Nous n'avons pas eu de nouvelles de l'armée depuis l'affaire d'El-Arich. Quoique nous ne mettions pas en doute vos succès, nous sommes impatients de les apprendre; et, ce qui nous donne quelques inquiétudes, c'est la pénurie qui a dû se trouver à l'armée par la contrariété qu'a éprouvée la flottille de Damiette.

« Les deux divisions anglaises sont de retour, et nous avons toujours nos dix bâtiments devant le port et quelques bombes de temps en temps.

« Je presse la rentrée des contributions des provinces de Rosette et de Bahiré. J'ai deux colonnes mobiles en mouvement, et j'espère qu'elle sera effectuée dans quinze jours.

« Les travaux du génie sont dans la plus grande activité, et, afin qu'ils ne soient pas suspendus, j'ai emprunté à deux ou trois particuliers une somme de dix-huit mille francs en mon nom, que je ferai rembourser sur les premiers fonds des contributions.

« Je suis dans l'impossibilité de mettre en activité les travaux du canal, au moins pour le moment ; les troupes sont en course, et l'argent qui doit rentrer a d'avance une destination qu'on ne peut pas changer ; vous ne m'avez pas donné d'ordre à ce sujet ; le général Caffarelli seul m'a fait part de vos intentions. Si vous y attachez quelque importance, il serait nécessaire que vous augmentassiez les moyens d'exécution.

« Je viens d'être obligé de faire de nouveaux actes de sévérité contre les administrations d'Alexandrie. Après avoir bien servi pendant quelque temps, elles s'étaient relâchées à l'excès. J'ai fait mettre au phare le garde-magasin des vivres de terre, et je fais chercher parmi les administrations de la marine les coupables qui, quoique nombreux, ont beaucoup de facilité à se cacher dans ce labyrinthe obscur.

« Vous avez sans doute appris le mariage du général Menou et son changement de nom.

« Tout va fort bien, et nous nous apprêtons à célébrer dignement la fête du Bahiram.

« Le citoyen Dolomieu et le général Mauscourt partent ce soir. »

MARMONT A BONAPARTE.

« Alexandrie, 14 mai 1799.

« J'ai eu l'honneur de vous instruire, mon général, de l'insurrection de la province de Bahiré, du combat que le citoyen Lefèvre leur avait livré, du fanatisme des insurgés, et des difficultés qui restaient à surmonter pour les faire rentrer dans l'ordre.

« Les choses ont tourné différemment que nous ne l'avions craint; les révoltés, au milieu du combat, n'ont point été accessibles à la crainte; mais, lorsque le lendemain ils ont compté leurs morts et leurs blessés, lorsqu'ils ont vu de belles maisons brûlées, lorsque enfin ils ont ouvert les yeux, beaucoup se sont dégoûtés de la guerre et sont retournés chez eux.

« J'avais écrit aux généraux Lanusse et Fugières pour les prier de se réunir et de se rapprocher de Ramanieh; le premier y vint aussitôt lui-même avec trois cents hommes, le second en envoya cent, qui, joints à ce que j'avais envoyé de Rosette et à ce qui assistait à Ramanieh, formait au moins neuf cents hommes. Le 20, le général Lanusse marcha avec ces troupes et huit pièces de canon. Il ne trouva que quelques Arabes des habitants de Damanhour qui s'étaient armés, et mit le feu à plusieurs maisons. Il eût été plus utile et plus convenable de fusiller dix ou douze des principaux, et faire acheter aux autres leur grâce par une forte contribution; mais la chose est faite, et il n'en faut plus parler.

« Enfin aujourd'hui la tranquillité est rétablie, et je ne perds pas un instant pour vous rassurer sur un événement qui pouvait avoir des suites graves.

« Depuis presque un mois, nous n'avons pas aperçu une seule voile en mer.

« La peste avait presque cessé il y a quelque temps. Elle vient de se remontrer. Ses ravages sont cependant fort peu de chose, et nous approchons du moment où nous n'aurons plus à redouter ses poursuites. »

MARMONT A BONAPARTE.

« Alexandrie, 24 juin 1799.

« J'ai reçu hier au soir, mon général, votre lettre du 29. Je vous demande la permission de répondre à tous les articles qu'elle contient. Vous me condamnez de m'être isolé pendant votre absence, et de n'avoir pas voulu reconnaître l'autorité de l'ordonnateur Laigle. J'y étais autorisé formellement par la lettre que vous m'avez écrite le 21 pluviôse, la veille de votre départ pour la Syrie; ensuite je ne l'ai fait que parce que les faibles secours que m'a donnés Rosette, et que j'ai consacrés aux fortifications, auraient pris une autre direction, et, au lieu de venir ici, auraient été au Caire : je ne me suis enfin décidé à ce parti qu'après que la ville de Rosette a été inondée d'ordonnances émanées du Caire. L'adjudant général Jullien peut attester ce fait.

« La véritable cause de la discontinuation de l'envoi des approvisionnements n'est pas la brouillerie qui a existé entre le citoyen Laigle et le citoyen Michaud; c'est la difficulté de la navigation du Nil, et la présence continuelle des Arabes sur ses bords. Depuis six semaines, il n'est pas arrivé une seule barque à Rosette. Plusieurs, chargées de blé, expédiées par le général Dugua, ont été pillées en route.

« Enfin, mon général, je ne vois pas qu'il soit possible d'interpréter de deux manières différentes la troisième phrase de votre lettre du 21 pluviôse, elle est ainsi conçue : *Le commissaire Michaud est investi de toute l'autorité de l'ordonnateur en chef sur les administrations des trois provinces.* Et, puisque je n'ai fait que parcourir le cercle d'autorité que vous m'avez tracé, je ne crois pas avoir mérité de reproches.

« On n'a point fait chasser le brick anglais qui s'est présenté devant Alexandrie par deux autres bricks, parce qu'il n'en existe pas un seul dans le port. On ne l'a pas fait chasser par une frégate, parce que le citoyen Dumanoir n'a reçu aucun ordre qui l'autorise à faire sortir une frégate. Nous avons regretté souvent qu'il n'en eût pas la permission.

« Les officiers de santé et les employés qui sont partis l'ont fait avec tant d'adresse, qu'il a été impossible de les arrêter. Jamais un bâtiment n'est parti sans que, préalablement, le commandant des armes ne l'ait fait visiter : le contre-amiral Perrée le faisait également avant qu'il fût sorti de la rade ; et même il m'est arrivé plusieurs fois de faire arrêter un bâtiment à la voile, afin de le faire visiter par un officier de terre, et m'assurer s'il n'y avait pas de supercherie. Tout ce que j'ai pu faire a été d'effrayer les individus qui avaient le projet de partir, et les capitaines qui devaient les recevoir. Aussi ai-je fait condamner à cinq ans de fers, comme déserteurs, les premiers qui étaient partis ; et j'ai fait rentrer et arrêter un capitaine marchand qui avait permission de partir, et qui emmenait avec lui un homme qui n'était pas en règle. Ce malheureux est mort de la peste.

« Je vous ai fait plusieurs fois, mon général, la peinture vraie de la position où nous nous trouvons ; je vous ai demandé des secours en argent et en troupes : vous me refusez les uns et les autres ; vous diminuez même le nombre de nos troupes, quoiqu'il soit bien reconnu qu'elles sont insuffisantes pour lever les impositions ; le bataillon de la dix-neuvième est de trois cents hommes ; la légion nautique, de près de quatre cents, et le détachement de la vingt-cinquième est d'environ quatre-vingts hommes : total, au moins sept cents hommes ; et vous remplacez ces corps par un bataillon de la soixante et unième de quatre cents hommes, et un bataillon de la quatrième, de cent vingt ; c'est-à-dire que votre intention est qu'environ cinq cents hommes gardent le fort de Rosette, la ville de Rosette, chassent les Arabes et les mameluks du Bahiré, lèvent les impositions dans ces deux provinces et protégent les travaux du canal !

« Vous me dites de faire soutenir le général d'Estaing par des détachements de la garnison d'Alexandrie ; j'ai fourni cent hommes à Ramanieh, cent cinquante à Aboukir, et quarante au Marabout ; déduction faite, la garnison se trouve réduite, en grenadiers et en soldats, à six cent dix hommes, nombre à peine suffisant pour faire relever les gardes et fournir les détachements des fourrages et des caravanes, quoique j'aie réduit le nombre des hommes de garde autant que possible, et qu'il n'y en ait pas un de plus que la stricte nécessité.

« En analysant tout ce que je viens de dire, il résulte que, dans le cas où Alexandrie serait attaquée, il faudrait laisser cent cinquante hommes ou environ au fort de Rosette, à peu près autant au fort de Ramanieh, augmenter de cinquante la garnison d'Aboukir; il resterait donc pour Alexandrie un secours de deux cent cinquante hommes; il faudrait donc défendre cette ville avec huit cent soixante hommes. Mon général, je vous dois beaucoup, et je ne calculerai jamais les sacrifices que je suis prêt à faire; mais vous ne pouvez pas exiger que je me déshonore. La reddition prompte d'une place est l'opprobre de celui qui la défend. Si donc votre intention est de laisser le deuxième arrondissement dans l'état où il est aujourd'hui, et que je n'aie pas les moyens de faire une défense honorable et utile à l'armée, permettez-moi de me décharger d'un fardeau qui entraînerait avec lui une tache ineffaçable. Personne n'a plus étudié la ville d'Alexandrie que moi; personne ne désire davantage en faire valoir les ouvrages : ils sont le résultat de mes travaux et de mes soins; mais personne ne sait mieux que moi qu'il est impossible de défendre avec huit cents hommes une place qui n'est point achevée, dont les ouvrages sont épars, et qui a un développement militaire de deux lieues.

Si Alexandrie n'est pas attaquée, et que vous ne consentiez pas à augmenter les troupes du Bahiré, comme je connais l'impossibilité de remplir la tâche que vous m'avez imposée, je vous prie de me permettre de me soustraire à vos reproches et de ne pas me charger de l'odieux qui rejaillirait sur moi, en faisant éprouver des souffrances extrêmes à des soldats, des matelots et des officiers qui manquent de solde depuis huit mois, et qui n'ont plus l'espoir d'en recevoir, si les moyens de percevoir les sommes dues ne sont pas promptement augmentés.

« Je vous demande, mon général, de répondre à cette lettre. Si vous augmentez mes forces, personne ne sera plus heureux que moi d'avoir à défendre Alexandrie, et à améliorer son sort : si, au contraire, vous ne croyez pas convenable de changer ma position, je vous supplie encore de me débarrasser d'un commandement qui me prépare des désagréments de toute espèce et des malheurs que je n'aurai pas mérités. »

MARMONT A BONAPARTE.

« Alexandrie, 11 juillet 1799.

« Il paraît à l'instant, mon général, une flotte turque de sept vaisseaux, cinq frégates et de cinquante-huit bâtiments d'un ordre inférieur, en tout soixante-neuf ou soixante-dix bâtiments. — On estime qu'elle porte dix à douze mille hommes. Avant que le débarquement soit effectué, j'aurai le temps de recevoir toutes mes troupes. — Nous sommes bien disposés, et nous recevrons bien les ennemis.

« Je fais porter la garnison d'Aboukir à deux cents hommes. Nos magasins de vins sont en partie épuisés; mais j'en trouverai chez les habitants; nous sommes d'ailleurs riches en riz. Ainsi vous pouvez être parfaitement tranquille.

« A huit heures, l'ennemi paraît se diriger sur Aboukir; dès ce soir j'en ai la certitude. — J'irai avec toute ma garnison, en laissant les marins dans les forts, certain que l'ennemi est dans l'impossibilité de revenir promptement devant Alexandrie, à cause des vents de nord-ouest.

« Dans tous les cas, mon général, comptez sur moi, sur mon zèle et mon dévouement sans bornes.»

MARMONT A BONAPARTE.

« 11 juillet 1799.

« Je vous ai rendu compte ce matin, mon général, de l'arrivée de la flotte turque; elle s'est rendue à Aboukir, où elle a mouillé.

« J'ai sur-le-champ fait relever les troupes par

des marins, et je me suis disposé à aller avec les quatre bataillons m'opposer au débarquement. Ce mouvement, exécuté avec promptitude, pouvait avoir du succès. Cependant il avait aussi de grands inconvénients.

« Les quatre bataillons ne forment que mille vingt combattants, compris les officiers, en faisant tout marcher sans exception. J'y ajoutai trois cents marins; je me trouvais donc à la tête de treize cents hommes.

« Les calculs de tous les marins portent le nombre des hommes de débarquement que doivent contenir ces bâtiments à dix-huit mille hommes. Je crois qu'arrivant sur les lieux avec treize cents hommes je mettais beaucoup d'obstacle à leur débarquement; que je l'empêchais peut-être entre le fort et le lac, mais non entre le fort et Alexandrie : car, pendant une nuit obscure, l'ennemi m'amuserait sur un point avec mille hommes, tandis qu'il en jetterait dix mille à une lieue derrière moi. Je me trouverais fort mal dans mes affaires le lendemain, puisqu'il faudrait leur passer sur le corps pour rentrer à Alexandrie; enfin, que je serais dans l'impossibilité de connaître leurs mouvements, n'ayant pour toute cavalerie que quatre dragons.

« Les calculs du général Gantheaume et de tous les marins est que, l'escadre ennemie ayant mouillé à midi, le temps étant extrêmement favorable et la rade d'Aboukir très-commode, l'ennemi peut avoir mis toutes ses troupes à terre à minuit. — Je ne puis partir que dans une heure ou deux, à cause de mille arrangements de troupes qui sont nécessaires; je ne puis arriver à Aboukir avec de l'artillerie qu'à six heures du matin. Je cours donc la chance de n'arriver, pour empêcher le débarquement, qu'après qu'il sera fait; et pourrait-il y avoir de la sagesse à attaquer avec treize cents hommes, dont mille soldats seulement, fatigués, douze mille hommes placés sur de belles positions qu'occupait autrefois la légion nautique, soutenus par trente petits bâtiments? Et, si je suis battu, que deviennent mes treize cents hommes, sans doute suivis par l'armée qui les aura combattus, ayant une retraite de cinq lieues à faire dans les sables, et déjà harassés de fatigue? que devient surtout Alexandrie, qui est le point important, et dans lequel je n'ai laissé que des vieillards et des estropiés, même en petit nombre? — Malgré tous ces motifs, j'avais le désir bien ferme d'aller porter secours à Aboukir; mais ce qui me décide à changer d'avis, c'est le rapport que l'on me fait à l'instant. On signale du phare une flotte dans l'ouest; elle est éloignée; il ne paraît encore que vingt bâtiments. Seront-ils suivis d'un grand nombre? iront-ils mouiller au

Marabout? C'est ce que j'ignore et qui m'empêche de quitter Alexandrie. Alors le seul parti qui me reste à prendre est de mettre Aboukir en état de résister par lui-même et de l'abandonner à ses propres forces. Je lui ai envoyé déjà cent hommes, c'est-à-dire que j'ai porté sa garnison à deux cent cinquante hommes. Elle a douze bouches à feu bien approvisionnées; des vivres pour deux mois, une redoute bien faite et bien palissadée, un fort à l'abri d'un coup de main, un commandant brave; et on peut raisonnablement espérer une défense assez longue pour donner le temps aux secours d'arriver, et jamais trois mille hommes disponibles n'hésiteront un instant à attaquer les douze mille que nous supposons.

« Nous organisons tout ce qui est marin, de manière à en tirer parti pour la défense de terre : j'ai à me louer du zèle et de la bonne volonté de tout le monde. La garnison est contente, et le plus beau de tous nos moments sera celui où l'ennemi nous attaquera. Je n'ai pas de nouvelles du général Destaing; mais je pense que bientôt il nous aura rejoints. — Je vous répète, mon général, que nous n'avons d'autre crainte que d'imposer trop à l'ennemi et de ne pas être attaqués. »

MARMONT A BONAPARTE.

« 20 juillet 1799.

« Je reçois à l'instant, mon général, la lettre que le général Andréossi m'écrit de votre part.

« L'ennemi n'a point encore fait de mouvement; il a été occupé, jusqu'à hier, à débarquer des vivres et de l'artillerie. Son camp est établi sur l'amphithéâtre qui domine la presqu'île. Il est appuyé, la droite à la mer et la gauche au lac. — Son front est couvert de beaucoup de pièces de canon.

« Les bruits du camp sont qu'il doit bientôt venir ici : il me semble que c'est la chance la plus heureuse que nous courons. — Nous sommes en mesure, ici, de l'arrêter longtemps, et il est difficile de vous faire une juste idée du désir que nous avons de le voir arriver. Nos forts sont armés et approvisionnés; on travaille toujours avec vigueur, et nous ne quitterons la pioche que pour prendre le fusil; j'ai quinze cents hommes d'infanterie, cent vingt hommes à cheval qui sont aujourd'hui à pousser des découvertes, et qui, pendant un siége, nous rendraient des services incalculables pour la défense intérieure de l'enceinte.

« Nos approvisionnements en blés sont peu considérables; mais nous avons beaucoup de biscuit et une énorme quantité de riz. Nos approvisionnements en fèves, en orge, foin, paille, sont extrêmement faibles, et peuvent suffire à peine pendant trois semaines ou un mois à nourrir les chevaux de dragons et d'artillerie.

« La ville est tranquille, et le soldat content.

« Voilà, mon général, quelle est notre position : vous voyez qu'elle est rassurante. Il paraît certain que l'ennemi n'a point opéré de débarquement convenable de l'autre côté du lac, car il ne peut pas prendre d'autre route que celle-ci. »

LIVRE CINQUIÈME

1799 — 1800

Sommaire. — Bonaparte à Paris. — Les directeurs. — 18 brumaire. — Consulat. — Mesures administratives. — 1800. Campagne d'Italie. — Réunion de l'armée de réserve à Dijon. — Situation des armées française et autrichienne. — Passage du Saint-Bernard. — Le fort de Bard. — Difficultés immenses. — Entrée à Milan. — Passage du Pô. — Les troupes françaises sur les bords de la Bormida. — Desaix. — Novi. — Bataille de Marengo (14 juin 1800). — Charge de Kellermann. — Réflexions sur cette bataille. — Mort de Desaix et de Kléber. — Égypte. — Conséquences de la victoire de Marengo. — Desaix. — Armistice d'Alexandrie (16 juin).

A l'arrivée du général Bonaparte, toutes les ambitions se mirent en mouvement ; c'était le soleil levant ; tous les regards se tournaient vers lui ; on ne pouvait se méprendre sur le rôle immense qu'il allait jouer. Aux yeux de tout homme sensé, il ne devait pas se borner au commandement des armées, mais une grande part à la direction des affaires devait lui être accordée, et il ne me fit aucun mystère de ses intentions à cet égard. Malgré son désir de voir un succès militaire marquant suivre immédiatement son retour en Europe, projet qui l'avait occupé pendant la traversée, il y renonça. Je le lui rappelai à Paris ; il me répondit : « A quoi cela servirait-il ? que faire avec ces gens-ci ? Après avoir exécuté des prodiges, nous ne pourrions compter sur aucun appui. Quand la maison croule, est-ce le moment de s'occuper du terrain qui l'environne? Un changement ici est indispensable. »

Murat, dont les vues politiques étaient peu étendues, ne portait pas son ambition, pour le général Bonaparte, au delà d'une dispense d'âge pour être directeur. Quant à moi, je ne mis jamais en doute, après notre arrivée, qu'un changement politique entier et l'établissement d'un ordre complétement nouveau pouvaient seuls placer convenablement Bonaparte et le satisfaire; c'était mon opinion même au moment où nous partions pour l'Égypte. Je dis à Junot, dans une conversation de confiance, un jour, au Palais-Royal : « Tu verras, mon ami, qu'à son retour il prendra la couronne. »

Le Directoire était alors composé de Gohier, Moulin, Sieyès, Barras et Roger-Ducos. Le premier, son président, n'était pas sans esprit; je l'ai beaucoup connu depuis comme consul général en Hollande : homme privé, il avait quelques qualités; mais, homme public, il était naïf, simple et tout à fait au-dessous des affaires du gouvernement; on ne conçoit pas comment on avait pu penser à l'en charger. Il en était de même de Roger-Ducos. Moulin était le plus misérable des généraux français, et son nom ne se rattachait pas à une seule de nos victoires. Restait donc Barras et Sieyès. Sieyès, homme d'un esprit profond, à idées abstraites, aimant, comme tous les idéologues, les formules générales, et croyant la société faite pour se plier au système qu'on lui impose, tandis que la législation doit être seulement l'expression de ses besoins. Il avait le cœur sec, aimait l'argent, et s'est créé une immense réputation d'esprit et de profondeur sans avoir jamais parlé et sans avoir jamais fait un seul ouvrage remarquable. Mieux que tout autre, il avait jugé la situation du pays et les changements devenus indispensables pendant l'absence de Bonaparte. Il avait rêvé l'établissement d'une monarchie tempérée et l'avait placée dans une dynastie étrangère. Son séjour à Berlin, comme ministre de la République, lui avait fait penser à un prince prussien; mais il fallait une autre position que la sienne pour exécuter un pareil projet, une main plus forte et des moyens d'action à la portée seulement d'un homme de guerre. Cependant avoir senti toute l'étendue du mal présent était beaucoup, et dès lors Sieyès devait se réunir à celui entre les mains duquel était le seul remède.

Barras était la corruption personnifiée; il ne manquait pas d'esprit, et surtout d'esprit d'intrigue; sans élévation, de mœurs abjectes et dissolues, il avait usurpé une sorte de réputation, de résolution et de caractère. Barras avait les vices des temps nouveaux et des temps anciens.

Après quelques pourparlers, Bonaparte s'entendit avec Sieyès. Sieyès gouvernait l'esprit de Roger-Ducos; ainsi deux directeurs adoptaient déjà ses projets. Des négociations furent ouvertes avec Barras, mais de part et d'autre elles étaient sans bonne foi. Bonaparte répugnait à s'associer au nom et à la personne de Barras; Barras redoutait le caractère, la volonté et l'ambition de Bonaparte : et tous les deux avaient raison..

Barras exprima ses craintes avec naïveté, et proposa de confier le nouveau pouvoir au général Hédouville, honnête homme, mais incapable et faible, dont il croyait pouvoir disposer à son gré. Et Bonaparte, en négociant avec Barras, n'a jamais eu une autre pensée que de lui inspirer une vaine sécurité. Les civils qui se groupaient autour du général Bonaparte et travaillaient efficacement au changement projeté furent : Rœderer, Regnault de Saint-Jean d'Angély, Cambacérès, Talleyrand, et plus que tout autre Lucien Bonaparte, appelé à jouer le premier rôle dans la crise, et dont l'influence fut immense sur le succès de l'entreprise. Mais le besoin d'un changement, si généralement senti, si universellement souhaité, disposait tout le monde à suivre la première impulsion donnée. Le général Bonaparte, ayant reconnu la possibilité de l'établissement d'un nouvel ordre de choses, disposa tout pour soutenir par la force l'exécution de ses projets. En conséquence, il chargea chacun de nous de se mettre en rapport avec les officiers de son arme, d'établir des liaisons avec eux, afin de savoir où les prendre quand on aurait besoin de leur concours. Berthier fut chargé des officiers généraux, Murat des officiers de cavalerie, Lannes des officiers d'infanterie, moi des officiers d'artillerie. Je dus m'informer du lieu où étaient le matériel et les chevaux, où étaient les casernes des canonniers, le logement de ceux qui les commandaient, etc.

Cette révolution commença par un décret du conseil des Anciens, ordonnant la translation des Chambres à Saint-Cloud, et investissant le général Bonaparte du commandement militaire; il fallait mettre un assez grand nombre de membres de cette Assemblée dans la confidence, pour être assuré de la majorité; des retards apportés dans l'exécution des mesures préparatoires ajournèrent au 18 la révolution, qui devait éclater d'abord le 17 brumaire. Dans des circonstances semblables, un délai est chose fâcheuse, il effraye beaucoup de gens, en montrant une sorte d'imprévoyance et d'indécision; la réflexion fait naître la terreur chez les hommes faibles, et amène des délations et des trahisons; j'augurai assez mal de ce contre-temps. Cependant l'opinion était si favorable, et le besoin d'un changement si universellement senti, que cent cinquante personnes, mises dans la confidence pendant quarante-huit heures, gardèrent inviolablement le secret; il n'y eut aucun avis donné au Directoire.

Berthier, Lannes, Murat et moi, nous avions invité, d'abord pour le 17, et ensuite pour le 18 au matin, plusieurs de nos camarades à déjeuner : j'en avais huit dans une petite maison que j'occupais rue Saint-Lazare. Au milieu de notre déjeuner, Duroc arrive en uniforme, et me dit : « Général, le général Bonaparte vient de monter à cheval : il se rend au pont tournant; il me charge de vous porter l'ordre de venir l'y joindre. »

En peu de mots j'expliquai à mes camarades ce dont il s'agissait; mon allocution fut vive et courte; je la finis en leur exprimant la conviction où j'étais de leur empressement à l'aider dans sa louable entreprise. Plusieurs m'objectèrent qu'ils étaient sans chevaux : la difficulté fut résolue en faisant sortir de mon écurie huit chevaux loués à un manége. Le colonel Alix, un de mes convives, et un autre dont le nom m'échappe, refusèrent; les autres montèrent à cheval et me suivirent. Nous atteignîmes le général Bonaparte sur le boulevard de la Madeleine. Murat, Lannes et Berthier avaient chacun agi de même, et le général Bonaparte se trouva ainsi entouré d'un nombreux état-major formant son escorte.

Le 9ᵉ régiment de dragons, un de nos régiments d'Italie, se trouva sur la place Louis XV; Sébastiani, colonel, mis dans le secret, avait fait monter à cheval son régiment, sans ordre du général Lefebvre, commandant à Paris. Ainsi nous avions déjà une force imposante, réunie à l'appui d'un nom bien plus imposant encore. Nous nous rendîmes au conseil des Anciens, où le général Bonaparte reçut le décret qui lui conférait le commandement.

Il prêta serment à cette constitution contre laquelle il venait de s'armer et qu'on allait détruire : triste, pénible et ridicule formalité, renouvelée si souvent chez nous et flétrie par un vain usage. Le serment devrait être sacré parmi les hommes, car c'est le seul lien moral qui les unisse. Ainsi pourvu de l'autorité, Bonaparte envoya l'ordre à toutes les troupes de se rendre dans le jardin des Tuileries; il les passa en revue et en fut partout bien accueilli. La garde du Directoire même reçut, comme les autres troupes, l'ordre de se joindre à la garnison, et le colonel Jubé, prévenu, ne se fit pas attendre. Gohier, président du Directoire, le voyant partir, lui demanda où il conduisait la garde; il lui dit qu'il allait la faire manœuvrer. Gohier, chef du gouvernement, logé au Luxembourg, ignorait la réunion du conseil des Anciens, rassemblé de grand matin, à une heure inusitée ; il ignorait aussi l'existence d'un décret important, ordonnant la translation du gouvernement, et le mouvement de la garnison de Paris, qui se rassemblait aux Tuileries, à laquelle sa garde même allait se joindre. Il faut en convenir, le pouvoir était confié à des hommes peu vigilants et peu habiles ! Tout s'opéra, tout ce projet s'exécuta sans produire dans Paris le plus léger dérangement. Chacun était occupé de ses affaires ; les barrières restèrent ouvertes ; les courriers partirent comme à l'ordinaire : rien ne changea l'ordre accoutumé. Nulle part on ne prévoyait la plus légère résistance. On alla demander à Barras sa démission ; Botot, son secrétaire et son homme de confiance, vint trouver le général Bonaparte. Celui-ci le reçut en public avec hauteur et une colère feinte, et lui adressa cette belle allocution qui, dans le temps, eut un grand succès. Il lui dit : « J'avais laissé la France paisible et triomphante, et je la trouve humiliée et divisée ; j'avais laissé de nombreuses et redoutables armées : elles sont détruites ou vaincues. Que sont devenus les cent mille hommes, compagnons de mes travaux ? Ils sont morts, ils ont tous péri misérablement ! Ceux qui ont été les artisans de pareils désastres, de semblables malheurs, ne peuvent plus mêler leurs noms aux affaires publiques : ils doivent vivre dans la retraite et dans l'oubli. »

Botot, terrifié, se retira, et Barras envoya sa démission.

Certes, ce discours, si convenable alors, ces reproches si justes et si mérités, auraient pu être adressés à Bonaparte, lorsque, quinze ans plus tard, il assistait aux funérailles de l'Empire. Ce n'était plus la perte de quelque cent mille hommes qu'il fallait lui reprocher; c'était celle de millions d'hommes sacrifiés volontairement; ce n'était plus l'humiliation de l'État, c'était sa destruction; ce n'étaient plus des malheurs partiels, résultats de fausses mesures et d'impéritie, qu'il fallait déplorer : c'étaient des malheurs accumulés sans mesure, par une suite non interrompue d'entreprises folles. Mais n'anticipons pas; je n'aurai que trop occasion de déplorer les écarts, causes de sa perte, son enivrement, l'influence funeste de la flatterie, sa volonté énergique de fermer constamment les yeux à la vérité. J'aurai à traiter ce triste sujet à mesure que j'approcherai de l'époque des malheurs publics. Aujourd'hui j'ai à parler d'une gloire pure, éclatante, d'un génie brillant de jeunesse, alors l'espérance et l'honneur de la patrie; c'est le grand homme qui m'occupe aujourd'hui : l'homme déchu aura son tour.

Presque tous les généraux vinrent successivement joindre Bonaparte : les généraux Jourdan et Augereau, étant membres du conseil des Cinq-Cents, restèrent à leur poste. Bernadotte avait été tenu hors du secret; mais, le matin du 18, Bonaparte le fit appeler, lui dit tout ce qui allait avoir lieu : il vint, quoique d'assez mauvaise grâce, se réunir à lui. Moreau, tout à fait donné à cette révolution, dont il était un des auteurs, reçut le commandement des troupes destinées à occuper le Luxembourg, et fut ainsi le geôlier de la portion du Directoire qui n'avait pas donné sa démission.

Macdonald alla occuper Versailles. Le vieux Serrurier, notre camarade d'Italie, reçut le commandement de la garde du Corps législatif et de quelques autres troupes, et partit pour Saint-Cloud. Lannes s'établit aux Tuileries, et fut chargé de commander dans Paris : j'eus l'ordre d'y rester aussi pour commander l'artillerie; ainsi ni Lannes, ni moi, nous n'avons été témoins des scènes de Saint-Cloud. Le 19 brumaire, Paris était dans la tranquillité la plus profonde, et l'opinion publique avait sanctionné le changement qu'elle avait provoqué, et dont on voyait les effets. Mais il y avait dans les Conseils des dispositions à la résistance; leur vie touchait à son terme, et évidemment ils allaient disparaître : on était fatigué de ce parlage continuel et de ces mesures violentes qui avaient fort rembruni l'avenir.

Les Conseils étant transférés à Saint-Cloud, Bonaparte s'y rendit avec deux directeurs, les premiers démissionnaires, Sieyès et Roger-Ducos. On a lu partout les détails : Bonaparte, peu accoutumé à la résistance, tout à fait étranger au spectacle imposant qu'offre toujours une assemblée réunie et constituée d'après les lois du pays, fut peut-être plus frappé alors qu'il ne l'avait été au début, de la hardiesse de son entreprise et de son irrégularité; il hésita, balbutia, et joua un rôle peu digne de son esprit, de son courage et de sa renommée. Si on eût rendu sur-le-champ le décret de mise hors la loi, Dieu sait ce qui serait arrivé, tant les moyens légaux sont puissants, tant leur force est magique; mais les Conseils furent surpris. Lucien, saisissant habilement l'indécision qui se manifestait dans les Cinq-Cents, en profita pour sauver son frère; il gagna du temps; et, pendant ce temps, on anima les troupes; on répandit le bruit d'un assassinat tenté contre le général Bonaparte, et ce bruit lui fut favorable : l'assassinat, en France, discréditerait les meilleures causes. Le vieux Serrurier s'y prit habilement : se promenant l'épée à la main devant le front des troupes, il répétait tout seul : « Les misérables ! ils ont voulu tuer le général Bonaparte; ne bougez pas, soldats, restez tranquilles, attendez qu'on vous donne des ordres. » (Les soldats ne faisaient aucun mouvement, et ne montraient pas l'envie d'en faire, mais ce langage était le plus sûr moyen de les échauffer.) « Les malheureux!!!.... » ajoutait-il; et il recommençait son exclamation.

Après quelques moments de cette comédie, les amis de Bonaparte, le voyant perdu si l'Assemblée délibérait, eurent recours à l'emploi de la force : on dispersa cette Chambre en battant la charge. Murat et Leclerc appelèrent les soldats, se mirent à leur tête et entrèrent les premiers dans la salle. La peur s'empara des hommes en toques et en toges, la déroute se mit parmi eux, et leurs vêtements bizarres furent abandonnés çà et là dans les allées du parc de Saint-Cloud. Il ne resta que les hommes favorables à cette révolution : on eut grand'peine à en rassembler un nombre suffisant pour donner encore quelque apparence de vie aux deux Conseils. on nomma dans chacun une commission de vingt-cinq membres, chargée de proposer les changements nécessités par la situation des choses.

On connut assez tard, à Paris, la fin de cette crise. Les premières nouvelles nous avaient donné quelques alarmes, mais les résultats ne nous laissèrent plus d'inquiétudes. Les représentants dispersés, faisant les trois quarts des Conseils, n'imaginèrent pas de se réunir ailleurs : il n'y avait en eux ni courage ni grandeur. Peut-être même avaient-ils le sentiment intime des besoins publics, et partageaient-ils instinctivement le vœu d'un changement si fortement exprimé partout. D'ailleurs, une assemblée cesse d'être quelque chose quand l'opinion publique, base de sa puissance, ne la soutient plus; on peut alors en disperser les membres et détruire ainsi le peu de prestige qui lui reste. Bonaparte, de retour à Paris très-tard, alla coucher pour la dernière fois de sa vie dans sa maison, rue de la Victoire : le lendemain il était établi au Luxembourg.

L'effet de cette révolution fut immense dans l'opinion : il en résulta une grande confiance dans l'avenir, une espérance sans bornes, et la conviction qu'un gouvernement réparateur et fort allait succéder à l'ordre politique faible et méprisable que nous avions détruit. Ce gouvernement a tenu longtemps tout ce qu'il avait promis, et réalisé ces belles espérances. Mais, hélas! comme il arrive souvent dans les choses qui ne sont ni dans les mœurs ni dans les institutions, comme il arrive dans les créations qui tiennent seulement à la volonté d'un homme, quand Bonaparte changea, tout changea. L'esprit qui avait présidé à la naissance de son pouvoir s'éteignant, ce pouvoir, devenu infidèle à son origine, dut crouler; quand, au lieu de voir dans le but de ses travaux le bonheur et la prospérité des Français, il a vu seulement dans la puissance de la France un moyen de satisfaire ses passions, dès ce moment son édifice n'avait plus de solidité. Certes, les peuples ne sont pas appelés, dans leur intérêt, à trop entrer dans les affaires du gouvernement; mais il faut qu'ils aient la conscience des lumières et des intentions des dépositaires du pouvoir. Les souverains doivent se le répéter souvent s'ils veulent jouir paisiblement de la position éminente où la Providence les a placés : la tâche difficile de gouverner les peuples leur prescrit des règles fixes dont ils ne peuvent s'écarter sans péril, et leur intérêt bien entendu leur commande de respecter les droits et les opinions de leurs sujets, et même, jusqu'à un certain point, leurs préjugés.

On peut apprécier le changement survenu dans les esprits par le mouvement prodigieux des fonds publics : les cinq pour cent, avilis au dernier degré, et cotés à sept francs, montèrent en peu de jours à trente francs. Six semaines environ furent employées à rédiger la nouvelle constitution. Sieyès, dont la vie avait été remplie de méditations politiques et d'abstractions, présenta un projet bizarre, le plus éloigné de toute exécution possible; on eut

là une nouvelle preuve de la distance immense qui existe entre le rêveur, occupé de spéculations dans la solitude, et l'homme formé par les affaires et l'exercice du pouvoir. La machine politique de Sieyès n'aurait pas pu marcher trois mois : c'était une conception extravagante; elle consistait principalement, autant que je puis me le rappeler, en un président, sous le nom de grand électeur, et deux consuls, l'un pour la guerre et la politique, et l'autre pour les finances et la justice; le grand électeur ayant le seul pouvoir de nommer les consuls, les consuls, indépendants l'un de l'autre et de lui, pouvaient être absorbés par un sénat, qui les appellerait dans son sein, et les dépouillerait de leur pouvoir. Or, comme le consul de l'intérieur devait avoir pour but principal de diminuer les charges du peuple, et l'autre d'augmenter la puissance extérieure du pays, on ne peut comprendre comment ils auraient pu s'entendre et s'arranger. On relégua de pareils projets dans le pays des chimères, et le général Bonaparte fit l'organisation politique connue sous le nom de Constitution de l'an VIII. Les pouvoirs du premier consul reçurent un grand développement, et l'influence des Assemblées fut restreinte jusqu'à les rendre presque ridicules; elles devinrent une ombre de représentation, tant par le mode d'élection que par les conditions attachées à l'exercice de leurs fonctions.

Ce qui montre le changement survenu dans l'opinion, c'est que, dans le comité de constitution, composé de cinquante personnes, qui toutes devaient leur situation politique aux assemblées, aucune d'elles ne réclama contre ces dispositions; on était tellement fatigué de la manière dont les assemblées avaient abusé de leur pouvoir, on était tellement effrayé des dangers auxquels on venait d'échapper, que tout ce parlage, si fort à la mode autrefois, n'était plus dans le goût de personne. Il a fallu tous les écarts de l'Empereur, tous les maux de la fin de l'Empire et l'abus continuel d'une autorité sans frein et sans contrôle, pour modifier les opinions et les sentiments publics à cet égard, et faire revenir la France à l'idée d'un régime différent.

Nous sommes encore en ce moment dans l'ignorance de ce qui nous convient, car les hommes sages redoutent tout à la fois l'envahissement du pouvoir par les Chambres, et l'influence des courtisans, si funeste souvent au maître lui-même, dont ils flattent et caressent les passions. Le temps, il faut l'espérer, établira un équilibre désirable, et lui seul en a la faculté; il y a entre nos pouvoirs tant de points de contact, et ils possèdent tant de droits fondés, reconnus, consacrés, dont l'exercice, poussé à l'excès, amènerait un si grand bouleversement, que chacun doit se convaincre de la nécessité de prendre pour base, dans sa marche, la raison et un sage esprit de conciliation, pour rendre possible le succès de l'ordre politique[1].

Le premier consul se plaça bientôt à une grande distance de ses deux collègues; ils ne furent là que pour la forme, le titre seul paraissait les rapprocher. Ils n'étaient pas de caractère à lui rien disputer, et le gouvernement consistait en lui seul.

Lors de l'organisation du nouvel ordre de choses, il me donna à choisir entre le commandement de l'artillerie de la garde et une place de conseiller d'État. Je ne sais trop pourquoi je ne choisis pas le commandement de l'artillerie; ce fut, je crois, pour ne pas être sous les ordres de Lannes, placé à la tête de cette garde; je n'étais pas fâché ensuite d'être à même d'étudier la législation et l'administration; peut-être aussi ce titre pompeux me séduisit-il; j'étais d'ailleurs certain qu'au moment où le canon tirerait le premier consul ne me laisserait pas à Paris autour d'un tapis vert. Je fus donc nommé conseiller d'État à la section de la guerre. Mon premier travail eut pour objet l'organisation du train d'artillerie, que je provoquai. Jusqu'à cette époque, les attelages de l'artillerie avaient toujours appartenu à un entre-

---

[1] Écrit en 1829.

preneur; les conducteurs des pièces étaient des charretiers payés par lui, et ce service si important, toujours compromis, n'avait aucune garantie de son exécution. Et cependant la première condition d'une bonne artillerie est la mobilité; tout doit tendre à la lui assurer; une artillerie stationnaire et immobile ne rend presque aucun service un jour de bataille. Le matériel, le personnel et les attelages, doivent être combinés de manière que l'artillerie puisse suivre les troupes partout et sans jamais se faire attendre. A cette époque, l'artillerie de Gribeauval, à tort tant vantée et traînée par des chevaux d'entreprise, avait mille défauts. On est arrivé successivement, et seulement dans ces derniers temps, à la perfection sous ces divers rapports. Le premier pas à faire alors était de rendre les attelages *militaires;* je le proposai, et ce changement fut exécuté. L'organisation consacra des compagnies du train; et, comme ce service est essentiellement secondaire et subordonné, je fis commander ces compagnies par des sous-officiers, pour éviter l'inconvénient de faire obéir des officiers d'un grade supérieur à des officiers d'artillerie d'un grade inférieur, et de bouleverser ainsi la hiérarchie militaire. On reconnut plus tard que l'administration de cent cinquante chevaux exigeait un grade plus élevé, et l'on fit commander les compagnies par des lieutenants; enfin on en est venu à fondre le train dans le personnel des compagnies, et à charger les officiers d'artillerie, comme les canonniers, de la double fonction de servir et de conduire les pièces. C'est là, sans doute, la perfection.

L'État sortait du chaos; les améliorations étaient rapides. Le premier consul s'était entouré de ministres capables et portant des noms honorables. A la tête des finances, M. Gaudin, ancien premier commis sous Turgot; Talleyrand aux affaires étrangères; Berthier à la guerre. On revint aux vrais principes de l'administration : une caisse d'amortissement fut instituée, et le crédit s'établit avec rapidité. La Banque de France, fondée, donna au commerce les secours dont il avait besoin pour faciliter ses escomptes. On se débarrassa de ces traitants qui dévoraient les ressources de l'État. Peu à peu d'honnêtes négociants se chargèrent, à un prix raisonnable, des fournitures. L'ordre revint partout, et avec lui les ressources : le désordre et le gaspillage seuls peuvent ruiner un pays comme la France. Au moment où Bonaparte s'empara du pouvoir, le trésor public était vide : les premiers secours dont il put disposer lui furent apportés par un ancien fournisseur enrichi à l'armée d'Italie; il prêta huit cent mille francs à l'avénement du premier consul.

L'extrême urgence des besoins donna l'idée de faire un emprunt en Hollande, et le premier consul imagina de m'en charger. On n'était pas alors accoutumé aux centaines de millions et aux milliards; une somme de douze millions de francs était nécessaire pour pouvoir entrer en campagne : on donnait pour gages des coupes de bois vendues dont les payements devaient se faire à la fin de l'année; le procès-verbal d'adjudication était remis en nantissement, et on prenait l'engagement de remplir les formalités nécessaires pour donner à ce gage toute sa valeur. J'avais aussi le diamant le *Régent* à offrir comme supplément et à mettre en dépôt. Muni de pleins pouvoirs et d'une lettre de créance auprès de la municipalité d'Amsterdam, j'étais secondé par le ministre de France, M. de Sémonville, un des hommes les plus spirituels de notre époque. Les négociants assemblés, je leur fis un beau discours pour leur expliquer de mon mieux la nature du gage offert et sa sûreté. Mais des coupes de bois de la valeur de douze millions pour des gens habitant un pays où il n'y a que des bosquets, et une négociation d'argent entamée par un jeune général, parurent choses bizarres, et vainement je remuai ciel et terre pour réussir. Les négociants me firent d'abord un bon accueil, nommèrent trois commissaires pour s'entendre avec moi : l'opposition du gouvernement batave et des intrigues étrangères mirent mes efforts à néant. Il faut convenir que la manière de procéder était insolite : j'aurais eu plus de chances de succès si j'étais venu comme gendre de M. Perregaux avec des pouvoirs de lui près de ses correspondants. Le premier consul apprécia mon zèle, et garda toujours rancune aux Hollandais.

Je revins à Paris après avoir traversé une partie de ce pays curieux conquis sur les eaux et alors couvert par des glaces. Je me réserve de parler avec détail de ce théâtre de la grandeur de l'homme, où sa main se montre partout, où son génie et sa volonté persévérante luttent avec une admirable constance contre la puissance de la nature.

Dans ce voyage, j'eus l'occasion de voir combien les hommes ordinaires se laissent prendre facilement aux mots : enfants et niais à tout âge. Un vieil officier d'artillerie, le général de division Macors, commandait à cette époque l'artillerie de l'armée en Hollande; en ma qualité de camarade de la même arme, j'allai le voir. Il me parla beaucoup des changements politiques survenus et de la révolution du 18 brumaire. L'inquiétude avait été grande dans l'armée, me dit-il. « Imaginez-vous, général, qu'on avait fait courir le bruit que le général Bonaparte avait été nommé dictateur! A cette nouvelle, tout le monde avait été au désespoir : il n'en eût pas fallu peut-être davantage pour causer un soulèvement ; mais enfin le télégraphe vint à notre secours ; il nous fit connaître que le général Bonaparte était premier consul, et nous respirâmes à l'aise. »

Des mots, des mots et un peu d'adresse, et l'on peut tromper les hommes tant qu'on le veut ; mais il vaut mieux les conduire par les voies de la raison, de leur intérêt bien entendu et de la vérité.

L'hiver s'écoulait, et le moment de l'entrée en campagne approchait. Le général Bonaparte avait utilement employé le temps de la mauvaise saison à pacifier la Vendée. Le général Brune, chargé du commandement de ce pays, y avait ramené la tranquillité. La masse des troupes qui y avait été envoyée devint disponible ; on l'augmenta de vingt mille conscrits incorporés, et on en composa l'armée de réserve.

Cette armée se réunit à Dijon, l'un des meilleurs points stratégiques de notre frontière : le premier consul se réservait de la commander en personne. Il avait d'abord eu la pensée de commander l'armée du Rhin, mais il comptait y aller comme premier consul, laissant sous lui Moreau général en chef titulaire. Il put s'apercevoir bientôt que leur réunion n'aurait rien d'agréable ni pour l'un ni pour l'autre. Il s'en tint donc pour lui à cette armée de réserve, dont la destinée était de faire une campagne éclatante. Un article de la constitution de l'an VIII défendant au premier consul de commander les armées, il nomma Berthier général en chef : c'était, sous un autre nom, le conserver comme son chef d'état-major.

Les commandements furent distribués de la manière suivante : Masséna commandait l'armée d'Italie réfugiée dans le pays de Gênes, et occupant toutes les positions d'où la première armée d'Italie s'était élancée pour conquérir la Péninsule, et, de plus, la ville de Gênes. Personne ne connaissait mieux le pays que lui : l'ayant parcouru dans tous les sens, il y avait combattu pendant plusieurs années. Son armée ne s'élevait pas à plus de trente mille hommes. L'armée du Rhin, toute rassemblée près du lac de Constance, commandée par Moreau, formait la grande armée; sa force était de quatre-vingt mille hommes au moins. L'armée gallo-batave, forte de vingt-cinq mille hommes disponibles, commandée par Augereau, devait flanquer l'armée du Rhin en opérant en Franconie. Enfin l'armée de réserve, de cinquante à soixante mille hommes, se rassembla à Dijon.

Le premier consul me proposa le commandement de l'artillerie de cette armée. J'avais abjuré les préjugés de l'artillerie, et je préférais un commandement de troupes, le seul qui forme à la conduite des armées et mène à la grande gloire. Mon grade ne comportait pour le moment que le commandement d'une brigade, mais cette brigade me conduisait naturellement à commander plus tard une division; or le commandement d'une division est l'école de la grande guerre; on est assez élevé pour voir et juger l'ensemble des opérations, et on apprend à bien manier les troupes en s'exerçant sur huit à dix mille hommes. Le premier consul combattit mes observations et ma répugnance; il me fit remarquer, avec raison, la différence de l'importance des fonctions du général commandant une brigade et de celles du commandant de l'artillerie d'une armée : il n'y avait aucune parité; et il ajouta : « En servant dans la ligne, vous courez les chances de vous trouver sous les ordres de Murat ou de tout autre général aussi dépourvu de talent, ce qui sans doute ne doit pas vous convenir ; en commandant l'artillerie, vous serez sous les miens seuls. D'ailleurs, la nature de l'opération, consistant d'abord à franchir les Alpes par le Simplon pour prendre à revers tout le Piémont, présentera de grandes difficultés, spécialement pour l'artillerie; j'ai confiance dans votre activité, les ressources de votre esprit et la force de votre volonté, et je désire que vous acceptiez. » C'était un ordre pour moi, et je restai dans cette arme de l'artillerie, bien décidé à l'abandonner de nouveau au moment où je trouverais une circonstance favorable. Des ordres préparatoires avaient déjà été donnés à Auxonne pour disposer les objets nécessaires à l'expédition projetée ; j'en pris connaissance, et je les complétai. J'avais, pour directeur des parcs d'artillerie, un officier admirable, éminemment propre à ces fonctions, Gassendi, auteur de l'*Aide-mémoire*. Je m'entourai de bons officiers, actifs, intelligents, zélés; de ce nombre était le colonel Alix, malheureusement célèbre depuis par sa folie et le dérangement de ses facultés. Tout fut disposé avec une promptitude dont il est difficile de se faire une idée.

Le premier consul attendit pour agir l'ouverture de la campagne en Allemagne et en Italie : les ennemis devaient avoir d'abord dessiné leurs opérations pour nous mettre à même d'agir avec connaissance de cause et d'une manière décisive.

On put bientôt reconnaître l'influence des Anglais dans le plan de campagne des ennemis; la direction donnée aux opérations, contraire à tous les calculs raisonnables, leur fut funeste. L'armée autrichienne, forte de quatre-vingt mille hommes, la même qui nous avait chassés de l'Italie la campagne précédente, était une bonne et redoutable armée. Impatients d'amener les opérations vers les côtes pour s'emparer de Gênes et envahir ensuite le littoral de la Provence, les Anglais ne voulurent pas attendre l'ouverture de la campagne sur le Rhin pour connaître, avant d'agir, le résultat des premières opérations. Ce système, contre-sens manifeste, adopté et exécuté, les opérations furent dirigées par Mélas, ou plutôt par son quartier-maître général de Zach, avec plus d'ensemble, plus de vigueur et plus de talent qu'elles ne l'avaient été sur le même terrain par Beaulieu. Après quelques combats, où les troupes se battirent avec courage et opiniâtreté, les Autrichiens coupèrent en deux notre immense ligne, dont Gênes était la tête, et pénétrèrent à Savone. L'armée française fut ainsi divisée en deux parties : la première, avec Masséna, ayant sa retraite sur Gênes, et l'autre, sous les ordres de Suchet, sur Nice. De brillants faits d'armes tinrent pendant quelque temps les Autrichiens à une certaine distance de Gênes ; mais la disproportion des forces était telle, que Masséna, obligé de chercher un abri derrière les remparts, fut bloqué par une aile de l'armée autrichienne commandée par le général Ott, tandis qu'une escadre anglaise, aux ordres de l'amiral Keith, bloquait la ville par mer.

Suchet rallia les autres troupes, fit sa retraite en bon ordre sur Nice, repassa le Var, et établit une bonne défensive sur cette rivière. Pendant ces événements en Italie, Moreau avait pris l'offensive, passé le Rhin, et battu l'ennemi à Stokach et à Möskirch. Ses succès étaient de nature à assurer à notre armée une supériorité décidée; dès lors les opérations de l'armée de réserve ne devaient plus être incertaines. L'Italie était le théâtre où cette armée devait agir, et, en opérant avec promptitude, rien ne pouvait l'empêcher de réussir.

Si les Autrichiens eussent procédé avec méthode, ils auraient dû d'abord réunir assez de moyens pour avoir un succès en Suisse; une fois ce succès obtenu, ils étaient les maîtres d'agir comme ils l'auraient voulu; mais, s'étant jetés sur les côtes de la Méditerranée, et ainsi avancés, du moment où nos succès en Suisse nous donnaient le moyen de prendre toute l'Italie à revers, leur position devenait périlleuse, et leurs succès éphémères n'aboutissaient à rien.

Toutes les troupes et le matériel de l'armée se mirent en marche pour Genève; Masséna, bloqué dans Gênes, n'était pas riche en subsistances, et la certitude des besoins qu'il éprouvait, ou qu'il était au moment d'éprouver, décidèrent le premier consul à modifier son plan de campagne et à presser ses opérations. Sa première pensée avait été de remonter le Valais et de déboucher par le Simplon.

Il tournait ainsi tout le Piémont, et, après avoir débouché des montagnes, il entrait à Milan. Mais cette opération devait être assez longue, et le premier effet s'en faire sentir assez tard sur l'armée autrichienne, et, par conséquent, aux dépens de notre armée d'Italie. Il se décida à opérer son passage par le grand Saint-Bernard; cette direction avait, sur celle du Simplon, le double avantage d'entrer plus tôt en opération, et de ne présenter que cinq lieues de chemin non praticable aux voitures; par le Simplon, au contraire, il y en avait le double.

Toute l'artillerie fut dirigée sur Lausanne, Villeneuve, Martigny et Saint-Pierre; à ce dernier point commencèrent ces travaux si remarquables et si dignes de leur célébrité. Je m'étais fait accompagner par un grand nombre d'officiers d'artillerie zélés et intelligents. Jeune, actif, et déjà convaincu que le mot impossible n'est, dans les trois quarts des circonstances, que l'excuse de la faiblesse, je ne doutai pas de réussir. Une division, commandée par Lannes, passa le col du Saint-Bernard et s'empara de Châtillon, dont elle chassa quelques postes ennemis. Les Autrichiens n'avaient laissé, dans le Piémont, que de la cavalerie, des dépôts et quelques postes d'observation; il n'y eut donc aucune résistance; nous nous trouvâmes couverts, et nous pûmes commencer nos opérations.

Je fis démonter toute l'artillerie et diviser toutes les parties qui composent les affûts, de manière à être portées à bras, et chaque régiment, en passant, reçut une quantité de matériel proportionnée à son effectif. Des officiers d'artillerie, répandus dans les colonnes, surveillaient ces transports, et empêchaient la dégradation des objets.

J'avais fait faire à Auxonne des traîneaux à roulettes, pour transporter les bouches à feu; mais, quoique de la plus petite voie, ils furent d'un service difficile et dangereux en passant sur le bord de quelques précipices; je les fis abandonner et remplacer par des arbres de sapin, creusés de manière à servir comme d'étuis à ces pièces.

La partie inférieure et extérieure était aplatie, et l'extrémité antérieure arrondie de manière à pouvoir être traînée sans ficher en terre; un levier de direction courbe, tenu par un canonnier et placé dans la bouche de la pièce, la maintenait et l'empêchait de faire la culbute. Toutes nos bouches à feu passèrent ainsi, et en très-peu de jours tout l'équipage eut franchi les Alpes. On s'occupa ensuite de tout remonter et de tout recomposer; le matériel était fort altéré, quoique cependant encore en état de servir; malgré la plus grande surveillance, on n'avait pu empêcher beaucoup de dégradations. L'opinion de l'armée me récompensa dignement de ce succès; mais des obstacles bien supérieurs nous restaient à surmonter.

Le général Lannes, après avoir descendu dans la vallée et être entré à Aoste, reçut l'ordre de se porter sur Ivrée, à l'entrée des plaines du Piémont. Il rencontra en route un obstacle qui, certes, n'avait pas été prévu, car jamais le premier consul ne m'en avait dit un mot; aucun préparatif n'avait donc été fait pour le vaincre. Cet obstacle eût été insurmontable, sans un moyen extraordinaire dont l'idée me vint à l'esprit, que j'exécutai, et dont le succès fut une espèce de miracle.

Au village de Bard, à huit lieues d'Aoste, en descendant le chemin d'Ivrée, un monticule, situé un peu en arrière du village, ferme presque hermétiquement la vallée. La Doire coule entre la montagne de droite et ce monticule, et remplit tout l'intervalle. La montagne de gauche est séparée seulement par un espace semblable, occupé par la grande route, et le fort de Bard embrasse le monticule depuis sa sommité jusqu'à la moitié de son élévation. Bien armé, et sa garnison étant de deux cents hommes, il se trouvait dans un état de défense complet.

Le défilé étant infranchissable en apparence au matériel de l'armée tant qu'on ne serait pas maître du fort, il devenait indispensable d'en entreprendre le siége. On établit quelques pièces de campagne : nous n'en avions pas d'autres; mais ces pièces ne pouvaient faire et ne firent aucun effet. On tailla un sentier dans la montagne pour tourner le fort, hors de la portée du canon, et l'infanterie et la cavalerie le suivirent pour se rendre à Ivrée. Dans cette circonstance, j'arrivai du Saint-Bernard, et je rejoignis le premier consul. Celui-ci me dit qu'il fallait de nouveau démonter l'artillerie et la transporter à bras par le sentier pratiqué; je le parcourus et lui déclarai la chose impraticable. Ce sentier présentait encore plus de sinuosités, et, par conséquent, beaucoup plus de difficultés que celui du Saint-Bernard pour faire exécuter le transport par les troupes, et j'ajoutai : « Si, à force de soins, on peut y parvenir, on ne devra pas compter sur ce matériel, déjà fort mauvais, beaucoup de parties se trouvant disjointes et peu solides par suite des opérations déjà exécutées; s'il est disloqué de nouveau, il ne sera plus bon à rien. »

Sur cette observation, le premier consul fit tenter un assaut par escalade : des colonnes formées dans le village, et munies d'échelles, se présentèrent en plusieurs endroits, notamment à la porte où est un pont-levis mal flanqué. Si l'affaire eût été conduite avec plus d'intelligence, elle pouvait réussir; mais un certain colonel Dufour, commandant une colonne, au lieu de chercher à surprendre les gardes endormis, seule chance de réussite, fit battre la charge; il se porta bravement au point d'attaque, fut repoussé avec une grande perte, et reçut lui-même un coup de fusil à travers le corps.

Cependant Lannes allait rencontrer l'ennemi : des canons et des munitions lui étaient absolument nécessaires; il fallait pourvoir à ses besoins. J'eus l'idée la plus hardie, la plus audacieuse, et sur-le-champ j'en entrepris l'exécution avec l'autorisation du premier consul : j'essayai de faire passer l'artillerie par la grande route, la nuit, malgré la proximité du fort. Je commençai mon épreuve avec six pièces et six caissons, en prenant les précautions suivantes : je fis envelopper les roues, les chaînes et toutes les parties sonnantes des voitures avec du foin tordu, répandre sur la route le fumier et les matelas que l'on trouva dans le village, dételer les voitures et remplacer les chevaux par cinquante hommes placés en galères; des chevaux se seraient fait entendre, un cheval tué aurait arrêté tout le convoi, tandis que des hommes ne feraient point de bruit, et, tués ou blessés, ne tenant pas à la voiture, ils n'arrêteraient pas la marche.

Je mis à la tête de chaque voiture un officier ou sous-officier d'artillerie; je promis six cents francs pour le transport de chaque voiture hors de la vue du fort, et je présidai moi-même à cette première opération. Elle réussit au delà de mes espérances : un orage avait rendu la nuit fort obscure ; les six pièces et les six caissons arrivèrent à leur destination sans avoir éprouvé ni perte ni accident. Ce succès nous tirait d'un grand embarras, et me fit éprouver une des joies les plus vives que j'aie eues dans ma vie. Le sort de la campagne était là ; sans cela elle avortait. Si nous avions perdu le temps nécessaire à prendre la place par un siége avec nos faibles moyens, l'ennemi aurait été nécessairement informé de nos mouvements, et nous aurait combattus avec avantage. Au lieu de cela, mal informé par ses espions de la force du rassemblement de Dijon, il fut complétement surpris, et nous profitâmes, en gens habiles, de son erreur.

Une fois la possibilité du passage démontrée, le transport de l'artillerie fut un service commandé comme un autre, et les soldats s'y prêtèrent de la meilleure grâce du monde ; seulement ce qui s'était fait sans perte le premier jour fut ensuite accompagné de dangers. L'ennemi, informé enfin, tirait beaucoup de coups de canon et de fusil, et jetait des pots à feu pour éclairer notre marche ; nous bravâmes son feu ; l'élévation du fort en diminuait le danger. Le moment le plus critique était à une certaine distance du fort, au dernier tournant de la route; mais enfin tout fut surmonté, et, au moyen d'une perte qu'on peut évaluer à cinq ou six hommes tués ou blessés par voiture, tout l'équipage franchit cet obstacle et put suivre l'armée. Quelques jours après, deux pièces de douze ayant fait brèche, le fort se rendit.

Je dois faire remarquer ici que les plus grands généraux eux-mêmes se rendent souvent coupables d'imprévoyance; cependant c'est dans la prévoyance que se trouve une de leurs plus grandes qualités. Le fort de Bard était venu compliquer notre position d'une manière fâcheuse. Si on avait préparé une artillerie particulière en fondant des pièces de gros calibre d'un poids léger, en un jour il se serait rendu. D'un autre côté, tout cet immense travail du matériel démonté au grand Saint-Bernard aurait pu s'éviter : le col du petit Saint-Bernard était dès lors praticable aux voitures, et six pièces de douze, envoyées depuis de Chambéry, le traversèrent sur leurs affûts. On ignorait l'état de ce passage, et, dans une circonstance aussi importante, c'était une chose impardonnable.

L'armée traversa les plaines du Piémont sans rencontrer d'obstacle. Les succès de l'armée du Rhin avaient permis au premier consul d'ordonner au général Moreau de faire sur l'armée d'Italie un détachement d'environ douze mille hommes, sous les ordres du général Moncey; ce détachement se composait de deux divisions, commandées par les généraux Lorge et Lapoype. Il déboucha par le Saint-Gothard, fit sa jonction sur le Tessin, et nous entrâmes à Milan sans coup férir. Notre retour causa une grande joie aux Milanais : nous ramenions beaucoup de leurs compatriotes réfugiés, et nous défendions l'indépendance de l'Italie; ils se rappelaient bien les sacrifices et les désordres occasionnés par la première conquête; mais, avec nous, ils avaient toujours l'espérance de voir ces sacrifices payés par la formation d'un État indépendant du nord de l'Italie, tandis que, avec les Autrichiens, l'Italie redevenait toujours une province autrichienne.

Le gouvernement autrichien, si doux, si paternel, a toujours été accusé, mais à tort, par les Italiens d'être dur et fiscal pour l'Italie. C'est un fait dont depuis j'ai constaté la fausseté; mais le peu de sympathie existant entre le caractère des Allemands et celui des Italiens suffit pour expliquer l'injustice et la mauvaise foi de leurs plaintes.

Je me rendis sans délai à Pavie, où les Autrichiens avaient placé leur grand dépôt d'artillerie. Je trouvai dans le château des ressources immenses en munitions, en approvisionnements de tout genre, et un certain nombre de bouches à feu. Je tirai un bon parti de ces ressources, et j'organisai une batterie de cinq bouches à feu autrichiennes, dont je renforçai l'artillerie de l'armée. Les troupes entrées les premières à Pavie interceptèrent une lettre écrite par le prince de Hohenzollern, employé devant Gênes : elle était adressée au général commandant à Milan; le prince mandait que, Masséna étant sans vivres, la résistance de Gênes tirait à sa fin; on avait appris, disait-il, la démonstration faite par les Français dans la vallée d'Aoste et dans celle du Tessin; mais on n'était pas la dupe de ces manœuvres sans importance, uniquement exécutées dans le but de déranger les opérations commencées et de faire diversion. On voit de quelle manière ils étaient informés, et pendant combien de temps ils furent incrédules.

Cependant notre entrée à Milan retentit dans toute l'Italie. Mélas, dont l'avant-garde était sur le Var, avec l'armée derrière elle en échelons jusqu'à Tende, ne pouvant plus douter de notre marche et de nos succès, fit faire demi-tour à ses troupes et porta ses réserves avec rapidité sur le Pô; pour en défendre le passage; mais il était trop tard. Le corps d'armée, commandé par le général Ott, détaché de Gênes, n'arriva à Montebello qu'après le passage effectué par notre avant-garde. Lannes, qui la commandait, marcha à lui, le trouva en position à

Montebello, l'attaqua, le battit et le poursuivit jusqu'à Voghera. C'est ce succès dont plus tard l'Empereur a voulu consacrer le souvenir en donnant à Lannes le titre de duc de Montebello.

Le passage du Pô, toujours fort difficile, fut contrarié par des circonstances naturelles : pendant cette campagne, des orages fréquents se succédaient, et une alternative de pluie et de beau temps faisait sans cesse varier l'élévation des eaux; ce fleuve, sur ce point encore si près de sa source, et recevant de nombreux affluents, alimentés par les vastes coupes des montagnes, à la moindre pluie élève son niveau, qui ensuite s'abaisse en un moment.

J'avais réuni sur le Pô tous les moyens de passage à ma portée, et fait construire deux grands ponts volants; la rivière fut si capricieuse, elle baissa et monta si vite, que, pour pouvoir les faire aborder, il fallut, dans l'espace de trois jours, les changer deux fois de place, ce qui causa un assez grand retard.

L'armée se composait de dix divisions, sans compter la division italienne et la garde des consuls. Cette dernière, fort peu de chose alors, ne s'élevait pas au delà de deux bataillons d'infanterie et de deux régiments de cavalerie. Presque toutes les divisions étaient très-faibles; la force totale de l'armée ne dépassait pas soixante mille hommes.

Le premier consul franchit le Pô avec cinq divisions, savoir : les divisions Gardanne et Chamberlhac, formant un corps commandé par Victor; les divisions Watrin et Monnier, réunies de même, sous le commandement du général Lannes, et la division Boudet, faisant partie du corps destiné à Desaix, et que la division Loison, détachée sur l'Adda, devait compléter. Le général Moncey, avec les divisions Lorge et Lapoype, avait pris position sur le Tessin, tandis que la division Chabran observait la rive gauche du Pô. Le général Moncey devait combattre sur le Tessin, si l'ennemi voulait opérer sa retraite par cette partie du Piémont et de la Lombardie, et donner ainsi le temps au premier consul d'accourir; enfin le général Thureau, avec une faible division, débouchait de Suze et marchait sur Turin.

On peut reprocher au premier consul d'avoir divisé ses forces au moment où l'ennemi rassemblait nécessairement les siennes, et de s'être ainsi volontairement soumis aux chances d'un combat très-inégal. Le talent d'un général en chef est de mouvoir ses troupes de manière à donner des inquiétudes à l'ennemi sur plusieurs points, dans le but de l'affaiblir sur celui où il a l'intention d'agir. Aussitôt qu'il a obtenu ce résultat, il rassemble brusquement les siennes sur le point où il veut combattre, et, de cette manière, il se trouve supérieur en forces à son ennemi sur le champ de bataille qu'il a choisi. Le premier consul, qui, jusque-là, avait toujours agi ainsi, fit en cette circonstance tout le contraire, et il s'occupa de prendre l'ennemi, en s'emparant de toutes ses communications avant de l'avoir battu. Il eût été plus prudent de s'assurer d'abord les moyens de le vaincre avant de le faire prisonnier, mais, à cette époque, tout devait nous réussir.

L'artillerie de cette portion de l'armée, sur la rive droite du Pô, s'élevait à quarante et une bouches à feu, savoir : trente-six attachées aux divisions, et cinq bouches à feu de réserve. L'armée se réunit avant de passer la Scrivia; traversant cette rivière à gué, elle se présenta toute formée dans la plaine de San Giuliano. Nous nous attendions à une bataille, car nous étions informés de la marche rapide de l'armée autrichienne, accourant à notre rencontre, et de son arrivée à Alexandrie. Nous trouvâmes seulement une avant-garde de quatre à cinq mille hommes, qui, après un léger engagement, évacua le village de Marengo; nous la chassâmes devant nous en échangeant quelques centaines de coups de canon. La division du général Gardanne formait notre avant-garde. Une grande pluie interrompit momentanément le combat; mais il reprit ensuite, et l'ennemi repassa la Bormida. Voulant connaître par moi-même l'état des choses, j'avais suivi les troupes engagées, et je dirigeais leur artillerie. Arrivé près de la Bormida, je reconnus une tête de pont construite sur la rive droite, et occupée par l'ennemi; la rivière, à ce point, fait un coude, et, contre tous les principes, la tête de pont étant placée à un saillant de la rivière, je pouvais la prendre de revers en m'enfonçant dans le rentrant. Je crus que nous ferions une attaque prochaine de cette tête de pont, et, pour la favoriser, je pris avec moi huit pièces de canon, afin d'en battre obliquement la gorge; mais je fus reçu par le feu d'une batterie à embrasure, construite sur la rive gauche, qui m'obligea à me retirer, après avoir perdu quelques hommes et avoir eu plusieurs pièces démontées. Ayant pris position en arrière, j'allai trouver le général Gardanne pour savoir ce qu'il comptait entreprendre. Je le trouvai dans un fossé, et n'ayant pris aucune mesure ni pour attaquer la tête de pont ni pour empêcher l'ennemi d'en sortir et de déboucher. Là-dessus je le quittai, n'ayant aucun ordre à lui donner, et la nuit étant voisine. Je me mis en route pour rejoindre le quartier général, établi au village de Garofolo, à plus de deux lieues en arrière. Un nouvel orage survint : la nuit était obscure, les chemins très-mauvais; je m'établis dans une ferme située à quelque distance, et, à la pointe du jour, je me mis en marche pour rejoindre le premier consul. A peine étais-je près de lui, à six heures du matin, que le canon se fît entendre. Peu après, un officier du général Victor arriva et lui rendit compte d'une attaque générale de l'ennemi. Le premier consul, étonné de cette nouvelle, dit qu'elle lui paraissait impossible. « Le général Gardanne m'a rendu compte, ajouta-t-il, de son arrivée sur la Bormida, dont il avait coupé le pont. — Le général Gardanne, lui répondis-je, vous a fait un faux rapport; j'ai été hier au soir plus près que lui de la tête de pont, et je lui ai proposé de tenter de s'en emparer; mais il s'y est refusé, quoique j'eusse disposé du canon pour le soutenir; et, la tête de pont n'ayant pas été enlevée ni bloquée par nos postes, l'ennemi a pu déboucher à son aise pendant cette nuit, sans être aperçu : ainsi vous pouvez hardiment croire à la bataille. »

Le premier consul, sur le faux rapport du général Gardanne, avait cru que l'ennemi, refusant de combattre, se retirait sur Gênes, et il avait envoyé, dans la direction de Novi, la division Boudet, à la tête de laquelle se trouvait le général Desaix, pour lui disputer le passage. Il envoya en toute hâte un officier pour la rappeler, chose facile, car le général Desaix, ayant entendu le bruit de la bataille, s'était arrêté dans son mouvement, en attendant les ordres qui probablement lui seraient expédiés, puisque l'ennemi n'opérait pas sa retraite comme on l'avait supposé. Le premier consul accourut à ses troupes, et nous les trouvâmes aux prises.

A une très-petite distance et en avant de la Bormida, il existe un ruisseau appelé la Fontanone, coulant dans un fossé profond : ce ruisseau suit d'abord une direction à peu près parallèle à la rivière, puis s'en écarte, puis s'en rapproche, puis finit, en reprenant sa première direction, par se jeter dans des marais près du Tanaro et du Pô; il traverse le village de Marengo au moment où il fait un coude en retour. L'intervalle compris entre la Bormida, la Fontanone et Marengo, forme le champ de bataille. Victor, avec ses deux divisions et la cavalerie de Kellermann, se trouva chargé de la défense de la première partie, jusques et y compris le village de Marengo : la ferme dite de Stortigliana, située entre la Bormida et le ruisseau, était un point solide de cette ligne. Lannes, avec les divisions Monnier et Watrin, et la cavalerie du général Champeaux, eut à défendre la deuxième partie, c'est-à-dire le ruisseau de Marengo : ainsi notre ligne était en équerre et formait à son centre, au village de Marengo, un angle à peu près droit. Une brigade de la division Monnier, commandée par le général Carra Saint-Cyr, fut chargée d'occuper et de défendre le village de Castel-Ceriolo, formant notre extrême droite : elle était appuyée par la cavalerie du général Champeaux. La brigade de cavalerie du général Rivaud, cantonnée à Salo, parut avoir été oubliée, et ne reçut pas d'ordre pendant toute la matinée.

L'ennemi attaqua simultanément Marengo et tout l'espace compris entre le village et la Bormida, ainsi que la ferme de Stortigliana; mais il le fit avec mollesse et lenteur. Un seul coup de collier vigoureux de sa part décidait la question et lui assurait le gain de la bataille. Victor résista longtemps, et, pendant plusieurs heures, repoussa toutes les attaques. Lannes entra en ligne; l'ennemi tenta de tourner sa droite en franchissant le fossé à sa partie inférieure. Castel-Ceriolo ayant été emporté, Lannes, pour couvrir sa droite, fut obligé de placer ses réserves en potence; il fit reprendre ce village, mais le reperdit bientôt.

Le ruisseau en avant du front de l'armée française avait été un grand obstacle au déploiement de l'ennemi. Il n'avait rien préparé d'avance pour le passer facilement, et se trouva pendant longtemps enfermé dans cet espace étroit dont il ne pouvait sortir; mais enfin il y parvint. D'un autre côté, il enleva la ferme de Stortigliana, tourna notre gauche, et cette partie de l'armée française fut mise dans un grand désordre. Nos troupes renoncèrent alors à la défense du fossé, se rapprochèrent de Marengo, et, se trouvant menacées sur les deux flancs, se mirent en mesure d'évacuer le village et de commencer leur retraite, qui s'opéra avec lenteur et en bon ordre : la direction fut prise sur San Giuliano et en marchant parallèlement à la grande route. Ce combat meurtrier avait réduit les bataillons au quart de leurs forces. L'artillerie avait produit de grands effets; mais, accablée par une artillerie très-supérieure, presque toutes nos pièces avaient été démontées : il n'en restait que cinq, pendant la retraite, en état de faire feu.

La soixante-douzième demi-brigade de la division Monnier présenta un beau spectacle dans le moment de cette retraite : formée en bataille dans cette plaine entièrement unie, chargée par un gros corps de cavalerie, et complétement enveloppée, elle ne montra pas la moindre crainte : les deux premiers rangs firent feu sur leur front, tandis que le troisième fit demi-tour et feu en arrière; et la cavalerie ennemie se retira sans l'avoir entamée.

Il était près de cinq heures, et la division Boudet, sur laquelle reposaient notre salut et nos espérances, n'était pas arrivée. Enfin, peu après elle nous rejoignit. Le général Desaix la précéda de quelques moments, et vint rejoindre le premier consul. Il trouvait l'affaire dans ce fâcheux état, il en avait mauvaise opinion. On tint à cheval une espèce de conseil auquel j'assistai; il dit au premier consul : « Il faut qu'un feu vif d'artillerie impose à l'ennemi, avant de tenter une nouvelle charge; sans quoi elle ne réussira pas : c'est ainsi, général, que l'on perd les batailles. Il nous faut absolument un bon feu de canon. »

Je lui dis que j'allais établir une batterie avec les pièces encore intactes et au nombre de cinq; en y joignant cinq pièces restées sur la Scrivia, et venant d'arriver, et, de plus, les huit pièces de sa division, j'avais une batterie de dix-huit pièces. « C'est bien, me dit Desaix; voyez, mon cher Marmont, du canon, du canon, et faites-en le meilleur usage possible. » Les dix-huit pièces furent bientôt mises en batterie. Elles occupaient la moitié de droite du front de l'armée, tant ce front était réduit. Les pièces de gauche étaient à la droite du chemin de San Giuliano. Un feu vif et subit causa d'abord de l'hésitation à l'ennemi, et ensuite l'arrêta. Pendant ce temps, la division Boudet se formait, partie en colonne d'attaque par bataillon, et partie déployée. Quand le moment fut venu, le premier consul la parcourut, et l'électrisa par sa présence et quelques paroles : après environ vingt minutes de feu de cette artillerie, l'armée se porta en avant. Ma batterie fut bientôt dépassée, et je donnai l'ordre de suivre le mouvement. Je fis faire demi-tour à mes pièces pour marcher, mais j'avais peine à l'obtenir. Les canonniers tiraient, malgré moi, par les grands intervalles de nos petits bataillons. Enfin le mouvement général s'était successivement établi pièce par pièce, et j'étais arrivé à la gauche près du chemin où étaient trois bouches à feu, deux pièces de huit, et un obusier servi par des canonniers de la garde des consuls; à force de menaces, je les mettais en mouvement, et les chevaux étaient à la hauteur des pièces, à la prolonge, pour faire le demi-tour, quand tout à coup je vis en avant de moi et à gauche la trentième demi-brigade en désordre et en fuite. Je fis remettre promptement les trois bouches à feu en batterie et charger à mitraille; mais j'attendis pour faire tirer. J'aperçus à cinquante pas de la trentième, au milieu d'une fumée épaisse et de la poussière, une masse en bon ordre; d'abord je la crus française, bientôt je reconnus que c'était la tête d'une grosse colonne de grenadiers autrichiens. Nous eûmes le temps de tirer sur elle quatre coups à mitraille avec nos trois bouches à feu, et, immédiatement après, Kellermann, avec quatre cents chevaux, reste de sa brigade, passa devant mes pièces, et fit une charge vigoureuse sur le flanc gauche de la colonne ennemie, qui mit bas les armes. Si la charge eût été faite trois minutes plus tard, nos pièces étaient prises ou retirées; et peut-être que, n'étant plus sous l'influence de la surprise causée par les coups de canon à mitraille, la colonne ennemie aurait mieux reçu la cavalerie. Il en aurait peut-être été de même si la charge eût précédé la salve; ainsi il a fallu cette combinaison précise pour assurer un succès aussi complet, et, il faut le dire, inespéré. Jamais la fortune n'intervint d'une manière plus décisive; jamais général ne montra plus de coup d'œil, plus de vigueur et d'à-propos que Kellermann dans cette circonstance. Trois mille grenadiers autrichiens, à la tête desquels se trouvait le général Zach, quartier-maître général, chef véritable de l'armée, furent sabrés ou pris. Cette réserve de l'armée avait été mise en mouvement à l'instant où notre nouvelle résistance avait exigé un nouvel effort. Deux mille hommes de cavalerie autrichienne, placés à une demi-portée de canon, virent tout ce désordre sans tenter d'y remédier. En chargeant les quatre cents chevaux français, ils pouvaient facilement reprendre leurs prisonniers et tout réparer; leur repos couvrit de honte leur commandant.

Voilà les circonstances exactes de la crise de la bataille de Marengo. C'est sous mes yeux mêmes et à quelques pas de moi que tout cela s'est passé. On a beaucoup discuté sur cet événement; mais les

choses furent telles que je viens de les raconter.
Kellermann avait été mis aux ordres du général
Desaix; il avait pour instruction de suivre le mouvement des troupes et de charger quand il verrait
l'ennemi en désordre et l'occasion favorable. Il a
reconnu, en homme habile, l'urgence des circonstances, car c'est quand le désordre commençait
chez nous, et non pas chez l'ennemi, qu'il a chargé
et qu'il a exécuté sa résolution avec une vigueur incomparable. Il est absurde et injuste de lui contester la gloire acquise dans cette mémorable circonstance et l'immense service qu'il a rendu. Les trois
mille prisonniers faits à la fin de la journée décidèrent la question : la bataille était gagnée. L'ennemi
se replia rapidement sur la Bormida; et, comme la
brigade Saint-Cyr, après avoir évacué le village de
Castel-Ceriolo, s'y reporta, vivement appuyée par
la garde, l'ennemi, craignant de perdre les ponts
nécessaires à sa retraite, accéléra sa marche pour
les couvrir. Redoutant de voir tomber son canon
entre nos mains, il précipita son mouvement rétrograde; et moi, avec une artillerie si inférieure en
nombre, après avoir été accablé pendant toute la
journée par le feu de l'ennemi, j'eus la consolation d'exercer à mon tour mes poursuites avec
mes dix-huit bouches à feu contre une seule batterie restée à son arrière-garde. La nuit étant ve-

nue, et la Bormida repassée, le combat fut terminé.

Telle fut la bataille de Marengo. Les troupes se conduisirent avec bravoure et constance, les généraux avec habileté et présence d'esprit, les Autrichiens avec lenteur et mollesse; mais tout ce que l'on a dit et écrit du changement de front en arrière, à gauche, de ce poste de Castel-Ceriolo conservé pendant toute la bataille, pour de là déboucher sur les derrières de l'ennemi au moment de la retraite, est pure supposition et invention faite après coup[1]. On se retira par où l'on était venu, en suivant la direction de la grande route et en bon ordre. Il aurait été beau effectivement, avec une armée inférieure en nombre, si affaiblie, se composant, à quatre heures du soir, à peine de quinze mille hommes,

---

[1] A cette occasion, je conterai un fait curieux.

Le récit de cette bataille, publié dans le bulletin officiel, était, à quelques circonstances près, assez vrai. Le département de la guerre reçut l'ordre de développer cette narration et d'y joindre les plans. Cinq ans plus tard, l'Empereur se fit représenter ce travail; il en fut mécontent, le biffa, et dicta une autre relation, dans laquelle la moitié à peine était vraie, et prescrivit au Dépôt de préparer pour le *Mémorial* le récit d'après ces données. Enfin, trois ans après, l'Empereur voulut encore revoir ce travail : il lui déplut, et eut le sort du premier; enfin il en rédigea un autre, où tous les faits sont faux. Un ingénieur géographe, ayant gardé par devers lui les deux premières relations, les a publiées pendant la Restauration, et toutes les trois se trouvent dans le même volume du *Mémorial*, avec les planches. Ce document est fort curieux.

(*Note du duc de Raguse.*)

qui commençait un mouvement rétrograde dont on ne pouvait prévoir le terme, mouvement rétrograde de plus d'une lieue; il aurait été beau, dis-je, de laisser dans un poste ouvert comme le village de Castel-Ceriolo deux mille hommes qui se seraient trouvés séparés de l'armée par trois mille toises! Ces deux mille hommes auraient été pris, et bien plus facilement que les vingt-sept bataillons de Blenheim ne le furent à la journée de Hochstett. Il y aurait eu de la démence dans une pareille disposition, et personne, dans l'armée, n'était capable d'en avoir la pensée.

Comme toutes les batailles longtemps disputées, perdue pendant une partie de la journée, un dernier coup de vigueur, après tant d'heures de lassitude, vers le soir, a ramené à nous la fortune et la victoire. Ce succès nous coûta le général Desaix : c'était le payer aussi cher que possible. Desaix ne prononça point les belles paroles qu'on a mises dans sa bouche : il reçut une balle au cœur et tomba roide mort sans proférer un mot. La douleur fut grande dans l'armée. On lui a attribué des pressentiments sur sa fin prochaine. Il avait dit quelques jours auparavant : « Je crains que les boulets d'Europe ne me reconnaissent plus. »

Le général Desaix était un homme bien né. Fort pauvre, élève du roi à l'école militaire d'Effiat, il n'avait pas montré dans son enfance le germe des qualités qui se sont développées chez lui. Timide et craintif en commençant sa carrière, il parut même manquer d'une sorte d'élévation et ne pas sentir le feu sacré qui le dévora plus tard, car il demanda et obtint une place d'adjoint aux commissaires des guerres, qu'il échangea contre l'épaulette, en quittant le régiment d'infanterie de Bretagne, où il était officier. Son peu de fortune en fut cause. Mais bientôt les qualités qui devaient le distinguer si éminemment se développèrent, et il revint au métier pour lequel la nature l'avait formé. Il montra activité, intelligence et bravoure, et son avancement fut rapide. Plus il s'éleva, plus il se trouva à sa place. Il était déjà général de division quand je l'ai connu.

Il aimait la gloire avec passion; son âme pure, son cœur droit, étaient capables d'en connaître le prix; mais il voulait qu'elle fût dignement acquise et méritée. Il était doué de la plus haute intelligence de la guerre et d'une activité constante; sobre et simple, sa simplicité était souvent poussée jusqu'à la négligence; d'un commerce doux, égal, ses manières polies sans affectation et sa politesse venaient du cœur.

Une élocution facile, assez d'instruction, et le goût d'en acquérir toujours, rendaient sa conversation agréable; il avait l'esprit observateur, un grand calme habituel et quelque chose de mélancolique dans le caractère et dans la figure; sa taille était haute et élancée. Personne n'était plus brave que lui, et de cette bravoure modeste qui n'attache pas de prix à être remarquée. Homme de conscience avant tout, homme de devoir, sévère pour lui, homme de règle pour les autres, sa bonté tempérait sa sévérité; d'une grande délicatesse sous le rapport de l'argent, mais d'une économie allant jusqu'à l'avarice; estimé de tout ce qui l'approchait, sa mort a été une grande perte pour la France. Comme il était véritablement modeste et sans ambition, il eût été entre les mains de Bonaparte un instrument utile, dont il ne se serait jamais défié; et peut-être, par la sagesse de son esprit, par la position élevée qu'il aurait eue près de lui, aurait-il exercé, dans quelques circonstances, une influence utile; mais il devait nous être enlevé à la fleur de l'âge : il avait trente-deux ans quand la mort le frappa. Une circonstance singulière a marqué sa destinée : émule du général Kléber, tous les deux, avec des facultés et des caractères si différents, ont brillé en même temps d'un semblable éclat. On pouvait comparer leurs actions et leur gloire; leurs deux noms contemporains étaient prononcés avec le même respect, et ces deux émules, ces deux rivaux, séparés depuis peu, sont morts tous les deux le même jour et à la même heure, à huit cents lieues de distance, l'un en Europe et l'autre en Afrique. Le premier consul regretta sincèrement le général Desaix.

Deux officiers, qui, depuis, ont eu différente célébrité, servaient près de lui, Savary et Rapp. Par égard pour sa mémoire, le premier consul les attacha à sa personne, et les fit ses aides de camp. J'eus l'occasion de reconnaître, en cette circonstance, le degré de sensibilité de cœur de Savary. A la fin de la bataille, au milieu de ma grande batterie, il me demanda où était le général Kellermann, auquel il portait des ordres, et je le lui indiquai. Le lendemain, causant avec lui de la mort du général Desaix : « C'était pendant que je vous parlais hier que cela s'est passé, me dit-il; quand je suis revenu et que je l'ai trouvé mort, jugez quelle a été ma sensation; et je me suis dit tout de suite : Qu'est-ce que tu vas devenir ? »

Quelle naïveté et quelle candeur dans l'égoïsme ! C'est à l'instant où il voit mourir son général, son protecteur, son père adoptif, son ami, un homme déjà illustre, c'est alors que toutes ses pensées et ses sensations se concentrent sur lui-même. L'impression que je reçus dans ce moment ne s'est jamais effacée, et je n'ai pas pu me refuser à la consigner ici.

L'armée autrichienne a combattu à Marengo avec quarante-cinq mille hommes, et l'armée française ne s'élevait pas au delà de vingt-huit mille. Ainsi cette bataille est, pour les temps modernes, une des plus petites, eu égard au nombre des combattants, tandis qu'elle est une des plus importantes par ses résultats. Nous avions perdu beaucoup de monde, et les Autrichiens étaient plus en mesure que nous de recommencer ; mais l'opinion était restée en notre faveur, et l'opinion, pendant un temps donné, fait souvent plus que le positif sur les affaires humaines. Une bataille bien disputée est ordinairement perdue deux ou trois fois avant d'être gagnée; le dernier moment est le moment capital, c'est la fin de la partie, et presque toujours le vainqueur a employé tous ses moyens. Ainsi, dans ce cas, et quand une armée battue a encore des ressources, quand elle a le sentiment de ses forces et surtout du courage dont elle a fait preuve et de ce qu'elle vaut, rien n'est plus sage que de tenter la fortune de nouveau le lendemain; c'est un parti auquel on se résout rarement, parce que les chefs mêmes sont subjugués par la crainte; mais, s'ils savaient se mettre au-dessus de ce sentiment, ils s'en trouveraient bien et triompheraient souvent. Si les Autrichiens avaient appelé à eux toutes leurs garnisons (et elles pouvaient arriver assez à temps pour leur servir au moins de réserve), ils auraient pu livrer une seconde bataille, et nous n'étions pas en état de la soutenir. L'arrivée successive des corps de Suchet et de Masséna nous donnait, il est vrai, des chances favorables; mais, pour s'en garantir, il fallait se presser. Je doute que ces considérations aient frappé les généraux autrichiens. Toutefois leurs moyens, sur place, étaient de beaucoup supérieurs aux nôtres: ils avaient un matériel complet et en bon ordre, le nôtre était détruit, nous étions sans munitions, et les corps étaient réduits à presque rien. Attaqués de nouveau, nous aurions certainement été battus.

Et cependant, je dois en convenir, dans les intérêts généraux de l'Autriche, ils firent une chose raisonnable; ils suivirent un bon principe de guerre, celui « de tout sacrifier pour se mettre en communication avec sa frontière, et pour retrouver sa ligne d'opération naturelle quand on l'a perdue. » Mais ce principe est subordonné à la faculté de rétablir soi-même cette ligne, et ils le pouvaient. D'un autre côté, il était si important pour nous de retrouver toutes les places du Piémont, et si incertain de battre de nouveau l'armée autrichienne, qu'une transaction qui devait remettre chacun à sa place était particulièrement avantageuse à l'armée française. Aussi, aux premières propositions faites, je vis quel en serait le résultat. La négociation fut courte, on convint d'un armistice; le chemin du Mincio serait ouvert à l'armée autrichienne, et les quatorze places ou forts occupés par les Autrichiens nous seraient remis. Cette convention nous rendait maîtres de la moitié de l'Italie, et nous assurait les moyens de conquérir plus tard le reste. On peut juger de l'effet produit dans l'armée, en Italie, en France et dans toute l'Europe, par ce traité, réalisant des avantages si complets, si prompts, si étendus, que l'esprit n'avait pu ni les deviner ni les concevoir d'avance. La France avait retrouvé son rang en Europe, l'Italie son indépendance, c'est-à-dire son titre d'État indépendant; et le général Bonaparte, dans une campagne si courte et si heureuse, s'était surpassé lui-même, et couvert d'un nouvel éclat sur cette terre si féconde pour lui, le berceau de sa gloire et de sa grandeur.

Les Autrichiens crurent tellement à la victoire, que, vers les quatre heures, le général Mélas quitta le champ de bataille et abandonna la poursuite à ses lieutenants. Il rentra à Alexandrie, d'où il expédia partout des courriers avec des cris de victoire, destinés à se changer promptement en récits funestes. Sa faute fut impardonnable : il devait bien penser qu'un homme du caractère, de la réputation de Bonaparte, ne pouvait pas laisser la journée entière s'écouler sans tenter un nouvel effort. Malgré les succès obtenus depuis le matin, il ne lui était pas encore permis de regarder la bataille comme gagnée. Les événements de la guerre ont presque toujours pour cause les mouvements du cœur humain : un général habile doit toujours avoir présent à l'esprit le caractère de son ennemi et en tirer les inductions convenables pour régler sa conduite et sa manière d'agir.

L'armée autrichienne retournée sur le Mincio, les places du Piémont remises aux troupes françaises, le premier consul s'occupa du rétablissement de la République italienne : il donna une nouvelle vie à ce pays. Toute cette population éprouva une profonde joie et un véritable bonheur d'être délivrée des Autrichiens : l'avenir semblait lui promettre les plus belles et les plus vastes destinées. Le premier consul, en se refusant à les remplir, s'est ôté un appui qui, dans le malheur, ne lui aurait jamais manqué. En calculant toujours froidement les intérêts de son orgueil et leur sacrifiant tout, il s'est procuré momentanément des jouissances, mais il les a payées cher. Il a compté pour rien le vœu légitime des peuples, et plus qu'un autre il en connaissait l'efficacité; car primitivement sa puissance n'avait pas eu d'autre base. Les Italiens, si remarquables par leurs lumières, par leur esprit, par la douceur de leurs mœurs, si riches par la possession du sol le plus fertile de l'Europe, si favorisés par le plus délicieux climat, si grands par le souvenir de ce qu'ils ont été, ne formaient alors, ne forment encore qu'un vœu, qu'un désir, n'ont qu'un besoin : c'est de devenir une nation, de retrouver l'indépendance politique qu'ils ont perdue depuis tant de siècles d'oppression, et de voir réuni en un tout compacte tant de parties homogènes. Leur langue est la même; les plus hautes montagnes ou la mer les environnent de toutes parts, et ils possèdent tous les moyens nécessaires à leur conservation, à leur défense, à leurs besoins. Si Bonaparte, s'élevant au-dessus d'une politique vulgaire et d'une ambition commune, avait rempli ce vœu, avait fondé sans arrière-pensée, et dans l'intérêt propre de ce pays, un grand État en Italie, la France eût trouvé en cette puissance un allié fidèle, contribuant puissamment à maintenir sa suprématie en Europe et le repos du monde. C'est dans l'intérêt et l'honneur des peuples que sont les bases véritables d'une politique durable : mais c'est un langage que Bonaparte n'a jamais compris.

En abordant ainsi d'avance cette grande question, peut-être est-ce le lieu de l'approfondir davantage et de voir quelles sont les raisons, dérivant de la nature des choses, qui s'opposent à l'exécution des vœux que forment beaucoup d'Italiens.

La division de ce pays, si ancienne, donne aux Italiens en général un esprit de localité dont le reste de l'Europe n'offre pas d'exemple au même degré. Cet esprit est un grand obstacle, on ne peut pas en disconvenir, et l'existence de plusieurs grandes villes riches, populeuses et toutes ayant des droits à peu près égaux à la suprématie et à devenir capitales, ajoute encore aux embarras. Si l'obstacle est vraiment invincible, la solution la plus raisonnable aurait peut-être été celle-ci : diviser toute l'Italie en quatre ou cinq États, de manière à en faire des portions compactes et ayant de la consistance; placer à la tête de chacun d'eux une des grandes villes que le pays possède, et lier tous les États par des devoirs politiques et une communauté d'intérêts permanents; faire ainsi de l'Italie une confédération à la tête de laquelle un protecteur se serait placé comme chef suprême, avec un titre quelconque; enfin faire quelque chose d'analogue, soit au Saint-Empire romain, soit à la Confédération germanique. Il est probable que les Italiens auraient été satisfaits : et peut-être que ce système eût mené avec le temps à l'unité. Mais il aurait fallu que le chef suprême respectât cette indépendance devenue son ouvrage, que son pouvoir n'eût rien de tyrannique et devînt essentiellement protecteur.

Le plus grand mouvement fut imprimé aux choses militaires ; on s'occupa de donner à cette armée de réserve, formée à la hâte, une bonne organisation. L'armée d'Italie, qui avait défendu Gênes et le Var, entra dans la composition de la nouvelle. On ordonna la destruction des places du Piémont, destinées à défendre le passage des Alpes du côté de la France, et, par conséquent, à nous empêcher de déboucher en Italie. Cette mesure était sage et prudente. Chassés d'Italie, ces places nous étaient d'une faible utilité, parce que leur résistance présumée ne pouvait pas égaler le temps nécessaire tout à la fois pour rétablir nos pertes et atteindre la saison favorable pour traverser les montagnes. A chaque évacuation de l'Italie, elles devaient donc tomber au pouvoir de l'ennemi et mettre ensuite obstacle à chacune de nos invasions. Après une discussion approfondie dans un conseil où j'assistai, à Milan, chez le premier consul, leur destruction fut résolue. On se contenta de former des projets pour Alexandrie et de s'occuper de rendre cette place d'une force telle, qu'on fût obligé de réunir des moyens immenses pour en entreprendre le siége, de lui donner la capacité nécessaire pour renfermer de très-grands approvisionnements de toute espèce et servir d'asile à une armée inférieure et battue. Ces bases posées, le général Chasseloup, l'ingénieur de cette grande époque, fut chargé de faire les projets et de diriger les travaux. J'aurai l'occasion de revenir sur cette vaste et belle conception militaire.

LIVRE SIXIÈME

1800 — 1804

SOMMAIRE. — Masséna commande l'armée d'Italie. — Fête du 14 juillet à Paris. — Brune remplace Masséna. — Reprise des hostilités. — Campagne de 1800 à 1801 en Italie. — Retraite des Autrichiens. — Passage du Mincio (26 décembre). — Davoust et Brune. — L'armée sur l'Adige (31 décembre 1800). — Entrée à Vérone. — Macdonald débouche du Splügen — Armistice de Trévise. — Visite au général en chef. — Le colonel Sébastiani — Démolition des places fortes. — Fénestrelles. — Mantoue. — Paix de Lunéville. — Davoust. - Retour de Marmont à Paris. — Rétablissement du culte catholique (1802). — Le Code civil. — Institution de la Légion d'honneur. — Marmont inspecteur général d'artillerie. — Message du roi d'Angleterre. — Déclaration de guerre. — Distribution de l'armée sur les côtes. — L'Américain Fulton. — Polémique concernant les bateaux plats. — Stratégie navale. — Villeneuve et Calder. — Confiance de l'Empereur dans le succès de l'expédition en Angleterre. — Entretien d'Augsbourg. — Le général Foy. — Marmont au camp d'Utrecht.

Le général Masséna fut nommé général en chef de la nouvelle armée. Ce commandement lui était dû à tous les titres. Sa défense de Gênes avait été belle; il n'avait cédé qu'à la plus impérieuse nécessité et en faisant une capitulation conforme à l'intérêt public. Les troupes avaient éprouvé une disette véritable. Quoique le premier consul ait voulu rabaisser le mérite de la défense en disant que jamais les distributions n'avaient manqué, il n'est pas moins vrai que les troupes avaient beaucoup souffert. On ne pouvait pas aller plus loin; il était très-avantageux d'obtenir, dans la circonstance, que les troupes ne fussent pas prisonnières de guerre. Le général Masséna, en prenant le commandement de l'armée, conserva son général d'artillerie, le général de division la Martillière, homme très-estimé et très-considéré dans l'arme, mais fort appesanti par l'âge. Cette préférence sur moi était juste, et j'y souscrivis sans regret. Nommé général de division, je retournai en France reprendre ma place au conseil d'État. Toutefois, avant de partir, j'ordonnai à l'arsenal de Turin de grands travaux. Cet établissement, sans doute l'un des plus beaux de l'Europe, offre d'immenses ressources, et, en peu de temps, il suffit aux plus grandes créations. J'avais depuis longtemps la pensée de faire adopter en France d'autres calibres et de substituer les pièces de six aux pièces de huit et de quatre. Ce calibre étant en usage en Piémont, je profitai de la circonstance pour faire un essai, et j'ordonnai de fondre et de couler cent pièces de six dans les dimensions et d'après les tables de l'artillerie piémontaise, et de construire tous les caissons et les voitures nécessaires à cet équipage. Cette prévoyance me fut très-utile. J'en recueillis les fruits; car, revenu plus tard à l'armée, j'eus à ma disposition ce magnifique matériel, qui me servit puissamment dans la campagne suivante.

La bataille de Marengo avait eu lieu le 14 juin : à cette époque encore, et pendant quelques années depuis, on célébrait la fête du 14 juillet. Dès le commencement du Consulat, on avait proscrit toutes ces fêtes infâmes qui rappelaient les crimes et les malheurs de la Révolution, comme le 10 août, le 21 janvier, etc. Mais on regardait le 14 juillet comme le jour où les institutions anciennes, la féodalité, les priviléges, avaient été renversés, et où les idées nouvelles avaient triomphé. Il était raisonnable, dans la nuance politique d'alors, d'en consacrer le souvenir et de regarder ce jour comme un jour de triomphe; aussi Bonaparte s'est-il bien gardé de s'éloigner trop tôt en apparence de cette doctrine. Le 14 juillet, depuis l'établissement du Consulat, fut donc fêté d'une manière solennelle. On se rendit au Champ de Mars en grand cortége, et une circonstance, ménagée avec habileté, rehaussa beaucoup l'éclat de cette fête. Les drapeaux pris sur les Autrichiens à Marengo avaient été confiés à la garde des consuls : la marche de cette garde fut calculée de manière à arriver ce jour-là même. Après avoir couché à deux lieues de Paris, elle entra au Champ de Mars au milieu de la cérémonie, en belle tenue, mais encore couverte de la poussière de la bataille, portant ses trophées déployés, aux acclamations universelles. L'arrivée de cette belle troupe, venant de combattre il y avait si peu de temps, à une si grande distance, présentant l'image d'une députation de l'armée victorieuse, produisit sur les esprits le plus grand effet. J'assistais à cette fête en qualité de conseiller d'État. Une circonstance me montra combien souvent les gens les plus distingués, étrangers aux choses qu'ils n'ont pas apprises, sont ridicules en en parlant. Placé au balcon de l'École militaire, à côté d'un de mes collègues, M. Devaisnes, homme qui a eu une des plus grandes réputations d'esprit de son temps, et qui a été premier commis sous M. Turgot, et un des chefs marquants de la Société des économistes, me fit beaucoup de questions sur la bataille de Marengo, et finit par me demander si la plaine où nous avions combattu était plus grande que le Champ de Mars. Cette ineptie si forte est à peine croyable; mais, sans tomber dans une aussi grande erreur, combien de fois ne m'est-il pas arrivé d'entendre des hommes revêtus du pouvoir, gens de mérite et de capacité, trancher des questions militaires de la manière la plus décidée et la plus absurde; et jamais on n'est parvenu à leur inspirer plus de modestie et de défiance d'eux-mêmes. L'habitude de la parole, qui leur est propre, et dont les gens de guerre sont en général dépourvus, leur fait supposer ceux-ci très-inférieurs en intelligence, tandis que les facultés nécessaires au commandement des armées sont, sans contredit, les plus grandes, les plus sublimes; elles doivent être disponibles dans un temps donné; elles supposent ce mélange d'esprit et de caractère, base de la puissance de l'homme : l'esprit pour voir, la volonté pour agir. Ces fonctions sont si difficiles, que jamais général illustre ne fut exempt de commettre des fautes; les plus célèbres et les meilleurs généraux s'en rendent moins souvent coupables; leurs qualités, au surplus, ne sont complètes que lorsqu'ils réunissent le positif du métier avec une profonde connaissance du cœur humain. Par l'exercice de ces hautes fonctions, les peuples reposent en paix, et leur salut est le prix des sacrifices que font de leur sang et de leur vie les gens de guerre. Le prix de pareils services doit tout à la fois consister dans la considération accordée à l'esprit supérieur, et dans la reconnaissance méritée par le dévouement. Une classe nombreuse, influente, se refuse aujourd'hui à reconnaître ces vérités; mais le sentiment des peuples est plus d'accord avec la justice.

Je passai deux mois à Paris, occupé des travaux du conseil d'État; mais bientôt je fus rappelé à des fonctions qui étaient plus de mon goût : je fus renvoyé à l'armée. Masséna, déplacé pour quelques torts d'administration, fut remplacé par le général

Brune, dont le nom, par le plus singulier caprice de la fortune, se rattachait aux victoires remportées sur les Russes et les Anglais dans la Nord-Hollande. C'était un homme médiocre et incapable; j'aurai bientôt l'occasion de le faire connaître. Il ne trouva rien de prêt en arrivant à l'armée, et cependant l'armistice conclu avec les Autrichiens était au moment de finir; l'artillerie n'avait reçu aucune organisation; tout était dans l'état où je l'avais laissé. Le général la Martillière n'ayant plus aucune activité, son remplacement parut indispensable, et le choix de son successeur tomba sur moi : je me rendis sans retard en Italie; l'armistice étant prolongé, je mis à profit le temps qui m'était accordé.

Je me félicitai beaucoup alors de ma prévoyance. Les ordres donnés en partant de Turin ayant été exécutés, j'y trouvai les éléments d'un équipage de cent bouches à feu tout neuf. En redoublant d'activité et de moyens, il fut terminé au bout d'un mois dans son ensemble et dans ses détails : je multipliai les ateliers de réparation, et, deux mois après, l'armée d'Italie avait cent soixante bouches à feu attelées, avec doubles approvisionnements, aussi attelés : un grand parc, des dépôts de munitions en échelons, cinq millions de cartouches, enfin tout ce qui est nécessaire pour livrer plusieurs grandes batailles et fournir aux consommations de la campagne la plus active. J'organisai avec le même soin un équipage de siége de cent vingt bouches à feu, commandé par le général Lacombe-Saint-Michel. Enfin je donnai à cette artillerie un tel développement, qu'après avoir pourvu aux besoins des divisions je formai une réserve de cinquante-quatre bouches à feu, vingt-quatre servies par l'artillerie à pied, et composées par moitié de pièces de douze; et trente autres servies par l'artillerie à cheval. Cette réserve, habituellement sous les ordres du célèbre Laclos, alors général de brigade d'artillerie, formait mon commandement personnel. C'était ma division, la troupe à la tête de laquelle je me réservais de combattre et d'arriver rapidement au milieu d'un engagement général, pour écraser le point contre lequel elle serait dirigée et assurer la victoire. Cette artillerie était la plus nombreuse, la plus belle et la mieux outillée qu'aucune armée française eût eue depuis le commencement de la guerre.

L'armée était organisée en quatre corps et une réserve; chaque corps composé de deux divisions assez faibles. L'artillerie de chaque division était servie par l'artillerie à pied, et la réserve du corps, indépendante de la grande réserve, se composait d'une compagnie d'artillerie à cheval, d'après ce principe que l'artillerie à cheval, pouvant se mouvoir rapidement, peut être chargée de remplir divers objets.

Il y avait deux belles divisions de cavalerie, auxquelles était attachée aussi une nombreuse artillerie. Enfin l'armée, forte, belle, admirablement bien pourvue de toutes choses, composée de soldats aguerris, dont le courage et la confiance étaient soutenus par le souvenir de Gênes et de Marengo, n'avait besoin que d'un chef. Mais ce chef lui manquait.

Brune n'avait jamais servi quand la Révolution éclata. Prote d'imprimerie et membre du club des Jacobins, ensuite du club des Cordeliers, il se lia avec Danton. A l'époque de l'invasion des Prussiens, Paris fournit troupes, chevaux et moyens de toute espèce. Brune fut employé à la réquisition des chevaux. Comme à cette époque les moyens les plus prompts et les plus violents étaient préférés, on le chargea d'arrêter les voitures dans les rues et de les faire dételer. On le nomma adjudant général pour lui donner une sorte d'autorité; et le voilà en fonctions avec sa grande taille et ses grands bras, barrant le boulevard et mettant les chevaux entre les mains des employés des équipages. Tels furent son début et son premier fait d'armes. Sa liaison avec Danton le fit choisir pour commander une armée révolutionnaire; il reçut à cette occasion le grade de général de brigade et fut envoyé à Bordeaux avec trois mille hommes, servant d'escorte aux représentants et au terrible instrument de mort qui les accompagnait. On doit dire ici, par esprit de justice et de vérité, qu'il ne fut nullement sanguinaire dans cette horrible mission; il contribua, au contraire, à diminuer les maux redoutés à son arrivée : les habitants de Bordeaux en ont, longtemps après, conservé le souvenir. De retour à Paris, il fut employé à l'armée de l'intérieur, se trouva au 13 vendémiaire, et de cette époque date sa connaissance avec Bonaparte. Il était l'un des courtisans et des familiers de Barras, il fut envoyé à l'armée d'Italie à la fin de notre immortelle campagne de 1796, et servit, comme général de brigade, à la division Masséna. A l'occasion d'une petite affaire à Saint-Michel, on lui fit une réputation de bravoure dont jamais il ne fut digne. Le général Bonaparte s'en engoua, on ne sait pourquoi : il céda sans doute pour celui-ci, comme pour Gardanne et pour tant d'autres mauvais officiers, à l'effet toujours produit sur lui par une grande taille. Il devint général de division, reçut plus tard le commandement du corps d'armée dirigé contre la Suisse, et prit Berne. De là il eut le commandement de l'armée gallo-batave, et se trouvait dans ce pays lors du débarquement des Anglais et des Russes en 1799. Il battit l'ennemi, ou plutôt ses troupes le battirent par miracle, car il fut étranger à leurs succès (ainsi que je le raconterai quand je parlerai de la Hollande), et passa dans l'Ouest, qu'il pacifia, vint commander la deuxième armée de réserve à Dijon, devenue plus tard l'armée des Grisons, et enfin arriva en Italie au commencement de septembre 1800, pour remplacer Masséna et commander cette belle armée d'Italie, alors forte de soixante mille hommes d'infanterie, dix mille chevaux et cent soixante bouches à feu attelées.

Brune était alors âgé de trente-sept ans; il avait beaucoup lu, mais il avait mal digéré ses lectures, et tous ses souvenirs étaient confus: sa tête ressemblait à une bibliothèque dont les volumes sont mal rangés. Sans manquer d'esprit et de finesse, il était obscur et embrouillé dans son langage; tout à fait sans courage et sans caractère, son cœur était sans méchanceté : on pouvait même le dire bon homme. Il aimait l'argent, prenait volontiers, mais donnait de même; souvent prodigue dans ses dons, il n'a presque rien laissé en mourant. La fortune l'a favorisé au delà de toute expression dans le cours de sa carrière; car, sans talents, sans courage, sans aptitude et sans instruction militaire, il a attaché son nom à d'assez grands succès. Les souvenirs et les hommes de la Révolution avaient beaucoup d'attraits pour lui.

Voilà le chef qui nous fut donné. Le général Oudinot était son chef d'état-major; Davoust commandait la cavalerie; Chasseloup, le génie. Il s'établit une parfaite harmonie entre nous quatre. Dès ce moment, nous résolûmes de conduire l'armée et d'agir toujours dans le même sens sur l'esprit du général en chef, et, à cet effet, de ne le perdre jamais de vue. Mais, malgré cet accord et nos soins, nous ne pûmes jamais le décider à entreprendre des opérations dont le succès était certain et qui auraient rendu cette campagne très-brillante : il nous échappait tout à coup, et, après avoir tendu le ressort péniblement, la moindre circonstance le remettait au point de faiblesse et d'atonie dont nous l'avions tiré.

L'armistice fut dénoncé, et les troupes sortirent de leurs cantonnements pour entrer en campagne. Le quartier général fut établi à Brescia. Une simple démonstration fit repasser le Mincio à l'armée autrichienne, dont une grande partie s'était établie, pour vivre, en avant de cette rivière, et les deux armées furent placées sur leur terrain naturel pour opérer et pour combattre. L'armée autrichienne, très-belle et très-bonne, dépassait soixante-dix mille hommes. Les souvenirs de la campagne de l'année précédente étaient présents à son esprit : elle avait vaincu devant Vérone, à la Trébia et à Novi, pris

Mantoue, et chaque pas avait été marqué par un succès; à la bataille de Marengo, elle avait soutenu sa réputation, quoique le sort des armes lui eût été contraire. Reposée et augmentée par des renforts, elle se présentait au combat avec confiance. Elle était commandée par le général de cavalerie comte de Bellegarde, homme d'un esprit très-distingué et qui avait pour quartier-maître général le même baron de Zach, pris à Marengo, l'un des meilleurs généraux de l'armée autrichienne. Cette formidable armée était appuyée à deux places, Mantoue et Peschiera, ses flancs couverts par le lac de Garda et le Pô, et son front par le Mincio. Elle avait donc à défendre une bonne ligne, fort courte, dont les flancs sont bien appuyés, et qui se prête merveilleusement aux manœuvres. Ainsi nous avions devant nous des obstacles matériels et une brave armée, bien commandée, à combattre. Eh bien! malgré l'incapacité de notre chef, des succès constants ont couronné toutes nos entreprises, et il n'a tenu à rien que l'armée autrichienne ne fût détruite. Mais le général français fut son sauveur, en se refusant à profiter des occasions favorables offertes par la fortune plusieurs fois pendant cette courte campagne.

Le Mincio, formant la ligne des Autrichiens, sort du lac de Garda, traverse Peschiera, où existe un petit port pour recevoir la marine du lac, et se rend à Mantoue, en faisant diverses sinuosités dans son cours : une des rives est presque constamment plus élevée que l'autre; tantôt la rive droite domine, tantôt la rive gauche. Les longs détours du fleuve forment des coudes très-favorables aux passages de vive force. Ainsi, pour opérer un passage de l'armée française, il y a deux points indiqués : ceux de Monzambano et de Molino, près de la Volta; à tous les deux, la rive droite domine la rive gauche, et un grand rentrant donne le moyen d'établir des batteries, dont le feu embrasse, de l'autre côté, un grand espace que l'ennemi ne peut pas disputer. Le premier point est à trois lieues au-dessous de Peschiera et à une lieue et demie de Valeggio; le second entre Valeggio et Goïto, en descendant le Mincio. De son côté, l'ennemi a un point de passage offrant les mêmes avantages : c'est à Valeggio, situé entre les deux points qui nous sont favorables. Nous nous réunîmes chez le général en chef, et nous discutâmes sur la manière d'opérer; je remis un projet, qu'on approuva, et qui réussit, quoiqu'il ne fût pas exécuté avec précision, ni même complétement dans l'esprit dans lequel il avait été formé. Au lieu de nous servir des deux points de passage favorables, Monzambano et Molino, je proposai de n'en adopter qu'un seul véritable. Mes motifs étaient ceux-ci : en en prenant deux, nous divisions nos forces, compromettions l'ensemble des opérations, d'autant mieux que le point de passage des ennemis, s'ils voulaient manœuvrer contre nous, leur donnait, par Valeggio, le moyen de nous séparer en deux, et par conséquent de nous combattre partiellement. Restait à savoir s'il fallait choisir Monzambano ou Molino; ce dernier point est d'un accès plus facile, avantage assez grand; l'ennemi pouvait déboucher, mais il était plus éloigné de Peschiera et assez loin de Mantoue. Malgré ces considérations, je conclus pour Monzambano : le passage, une fois opéré sur ce point, menace la retraite de l'ennemi sur l'Adige, dont on est plus près que lui. En menaçant l'ennemi vers la Volta, au moyen d'une fausse attaque pendant le moment de l'opération de Monzambano, on contiendrait toutes les troupes destinées à former la garnison de Mantoue, et on les empêcherait de prendre une part active à la bataille, car les troupes ne s'éloigneraient jamais assez de cette place pour courir le risque de ne pouvoir s'y jeter aussitôt après le passage effectué, et ainsi nous aurions dix mille hommes de moins à combattre.

Nos moyens de passage étaient considérables : nous avions assez de bateaux pour faire plusieurs ponts à la fois. Il fut convenu qu'à Monzambano on en ferait deux pour déboucher, à la Volta un seul pour tromper l'ennemi, et qu'on agirait de la manière suivante : après avoir présenté plusieurs têtes de colonne sur différents points du Mincio, le corps de droite, commandé par le général Dupont, se présenterait devant Goïto, y donnerait l'alarme et ferait mine de vouloir s'en emparer de vive force; pendant la nuit, il viendrait s'établir à Molino, jetterait son pont, ferait passer quelques troupes sous la protection des batteries de la rive droite, tandis que le général Suchet, avec le centre, se placerait devant le débouché de Valeggio pour contenir l'ennemi. Delmas, avec l'avant-garde, se porterait sur Monzambano et passerait, soutenu par la gauche, commandée par Moncey, qui, après avoir masqué Peschiera, viendrait à Monzambano et suivrait Delmas en seconde ligne, au fur et à mesure de la disponibilité des moyens de passage. Suchet viendrait passer après Moncey et serait remplacé par Dupont; celui-ci, pour pouvoir agir avec plus de promptitude, coulerait son pont, viendrait se mettre en bataille devant Valeggio et opérerait enfin son passage après Suchet, sur le pont de Monzambano. Ma réserve d'artillerie devait être placée sur les hauteurs de Monzambano, protéger les troupes dans leurs mouvements et leur assurer la possession de l'espace nécessaire à leur déploiement. Tel fut le projet que je présentai; il fut converti en ordre général pour l'armée. L'opération commença à s'exécuter comme il avait été convenu, mais le caractère du général Brune y apporta des modifications; heureusement elles ne furent pas funestes.

Il arrive presque toujours, à la guerre, mille contre-temps : les chemins naturellement très-difficiles conduisant à Monzambano furent encore gâtés par la pluie, et l'équipage de pont, au lieu d'arriver à cinq heures du matin, le 4 nivôse, n'arriva qu'à neuf heures. Celui qui était destiné à servir à la fausse attaque de Molino avait joint à l'heure indiquée : le général Brune, consterné de ce retard, crut devoir remettre le passage au lendemain, comme si l'inconvénient d'être vu dans ses premiers travaux n'était pas beaucoup moindre que la remise d'une opération sur laquelle l'ennemi aurait le temps et les moyens de connaître nos véritables intentions. En ajournant le passage à Monzambano, il fallait aussi le suspendre à Molino; mais, au lieu d'envoyer en toute hâte un officier de sa confiance au général Dupont, il chargea un officier du général Suchet, retournant près de son général, de transmettre ce contre-ordre. Soit que cet ordre ne parvînt pas, ou que la manière dont il fut envoyé ne parût pas de nature à changer des ordres écrits et des instructions positives et circonstanciées, il ne fut pas exécuté ; peut-être aussi, et cela est probable, le général Dupont voulut forcer le général en chef à combattre sur-le-champ : chose semblable arrive souvent dans les armées dont les chefs ne sont ni craints, ni obéis, ni considérés. En conséquence, le général Dupont passa et s'éloigna même de la rivière beaucoup plus qu'il n'aurait dû le faire d'après le plan général : les ennemis accoururent et le forcèrent à se replier, et, dans la poursuite, ils vinrent se faire écraser par le canon placé sur la rive droite. Davoust, commandant la cavalerie, s'y étant rendu, fit passer quelques escadrons et garnit la rive droite de son artillerie : je m'y portai aussi et vis toute la bagarre. Cette échauffourée était sans objet, puisque les trois quarts de l'armée étaient au repos et ne prenaient pas part au combat. L'affaire se composa d'une série de mouvements en avant à la poursuite de l'ennemi, quand le feu de l'artillerie de la rive droite le forçait déjà à se retirer, et de mouvements de retraite quand on avait poussé l'ennemi hors de la portée de notre artillerie. L'ennemi perdit beaucoup de monde, plus que nous, à cause de l'indiscrétion de ses poursuites. Le corps le plus maltraité fut une réserve de onze bataillons de grenadiers, commandée par le général de Bellegarde, frère du général en chef, campée en vue de Villafranca ; elle fut la première à accourir. La nuit arriva et mit fin à ce combat.

Le général Brune avait entendu tranquillement cette canonnade qui faisait frémir la terre, et il resta à Monzambano avec une incroyable impassibilité. Cette circonstance donna lieu, le lendemain, à la scène la plus plaisante et la plus ridicule du monde.

Revenu le soir au quartier général et trouvant le général en chef à table, Davoust, brutal et grossier, s'écria en entrant : « Comment, général, pendant que la moitié de votre armée est engagée, vous restez ici occupé à manger! » Brune garda le silence à cette insolente apostrophe; mais, le lendemain, voici exactement ce qu'il lui dit : « Quand hier vous m'avez reproché de ne m'être pas rendu au corps de Dupont, je ne vous ai pas dit mes raisons; maintenant je vous ferai connaître ce qui m'y a déterminé. Aussitôt après avoir reçu le rapport du passage de Dupont, et en entendant le canon, mon premier mouvement a été de demander mon cheval; vous le sentez, je suis Français, et il n'en faut pas davantage. Mais je me suis dit : Tu vas aller là-bas, tu verras les soldats marcher en avant et crier : « En avant! » tu ne pourras pas te contenir; tu te mettras à leur tête et tu crieras plus fort qu'eux : « En avant!

« en avant! » et tu sortiras de ton grand plan. Alors la réflexion m'a fait rester ici. »

Voilà mot pour mot le beau discours de Brune, le lendemain matin, au général Davoust. Jamais chose plus ridicule et plus ridiculement plaisante n'est sortie de la bouche d'un général en chef : il y a là une lâcheté niaise et une niaiserie de pensée et d'expression sans exemple. J'avais envie d'en faire une caricature où l'on représenterait l'acteur Brunet assis au milieu d'un grand plan, et ne voulant pas en sortir.

Le lendemain, 5 nivôse (26 décembre), notre opération s'exécuta par Monzambano. L'ennemi avait établi sur la rive gauche du Mincio, mais à une certaine distance, des redoutes appuyant sa droite près du village de Salionze. L'ennemi chassé du bord de la rivière et mes deux ponts établis en vingt minutes, l'armée défila. Delmas déboucha à la tête de l'avant-garde, culbuta la ligne opposée et poussa sur Valeggio. Moncey le soutint, prit position à sa gauche, enleva une redoute et masqua les autres. Les divisions de cavalerie passèrent et assurèrent un succès complet. Le général Oudinot, incapable de rester tranquille spectateur auprès de son pacifique général en chef, chargea à la tête des premières troupes qu'il rencontra et prit une pièce de canon. Dupont, apprenant nos succès décisifs, s'avança sur

Valeggio et fit sa jonction avec Delmas. L'ennemi évacua la position et le fort de Valeggio. Les Autrichiens jetèrent dans Mantoue et dans Peschiera les troupes destinées à défendre ces deux places et se retirèrent sur l'Adige, où nous les suivîmes sans avoir avec eux de nouvel engagement.

Malgré les fautes commises dans la conduite de cette opération, elle avait réussi. L'ennemi, complétement battu, avait fait de grandes pertes en tués, blessés et prisonniers. Les garnisons l'affaiblissaient, et chaque jour nos avantages relatifs augmentaient. Nous allons voir combien peu nous sûmes en profiter.

Le 31 décembre, nous prîmes position sur l'Adige : la droite de l'armée observait Vérone. Je reconnus et choisis le point de passage le plus avantageux. Au-dessus de Bussolengo, l'Adige fait un coude extrêmement prononcé, sous un grand commandement de la rive droite ; un ravin rendait assez facile le transport des bateaux jusqu'au bord de la rivière, et un petit village en face devait, aussitôt après avoir été occupé, nous servir de tête de pont. Ma belle réserve d'artillerie fut établie des deux côtés du passage pour l'assurer, et il s'opéra le 1er janvier, à la pointe du jour. En une demi-heure le pont fut jeté, et, immédiatement après, les troupes débouchèrent. Nous fîmes, moi et ceux qui m'entouraient, une petite plaisanterie qui tenait à notre âge.

Nous avions remarqué, sur la rive gauche de l'Adige, une très-belle et très-grande maison. Une garde d'honneur et deux factionnaires nous indiquaient qu'elle était occupée par un lieutenant général. L'élévation de la rive droite empêchait de voir les mouvements qui s'y opéraient. Nous étions au premier de l'an 1801, et nous pensâmes qu'il était convenable de souhaiter la bonne année au général autrichien en lui envoyant les premières dragées. En conséquence, à la petite pointe du jour, six pièces de douze, lancèrent à la fois leurs boulets sur la maison, où tout fut immédiatement dans un grand désordre. Ce spectacle nous amusa beaucoup.

L'ennemi opéra sa retraite, prit position à une lieue en arrière de Vérone, et nous entrâmes dans cette ville. Il avait laissé garnison dans le château Saint-Pierre. Une de ses divisions remonta l'Adige, et Moncey fut chargé de la suivre. Tout le reste de l'armée, excepté ce que l'on avait détaché pour masquer la place de Mantoue et pour assiéger Peschiera et le château de Vérone, fut réuni en avant de Vérone, sur la rive gauche. De ce moment, l'ennemi opéra sa retraite méthodiquement, lentement, et nous réglâmes honteusement nos mouvements sur les siens.

Pendant nos opérations en Italie, Macdonald, à la tête de la deuxième armée de réserve, forte d'environ quinze mille hommes, avait débouché par les Grisons, passé le Splügen, et marchait sur Trente. L'arrivée de Moncey à Trente compromettait puissamment les troupes autrichiennes venant des Grisons qui se dirigeaient sur cette ville, et les troupes qu'il avait devant lui n'étaient pas assez fortes pour l'arrêter. S'il eût agi avec vigueur et rapidité, il eût pu concourir, avec Macdonald, à des résultats importants, au moins retarder leur réunion avec l'armée; mais le général Niepperg, le même qui a épousé depuis secrètement l'archiduchesse Marie-Louise, lui fut envoyé et le berça de la nouvelle d'un armistice. Moncey donna dans le piége, s'arrêta, et les Autrichiens furent libres dans leurs opérations. Tout ce qui avait fait sa retraite devant Macdonald ou qui s'était retiré devant Moncey continua son mouvement rétrograde par la Brenta. En cette circonstance surtout, Brune manqua à sa destinée. Il avait sous la main le succès le plus assuré, le plus complet, s'il eût voulu combattre. Je le persécutai, mes camarades firent les mêmes efforts, et nous croyions l'avoir décidé quand sa faiblesse l'emporta.

Voici quelle était notre position. L'armée autrichienne, après avoir fait son détachement du Tyrol et ses garnisons, n'avait pas en ligne devant nous plus de trente et quelques mille hommes (et nous, nous en avions quarante-cinq mille). Elle était embarrassée de quatre mille chariots d'équipages, de vivres et d'artillerie, et se retirait par une seule route. La lenteur de sa marche et la difficulté de ses mouvements étaient extrêmes; une bataille l'aurait perdue. Si nous eussions été vainqueurs, son désastre eût été complet; et, avec la supériorité de nos forces, la confiance qui régnait dans l'armée, augmentée par les succès récents, on ne pouvait pas mettre en doute la victoire. Les conséquences en auraient été immenses. Il fallait tomber avec vigueur sur l'arrière-garde, faire un mouvement de flanc entre les montagnes et la grande route; et, une fois la bataille gagnée, arriver en deux jours à Bassano et occuper le débouché de la Brenta. Vukassovich, se retirant par cette vallée avec dix-huit mille hommes, et pris en tête et en queue, devait mettre bas les armes. Alors nous n'avions plus personne devant nous, et nous pouvions traverser le Frioul, entrer dans les États héréditaires et marcher sur Vienne. Une seule action, dont, je le répète, le succès était certain, suffisait; et, si, par une fatalité impossible à prévoir, nous eussions été battus, aucune conséquence grave n'en résultait pour nous. Jamais la fortune n'a présenté une chance plus belle à un général d'armée; mais il est vrai que jamais elle ne l'a faite à un homme moins digne d'une semblable faveur. Rien ne put décider Brune. Nous réglâmes, comme je l'ai déjà dit, notre marche sur celle de l'ennemi; nous n'entamâmes pas une seule fois son arrière-garde. Nos fautes, bientôt jugées par le dernier de nos soldats, furent l'objet de la critique de tout le monde. Brune, perdant sa considération, devint un sujet de moquerie; et, comme l'ennemi marchait à pas de tortue, qu'il partait tard, que nous partions plus tard encore, nous marchions toujours une partie de la soirée, les soldats disaient en plaisantant que c'était *marcher à la Brune*. Vukassovich étant arrivé à Bassano, sa jonction faite avec Bellegarde, l'armée autrichienne se trouva forte de cinquante mille hommes, et ainsi plus nombreuse que la nôtre.

J'étais vivement affligé de voir tourner aussi mal cette campagne. J'avais compté que ma belle artillerie ferait un bruit retentissant en Europe; et, dans mon désespoir de ne rien faire de grand, je cherchais l'occasion de m'en servir, ne fût-ce qu'à de petites choses. Je m'arrangeais toujours pour la faire marcher après l'avant-garde, chose assez ridicule, mais, avec Brune, on était à peu près libre d'agir à son gré, rien n'étant réglé. Au passage de la Brenta, à Fontaniva, j'eus l'occasion de l'employer plutôt à un divertissement qu'à une chose sérieuse. L'ennemi avait fait une petite flèche pour couvrir le passage de la rivière; six pièces de canon, que soutenaient des troupes d'infanterie et de cavalerie, formaient son arrière-garde. Je marchai de ma personne avec les premières troupes de l'avant-garde ; nos éclaireurs occupaient des broussailles voisines de l'ennemi et couvrant un grand espace. J'obtins du général commandant l'avant-garde qu'il s'arrêtât et laissât passer mon artillerie ; j'établis vingt-cinq pièces de canon en demi-cercle autour de la malheureuse batterie ennemie, où tout le monde était dans la plus grande confiance et le plus profond repos. Quand mes préparatifs furent achevés, le feu commença. Au premier coup de canon, les canonniers autrichiens coururent à leurs pièces et ripostèrent; mais, quand ils virent à qui ils avaient affaire, ils s'enfuirent si brusquement, qu'ils abandonnèrent quatre de leurs pièces, dont deux étaient déjà démontées. Nous marchâmes sur Cittadella et ensuite sur Castelfranco, où nous entrâmes le 22. Pendant notre marche, l'équipage de siège avait été transporté, partie devant Peschiera, partie devant Vérone : le 16, la tranchée fut ouverte devant le château de Vérone; le feu commença le 22, et le 26 le fort s'était rendu.

On ouvrit la tranchée devant Peschiera le 24, à cent vingt toises de la place; le feu allait commencer quand l'armistice de Trévise ouvrit les portes de cette ville. Il y eut, aux environs de Castelfranco, une affaire à l'avant-garde, où le colonel Mossel, mon chef d'état-major, et deux de mes aides de camp firent un coup de main fort brillant. Remarquant un corps de hussards autrichiens séparé de leurs troupes par des obstacles et des fossés, ils prirent avec eux cinquante chevaux du 15° chasseurs, et, après l'avoir tourné et sommé de se rendre, ils le firent prisonnier. Ce corps se composait de deux cent trente-cinq hommes.

L'ennemi, après avoir réuni ses forces, nous les montra et eut l'air de vouloir livrer bataille. Ce n'était certes pas notre affaire, avec un chef tel que le nôtre, dans une pareille circonstance, après avoir laissé échapper comme à plaisir toutes les occasions qui s'étaient présentées de détruire l'ennemi sans risque. En ce moment, où les forces étaient au moins égales, le succès était incertain; et puis à quoi menait un succès (s'il eût pu être obtenu), la guerre étant suspendue en Allemagne, et tout s'acheminant vers la paix? Après ces démonstrations, le général Brune écrivit au général Bellegarde pour lui proposer un armistice, motivant sa proposition sur celui qui venait d'être conclu en

Allemagne. Le général autrichien, en réponse, envoya au quartier général son quartier-maître général le baron de Zach. Le général Brune l'accueillit avec empressement, causa sur les conditions, consentit à suspendre sa marche et les hostilités, si on lui remettait la place de Peschiera, les châteaux de Vérone et de Ferrare, et si l'ennemi se retirait derrière la Piave, qui servirait de délimitation entre les deux armées. Il renvoya, pour le surplus des conditions, aux conférences qui auraient lieu entre les plénipotentiaires nommés de part et d'autre. On convint de se réunir à Trévise, où nous allions entrer. Les plénipotentiaires furent moi et le colonel Sébastiani; ceux des Autrichiens, le baron de Zach et le prince de Hohenzollern, commandant de l'arrière-garde pendant la retraite. Le général Brune me fit part des conditions qu'il avait accordées. Je lui fis observer qu'elles étaient beaucoup trop favorables à l'ennemi ; je lui demandai la permission de les changer, afin de les rendre plus avantageuses. Il me le permit, comme on l'imagine bien, mais sans avoir grande foi dans le succès de mes efforts. Nous n'avions pas eu sur l'ennemi des avantages assez signalés pour lui imposer de trop rudes conditions. L'opinion gagnée par le passage des deux fleuves, nous l'avions perdue par la lenteur de notre marche, la faiblesse de notre poursuite. L'ennemi avait fait une belle retraite, il n'avait pas abandonné une roue de voiture : ainsi il s'était grandi à ses yeux et aux nôtres. C'était bien notre ouvrage, mais le fait n'en existait pas moins. Son armée, après la réunion des troupes du Tyrol, était au moins aussi nombreuse que la nôtre; on ne pouvait donc pas lui faire la loi, on pouvait seulement profiter des circonstances favorables résultant de la position avancée de l'armée d'Allemagne, qui occupait la Haute-Styrie, et se trouvait, pour ainsi dire, aux portes de Vienne.

Excepté Mantoue, dont la cession consacrait l'abandon de l'Italie, on pouvait tout obtenir, et c'est avec cette idée que j'entamai cette affaire. J'annonçai aux généraux autrichiens que les conditions consenties par le général Brune ne pouvaient pas être admises comme bases du traité, par suite des nouvelles dispositions arrêtées par le gouvernement; que des ordres venaient de parvenir au général en chef et lui prescrivaient la marche à suivre. Les généraux autrichiens furent fort mécontents; cependant ils avaient jugé, comme moi, les premières conditions trop avantageuses, car le prince de Hohenzollern dit sur-le-champ : « Je m'attendais à cette déclaration. » Ce mot, indiscrètement prononcé, me donna grande confiance dans le succès de mes demandes. Je convins des droits de l'armée autrichienne à conserver Mantoue; mais, tout en reconnaissant que nous ne pouvions pas exiger cette place, j'établis que nous ne pouvions pas renoncer à l'idée de nous créer une bonne ligne de défense par les conditions de l'armistice, attendu que la guerre pouvait recommencer. Mantoue et Porto-Legnago étant entre les mains des Autrichiens, il n'y avait pour nous ni ligne de l'Adige ni ligne du Mincio, et ainsi, pour avoir la première de ces deux lignes, il fallait nous céder Porto-Legnago; qu'au surplus la cession du château de Vérone n'était rien, il était au moment de se rendre; et celle de Peschiera peu de chose, puisque le siége de cette place était déjà commencé. Les intérêts de l'armée d'Orient, dis-je ensuite, sont trop chers au premier consul pour qu'il ne cherche pas à avoir en sa puissance les points favorables à la communication avec l'Égypte, et Ancône est merveilleusement placé pour remplir cet objet. Enfin il fallait que l'armistice nous donnât du terrain et une ligne de démarcation bien tracée : l'armée autrichienne passerait sur la rive gauche du Tagliamento, et établirait sa communication par mer avec Venise, ou au moyen d'une ligne de postes suivant les lagunes en partant de l'embouchure du Tagliamento. Ces conditions, après vingt-quatre heures de discussion consécutives, furent acceptées, rédigées et signées; j'envoyai, immédiatement après, le colonel Sébastiani en informer le général Brune. Il était cinq heures du matin; il eut des transports de joie, sauta au cou de Sébastiani, reconnut ce service signalé, dont il ne perdrait, disait-il, jamais le souvenir, et qu'il ferait valoir comme je le méritais : il me confirma toutes ces belles paroles lorsque quelques heures après j'allai le voir. L'exécution suivit immédiatement : les Autrichiens repassèrent le Tagliamento, et nos troupes reçurent des ordres de cantonnement dans le pays conquis, de manière à y bien vivre et à s'y reposer.

J'avais fait une course devant Venise, et, arrivé à Padoue, j'allai voir le général en chef. Depuis mon départ de Trévise, il avait reçu un courrier du premier consul qui lui défendait de faire un armistice sans obtenir Mantoue, et je venais d'en être informé : je trouvai sa conversation embarrassée et plus embrouillée encore qu'à l'ordinaire. Il parla de l'armistice d'une manière équivoque, dit qu'il n'était pas bien sûr de le tenir, etc. Je lui répondis que ce n'était pas le moment de parler ainsi : il avait dû réfléchir avant de l'accepter, et ce n'était pas au moment où les Autrichiens tenaient leurs engagements qu'il fallait penser à ne pas remplir les nôtres. « Au reste, dit-il tout à coup, cet armistice n'a pas été réglé conformément à mes instructions.

— Comment! repris-je avec la chaleur de l'indignation, vos instructions n'ont pas été suivies?... Vous avez raison, vous m'aviez donné pour règle d'obtenir des avantages que j'ai doublés. Vous aviez promis l'armistice pour trois places, j'en ai obtenu cinq; vous laissiez l'armée autrichienne sur la Piave, et je l'ai fait repasser derrière le Tagliamento. Rappelez-vous votre étonnement et les expressions de votre reconnaissance quand tout a été terminé : elles ont été publiques, elles sont connues de toute l'armée, et c'est en m'accusant ainsi que vous me récompensez! Le premier consul demande une chose impossible à obtenir : s'il avait fait connaître plus tôt ses intentions, nous nous y serions conformés, et il n'y aurait pas eu d'armistice; mais il les a fait connaître trop tard, c'est un mal sans remède, et c'est tant pis pour lui; quant à nous, nous avons fait ce qu'il était possible de faire. Les transactions conclues loyalement et de bonne foi doivent être respectées; c'était quand on tirait le canon qu'il fallait faire le brave, et ne pas attendre le moment où l'on est dans des voies pacifiques. Au surplus, faites vos affaires vous-même, et, après ce que vous venez de dire, je déclare renoncer à tous rapports personnels avec vous. »

Là-dessus je me retirai. Il courut après moi, me fit mille protestations, mille réparations; mais j'y fus sourd, et je rentrai chez moi. Je m'abstins de mettre les pieds chez lui, et mes relations devinrent purement officielles, par écrit, et se bornèrent aux affaires de l'artillerie. Il renouvela ses démarches, m'envoya plusieurs personnes, et vint lui-même : je rétablis alors avec lui des rapports moins hostiles; mais je jurai de ne jamais oublier ce qui s'était passé, et mes manières restèrent constamment froides avec lui.

Quant à Sébastiani, en bon Corse, il conserva des rapports meilleurs avec le général en chef, quoiqu'il eût bien juré sa perte : il servit d'intermédiaire entre nous. Il soutint au général Brune qu'on pouvait démontrer au premier consul l'impossibilité où nous avions été d'obtenir des conditions plus avantageuses, et s'offrit de se rendre à Paris pour le convaincre. Cette proposition avait pour but de trouver l'occasion d'informer avec détail le premier consul des sottises sans nombre du général Brune pendant la campagne, de son incapacité, de sa déconsidération et de l'abjection dans laquelle il était tombé aux yeux de tous. Brune donna dans le piége, ordonna le départ de Sébastiani, et fournit les frais de poste à cet officier, sur l'appui duquel il croyait pouvoir compter, et qui cependant n'allait à Paris que pour le perdre; je munis notre envoyé d'un long rapport dont il fit valoir toutes les parties et toutes les expressions. Peu après, Brune fut rappelé et remplacé par le général Moncey, homme âgé et d'un caractère honorable, mais d'une capacité peu étendue. Les circonstances n'en demandaient pas une supérieure; il fallait seulement un esprit d'ordre, de la probité et un caractère modéré, qualités dont il était pourvu. Le premier consul, voulant Mantoue à toute force, se fit céder cette place; mais il avait, pour l'obtenir, des moyens dont nous ne pouvions pas disposer : il fit dénoncer l'armistice à Lunéville, où se tenaient les conférences pour la paix, non pour la seule armée d'Italie, mais pour toutes les autres en même temps. C'était le renouvellement de la guerre, au moment où l'armée d'Allemagne occupait Bruck, en Styrie, et était à six marches de Vienne, quand l'armée opposée avait été anéantie. Le résultat était infaillible, et Mantoue nous fut remis.

De retour à Milan, je m'occupai de presser les démolitions des places désignées précédemment, de compléter l'armement de celles qui devaient être conservées, et de les mettre dans un ordre satisfaisant. Ce travail me donna lieu de réfléchir sur la valeur et l'objet de toutes ces places, et je crus utile la conservation de Fenestrelle, comprise dans le nombre de celles qui devaient être détruites. On connaît l'axiome fort ancien, que l'Italie est le tom beau des Français; je ne trouve d'explication raisonnable qu'en l'appliquant aux difficultés que rencontre, pour sortir intacte de l'Italie, une armée française battue. S'il était question de l'influence du climat, pourquoi les effets n'en seraient-ils pas les mêmes sur les Allemands, qui, par leur organisation, sont bien plus éloignés des Italiens que les Français? Une armée française battue en Italie, et forcée d'évacuer le pays, était anéantie en repassant les Alpes, parce qu'elle était obligée de détruire son matériel, impossible à emmener. Dès lors les difficultés pour l'offensive devenaient immenses, car le matériel manquait, et, si on en fournissait un nouveau, on ne savait comment lui faire franchir les montagnes. Quand les Autrichiens, au contraire, étaient battus, ils se retiraient dans le Tyrol par une belle route; leur armée conservait son matériel, son organisation; les Alpes Noriques ou les Alpes Juliennes leur servaient de forteresses; ils se réorganisaient et recevaient des renforts. Quand les renforts leur étaient parvenus, ils rentraient en campagne, comme ils le feraient partout, et ils combattaient à armes égales, et avec beaucoup de chances de succès. Il fallait donc, pour mettre les Français dans la condition des Autrichiens, percer les Alpes de routes sur plusieurs points, et c'est ce que Napoléon a senti et fait exécuter. Mais, en attendant l'exécution de cet immense travail de routes, n'y avait-il pas quelque chose de transitoire à adopter? Si, toujours dans cette hypothèse et en se reportant à l'époque dont je parle, on trouve au pied des Alpes, en Piémont, une place dont la force soit telle, que le temps de la résistance soit plus long que celui que l'on mettrait à l'assiéger, n'est-il pas utile aux intérêts de l'armée française de la conserver, de l'améliorer, d'y mettre des approvisionnements immenses, et de la consacrer à recevoir et garder tout le matériel d'une armée battue qui repasse les Alpes? Si le temps nécessaire à la prendre est plus long que le temps où la saison permet d'en faire le siége, on peut la regarder comme imprenable. Dès lors le matériel qu'elle renferme est en sûreté. Quand l'armée, couverte par les hautes montagnes et la mauvaise saison, s'est refaite, elle débouche au printemps, reprend son matériel, et, en quatre jours, elle est convenablement outillée pour faire la guerre en plaine. Une place semblable joue le rôle d'une tête de pont en avant d'un grand fleuve, celui d'une place sur la côte, à la disposition d'une puissance maritime; enfin c'est une place de dépôt, un point de réunion et de départ.

Je fis part de ces réflexions au général Chasseloup, dont c'était plus particulièrement l'affaire.

Il écrivit au premier consul pour lui proposer la conservation de Fenestrelle : il présenta sans doute mal la question, car, pour réponse, on lui donna l'ordre de commencer les démolitions *par cette place*. Je ne me décourageai pas : je fis un mémoire d'une douzaine de pages, basé sur les principes que j'ai exposés plus haut, et le premier consul fut si frappé de mes raisonnements, que, craignant l'exécution trop prompte de ses ordres, il m'envoya, par un courrier extraordinaire, la réponse telle que je l'avais sollicitée. Je reçus l'ordre en même temps de réarmer avec le plus grand soin, et de la manière la plus complète, cette place, à laquelle on attacha, dès ce moment, un très-grand prix, d'y placer des approvisionnements, des dépôts, etc., etc. Fenestrelle fut conservé; ce succès d'amour-propre me fit grand plaisir. Voilà tout le secret des circonstances qui ont fait échapper cette place seule à la destruction générale de toutes celles que le roi de Sardaigne avait fait construire en un si grand nombre d'années, au prix de si fortes dépenses. Elles avaient fait jouer à ce souverain un rôle important à l'occasion de toutes les guerres d'Italie, et lui avaient valu le surnom de portier des Alpes. Les places démolies furent : le fort de la Brunette, près de Suze, Démont, dans la vallée de la Stura, Coni et Tortone, Turin, dont on ne garda que la citadelle, enfin le château de Milan : il ne resta pas trace de toutes ces fortifications. D'un autre côté, de nouvelles places furent entreprises et d'anciennes furent réparées et améliorées. La citadelle d'Aléxandrie, déjà forte à cette époque, fut destinée à être le réduit d'un grand système : on entreprit de rendre la place capable d'une longue résistance, au moyen d'une bonne enceinte et d'un système de grandes contre-gardes ou de grandes lunettes jetées fort en avant, et donnant ainsi un vaste développement et une grande étendue à l'espace occupé. On fit aussi un superbe pont éclusé sur le Tanaro, dont la destruction ne pouvait avoir lieu, et qui, en étendant autour de la citadelle des inondations qu'on ne pouvait pas saigner, lui assurait une résistance de quatre mois au moins de tranchée ouverte. Cette citadelle, placée dans des conditions aussi favorables et avec des magasins casematés, devait renfermer tous les approvisionnements et tous les dépôts.

Cette place pouvait contenir trente mille hommes à l'aise, et être défendue convenablement par six à sept mille. Sa création avait résolu un grand problème de fortification, et nous aurait assuré la conservation de l'Italie après de grands revers, si le cataclysme de 1814 n'avait pas tout fait crouler et remis en question, jusqu'à l'existence même de la France.

On s'occupa de mettre Gênes en bon état de défense, sans y rien faire de nouveau. La force de cette place est principalement dans les difficultés du pays qui l'environne. On s'occupa de Pizzighettone, bonne place de manœuvres sur l'Adda; on couvrit Peschiera par des ouvrages avancés, afin de la rendre capable de soutenir un long siége; mais les moyens principaux furent consacrés à rendre Mantoue presque imprenable, en profitant des avantages offerts par les localités et en l'assainissant.

On construisit un grand fort à Pictole pour couvrir le barrage destiné à élever les eaux du lac inférieur au niveau de celles du lac supérieur; et ce fort devint ainsi la clef de Mantoue. Sa force s'augmenta d'abord de toute la résistance dont est capable ce fort de Pictole; car ce n'est qu'en baissant les eaux que l'on peut approcher de la place, et on ne peut opérer cette baisse des eaux qu'après avoir pris le fort qui coupe la digue; elle s'augmenta ensuite de tout le temps nécessaire à l'écoulement des eaux et au desséchement des terres qu'elles ont couvertes.

La salubrité se trouva améliorée par ces travaux; elle serait même complétement améliorée si les eaux restaient toujours à la même hauteur dans toutes les saisons. La baisse des eaux, laissant à découvert des matières animales et végétales que la grande chaleur et l'humidité livrent à la fermentation et à la décomposition, cause les maladies de l'été et de l'automne. Quand on est garanti contre cette variation de la hauteur des eaux, il n'y a plus de cause particulière de méphitisme, et les travaux admirables commencés par le général Chasseloup, s'ils étaient achevés, atteindraient infailliblement cet objet. Il faudrait seulement faire, entre Saint-Georges et Mantoue, un barrage pour soutenir les eaux de ce côté comme de l'autre, et achever la digue à moitié faite dans ce but. On mit également en bon état la citadelle de Ferrare et la place d'Ancône. On s'occupa de même du château de Vérone et de la ville de Legnago. Enfin on conçut le projet, bientôt abandonné, de grossir le Mincio au moyen d'écluses et de forts pour les protéger.

La paix survint, et nous enleva Véronette, le fort Saint-Pierre et la moitié de Porto-Legnago, dont on détruisit le mieux possible les fortifications. Je parcourus toutes les places pour les visiter avec soin; je donnai, pour le service dont j'étais chargé, les ordres nécessaires, et j'en assurai l'exécution. Je m'occupai aussi d'un grand établissement d'artillerie pour la République cisalpine, et je le fixai à Pavie. Le château offre des localités favorables; il pouvait être mis à l'abri d'un coup de main, et sa proximité de Milan était avantageuse, sans avoir les inconvénients d'un établissement à Milan même. Le voisinagne du Pô et du Tessin donne la faculté d'y faire arriver et d'en faire partir les approvisionnements et le matériel construit. Pavie fut donc choisi, et devint, avec l'approbation du premier consul, l'arsenal de construction de la République cisalpine. Enfin, comme les armes portatives ne pouvaient être construites que là où la population se livre à cette industrie, une manufacture d'armes fut établie à Brescia et dans le val Sabbia. Ainsi tous les besoins réclamés par le présent et l'avenir furent l'objet de ma sollicitude et de mes soins pendant le temps que je séjournai encore en Italie.

Cette campagne m'avait été favorable : j'avais rendu des services que chacun voulait bien reconnaître; mais elle m'avait donné bien des sollicitudes et des tourments. On me supposait avec raison investi de la confiance du premier consul; ma qualité de conseiller d'État me donnait d'autant plus de relief, que le général en chef et moi nous en étions seuls revêtus à cette armée. L'importance de mon commandement, la brillante organisation de l'artillerie, la manière dont elle avait servi, le parti qu'on aurait pu en tirer si on se fût battu, enfin ma position journalière auprès du général en chef, en raison de mes fonctions, tout cela avait fixé sur moi les yeux de l'armée. Ma grande activité et mon

zèle m'avaient fait attribuer à tort une très grande
influence, et des fautes vivement senties par moi,
que j'avais tout fait pour éviter, me furent quelquefois attribuées; en un mot, je passais pour le conseiller du général en chef. J'ai vu par expérience
le rôle détestable que ce métier vous fait jouer à
l'armée; c'est le métier le plus ingrat possible. On
ne conseille pas un général en chef; il peut chercher des lumières sur des questions spéciales, mais
il doit s'en rapporter à ses inspirations. Si les opérations vont bien, c'est au général en chef qu'en
appartient la gloire; si elles vont mal, on les reproche à son conseil. La guerre, où tout est du moment,
ne peut se conduire par des discussions continuelles; ce qui est bon, utile, sublime aujourd'hui,
peut être funeste demain, et, si l'on a pris, pour
convaincre, le temps où il aurait fallu agir, tout est
perdu. La guerre, dans son positif, se réduit toujours à un calcul de temps et de distance; mais,
dans sa partie morale, dans celle qui fait les grands
généraux, dans celle qui dérive de la connaissance
du cœur humain, elle tient à des inspirations, à
un je ne sais quoi donné par la nature, qu'elle accorde rarement, mais que personne ne saurait enseigner. L'expérience de cette campagne, cependant sans aucun résultat fâcheux, m'a fait renoncer
pour toujours à jouer ce rôle mixte et bâtard, amené

alors par la force des choses; il faut s'en tenir à obéir ou à commander, suivant sa position, et, autant que je l'ai pu, j'ai réduit mes fonctions à cette alternative; quand j'ai été forcé de m'en écarter, comme on le verra par la suite, je m'en suis toujours mal trouvé.

Davoust commandait la cavalerie de l'armée; ma position lui avait imposé, et, comme il était très-ambitieux, il s'occupa d'une manière soutenue à me plaire pendant cette campagne; c'était le courtisan le plus assidu et le plus bas flatteur. Il venait deux fois par jour chez moi, ne pouvant vivre sans moi; lorsque depuis il a volé de ses propres ailes, quand sa position lui a paru assurée, il a payé mon amitié d'alors par beaucoup d'ingratitude et par autant de morgue que nos positions respectives et mon propre caractère pouvaient le comporter.

Le rôle joué depuis par Davoust m'engage à le faire connaître, et je vais le peindre tel qu'il a été pendant sa faveur et à l'apogée de son existence politique. On a dit trop de mal et trop de bien de lui; je tâcherai d'être juste à son égard.

Davoust était bien né; sa famille, fort ancienne et appartenant à la province de Bourgogne, est établie dans mon voisinage; élève du roi à l'école militaire de Brienne, il entra comme sous-lieutenant dans le régiment de Royal-Champagne cavalerie, fut révolutionnaire ardent et se mit à la tête des insurrections qui chassèrent les officiers de son régiment. On ne sait pas pourquoi, étant un très-bon et très-ancien gentilhomme, il a eu toute sa vie le plus grand éloignement pour les individus de sa caste. Nommé chef d'un bataillon de volontaires du département de l'Yonne, il servit en cette qualité dans l'armée de Dumouriez; ce bataillon tira sur Dumouriez au moment où il fut obligé de se réfugier chez l'ennemi.

Davoust servit à l'armée du Rhin d'une manière honorable, mais obscure; plus tard il fit partie de l'armée d'Égypte, et, à cette époque, il était sans aucune réputation. Après avoir servi dans la Haute-Égypte avec le général Desaix, et commandé sa cavalerie, il rejoignit le général Bonaparte à son retour de Syrie, quand celui-ci marcha sur Aboukir; la manière dont il fut employé lui déplut : laissé en arrière avec un détachement, il ne fut pas appelé à la bataille; il se plaignit avec aigreur au général Bonaparte, lui montra du mécontentement, de l'humeur, et, à cette occasion, fut traité de la manière la plus humiliante; il n'avait jamais été encore en rapport direct avec lui, et ce début n'annonçait pas ce qui devait arriver. De ce moment date cependant son dévouement sans bornes et souvent porté jusqu'à la bassesse. Bonaparte parti pour retourner en France, l'armée d'Égypte se divisa en deux factions : la première eut à sa tête le général en chef Kléber, accusant le général Bonaparte et prenant à tâche de flétrir sa gloire; l'autre, ayant le général Menou pour chef, et dont faisaient partie plus particulièrement les officiers venant d'Italie, lui fut fidèle et le défendait contre toutes les accusations dont il était l'objet.

Les uns étaient favorables à l'évacuation de l'Égypte, les autres à sa conservation.

Davoust fut un des plus ardents parmi les amis de Bonaparte, quoique les injures reçues fussent encore toutes récentes. De retour en France avec Desaix, le premier consul le traita bien et sembla vouloir le dédommager de ce qu'il avait souffert; bientôt il le combla, et, après l'avoir fait général de division, il lui donna le commandement de la superbe cavalerie de l'armée d'Italie. Il lui fit épouser la sœur du général Leclerc, son beau-frère, l'admettant ainsi dans une espèce d'alliance, et l'attacha à sa garde en lui donnant le commandement des grenadiers à pied. Plus tard, au début de la guerre avec l'Angleterre, il eut le commandement du troisième corps de la grande armée, et toujours, depuis, de grands commandements, et des commandements de choix, lui ont été confiés; espèce de proconsul en Allemagne pendant l'intervalle qui s'écoula entre la paix de Tilsitt et la guerre de 1812, il servit les passions de l'Empereur avec ardeur, exagéra tout ce qui était relatif au système du blocus continental, système devenu promptement la cause et le prétexte de toutes les infamies qui rendirent le nom français odieux en Allemagne à cette époque.

Davoust s'était institué de lui-même l'espion de l'Empereur, et chaque jour il lui faisait des rapports. La police d'affection, selon lui, étant la seule véritable, il travestissait les conversations les plus innocentes. Plus d'un homme frappé dans sa carrière et son avenir n'a connu que fort tard la cause de sa perte. Davoust avait de la probité; mais l'Empereur dépassait tellement par ses dons les limites de ses besoins possibles, qu'il eût été plus qu'un autre coupable de s'enrichir par des moyens illicites. Ses revenus, en dotation, se sont montés jusqu'à un million cinq cent mille francs. Homme d'ordre, maintenant la discipline dans ses troupes, pourvoyant à leurs besoins avec sollicitude, il était juste, mais dur envers les officiers, et n'en était pas aimé. Il ne manquait pas de bravoure, avait une intelligence médiocre, peu d'esprit, peu d'instruction et de talent, mais une grande persévérance, un grand zèle, une grande surveillance, et ne craignait ni les peines ni les fatigues. D'un caractère féroce, sous le plus léger prétexte et sans la moindre forme, il faisait pendre les habitants des pays conquis. J'ai vu, aux environs de Vienne et de Presbourg, les chemins et les arbres garnis de ses victimes.

En résumé, son commerce était peu sûr. Tout à fait insensible à l'amitié, il n'avait aucune délicatesse sociale ; tous les chemins lui étaient bons pour aller à la faveur, et rien ne lui répugnait pour la conquérir. C'était un mameluk dans toute la force du terme, vantant sans cesse son dévouement. Il reçut une fois une bonne réponse de Junot, qui, jaloux des biens sans nombre dont l'Empereur le comblait, lui dit : « Mais dites donc, au contraire, que c'est l'Empereur qui vous est dévoué. » Ce dévouement, dont il faisait toujours parade, il le portait dans ses expressions jusqu'à l'abjection. Nous étions à Vienne, en 1809 ; l'on causait dans un moment perdu, comme il y en a tant à l'armée, et le dévouement était le texte de la conversation. Davoust, suivant son usage, parlait du sien et le mettait au-dessus de tous les autres. « Certainement, dit-il, on croit, avec raison, que Maret est dévoué à l'Empereur ; eh bien, il ne l'est pas au même degré que moi. Si l'Empereur nous disait à tous les deux : « Il « importe aux intérêts de ma politique de détruire « Paris sans que personne n'en sorte et ne s'en « échappe, » Maret garderait le secret, j'en suis sûr; mais il ne pourrait pas s'empêcher de le compromettre cependant en faisant sortir sa famille; eh bien, moi, de peur de le laisser deviner, j'y laisserais ma femme et mes enfants. » Voilà quel était Davoust.

Je retournai à Paris dans le courant de floréal (mai) pour siéger au conseil d'État, où je rentrai en service ordinaire.

Je fis en route une épouvantable chute, mais elle n'eut aucune suite fâcheuse. Je voyageais, la nuit, entre Turin et Suze, dans une grande berline, avec ma femme et deux aides de camp. Le Piémont étant infesté de brigands, la voiture était remplie d'armes. A deux lieues de Suze, passant sur un pont établi sur le lit d'un torrent, la roue droite s'enfonça jusqu'au moyeu; le poids de la caisse fit rompre la roue; la voiture tomba sur l'impériale, à sept pieds de profondeur, et dans tout ce fracas un pistolet partit de lui-même et perça la voiture. Personne n'eut la plus légère blessure.

Arrivé à Paris, je fus bien traité par le premier consul. Il me témoigna sa satisfaction de ce que j'avais fait en Italie. Les occupations de l'artillerie, auxquelles je venais de me livrer, m'avaient rendu du goût pour cette arme. Elle avait grand besoin, à cette époque, de perfectionnements. Après avoir beaucoup réfléchi aux changements dont elle était susceptible, j'en entretins le premier consul, qui fut frappé de mes observations. Il me chargea de mettre mes idées par écrit et de les lui soumettre. Je fis un mémoire fort développé, qui eut un succès complet auprès de lui.

J'établis le principe que la meilleure artillerie est la plus simple. En appliquant ce principe au choix et à la détermination des calibres, il fallait d'abord reconnaître quels sont les différents effets de l'artillerie à la guerre, car les différents calibres n'ont d'autre objet que de produire des effets divers. S'il y a deux calibres employés au même usage, il est évident qu'il y en a un de trop, et dès lors, non-seulement il est inutile, mais encore il est nuisible, puisqu'il apporte une complication fâcheuse. Or l'artillerie de campagne a deux objets à remplir : suivre les troupes partout, et ensuite armer des positions déterminées, des redoutes, ou les combattre. Il faut de la légèreté dans le premier cas, avec un calibre suffisant; il faut, dans l'autre, un calibre plus fort, afin d'avoir plus de portée et de plus grands effets. Dans l'artillerie de place ou de siége, il faut deux choses : des pièces de canon pour détruire les affûts et tuer les hommes, etc., etc., et des bouches à feu qui ouvrent les remparts. Celles-ci doivent avoir assez de puissance pour faire tomber les murailles et faciliter la construction d'un chemin pour pénétrer dans l'intérieur de la place. Dans l'artillerie de campagne, des pièces de quatre, de huit, de douze, et des obusiers de six pouces; dans l'artillerie de siége, des pièces de douze, de seize, de vingt-quatre, et des obusiers de huit pouces, étaient en usage. Je proposai de substituer au huit et au quatre le six, qui produit presque l'effet du huit, et est très-supérieur au quatre; de prendre des obusiers de cinq pouces cinq lignes, calibre de vingt-quatre, de manière à n'avoir plus de projectiles que de trois calibres pour tous les services de six, douze et vingt-quatre, au lieu d'en avoir de sept, comme je viens de l'indiquer. Le choix du calibre de six avait aussi un autre objet : le calibre de six est celui des étrangers. La France, par sa puissance, sa prépondérance et ses alliances, est appelée à faire la guerre presque toujours hors de chez elle, et quelquefois à de très-grandes distances. Dans ce cas, il est important de pouvoir remplacer ses munitions par celles prises à l'ennemi, ou par celles qu'on peut faire faire dans les établissements dont on s'est emparé. J'avais fixé le calibre au six un peu fort pour empêcher la réciprocité, afin de pouvoir nous servir des munitions de l'ennemi, sans que l'ennemi se servît des nôtres.

Les mêmes idées de simplification se portèrent

sur la construction des voitures, et je parvins à réduire à huit modèles différents les vingt-deux espèces de roues que l'artillerie de Gribeauval avait consacrées. Ne faisant pas ici un traité d'artillerie, je ne donnerai pas d'autres détails ; mais ceux-ci suffiront pour indiquer l'esprit qui présidait aux changements proposés.

Le premier consul, après avoir lu, discuté et modifié mon mémoire, le renvoya à l'examen d'un comité d'artillerie, composé de la réunion de tous les généraux qui avaient commandé l'artillerie aux armées ; je fus le rapporteur, et chacune de mes propositions y fut discutée à fond : une discussion remarquable démontra avec évidence les avantages de mes principales propositions ; mais, comme des choses de cette importance, touchant de si près à la sûreté du pays, ne doivent pas être faites légèrement, on ordonna une série d'expériences dont je dressai le programme : elles eurent lieu simultanément à la Fère, à Douai, à Metz et à Strasbourg : les résultats comparés, toutes les questions furent résolues ou éclaircies, et on put conclure avec certitude et connaissance de cause : on rédigea une ordonnance établissant les principes consacrés, et appuyée de tables de construction ; elle devint la nouvelle loi de l'artillerie.

À cette époque, le premier consul s'occupa du

rétablissement du culte; il vit mieux et de plus haut
que tout le monde, car son succès fut complet, et
cependant il fut presque seul de son avis ; tout ce
qui avait marqué dans la Révolution, et les militaires en particulier, reçurent fort mal le projet;
mais rien n'en arrêta l'exécution. Le premier consul avait jugé le culte public dans le goût et les
besoins de la nation : quoique je n'aie jamais été
porté à l'irréligion, que j'aie souvent même envié
le bonheur de ceux dont la croyance est profonde,
à cause des consolations qu'ils en tirent, j'avais été
frappé de l'irritation de quelques-uns de mes camarades et je partageais leur prévention. L'établissement d'un clergé comme corps, avec sa puissance,
sa hiérarchie et ses distinctions, était si éloigné de
tout ce qui avait précédé et paraissait une chose si
nouvelle, que j'en parlai au premier consul et lui
exprimai mes doutes. Il eut avec moi une conversation fort longue sous les grands arbres de la
Malmaison ; il me démontra que la France était
religieuse et catholique, que la seule manière d'être
maître du clergé et de diriger son influence était de
le rétablir, de l'organiser, de l'honorer et de pourvoir à ses besoins; il ajouta : « Quand cela sera fait,
mon pouvoir sera doublé en France, et j'aurai pris
racine dans le cœur du peuple. »

Je me rabattis dans la discussion sur l'inconvénient grave résultant pour les pays catholiques du grand nombre de fêtes, autant de jours enlevés au travail et à l'industrie. Le premier consul, s'étant peu occupé d'économie politique, ne crut pas à cet inconvénient ; j'ajoutai, je ne sais plus d'après quelle autorité, que le temps perdu par les fêtes expliquait la différence de prospérité des pays catholiques et des pays protestants; et on le comprend quand on réfléchit qu'il y a dans ceux-là jusqu'à soixante-dix jours, c'est-à-dire le cinquième de l'année employé à consommer sans produire. La réflexion le convainquit, car le concordat supprima toutes les fêtes, excepté les quatre pour lesquelles l'Église a une dévotion particulière. Ce que m'avait annoncé le premier consul se vérifia, les murmures d'un petit nombre de mécontents passèrent, et les quatre-vingt-dix-neuf centièmes de la nation furent satisfaits d'avoir la possibilité et la liberté de remplir les devoirs de leur religion; ils bénirent le premier consul. La cérémonie qui eut lieu à Notre-Dame fut grave, auguste et solennelle, et le cardinal de Boisgelin prononça un beau discours en cette circonstance.

Tout prenait un caractère d'utilité sous une direction éclairée, tout s'exécutait avec rapidité par la main puissante qui tenait le pouvoir. Cette époque est remarquable par les établissements utiles qui furent créés; l'administration acquit en peu de temps une régularité, une économie inconnues jusqu'alors, et l'on sentait d'autant plus vivement le bien dont on jouissait, qu'on était parti de plus loin pour l'acquérir. Temps d'espérances, elles semblaient devoir être sans bornes, car les progrès du bien étaient rapides, et la plus haute sagesse marquait chaque pas de l'autorité.

Alors on conçut l'idée de mettre de l'uniformité dans notre législation civile : on commença la rédaction de ce Code immortel destiné à être, dans les siècles les plus reculés, une des gloires de cette époque.

Le premier consul choisit trois jurisconsultes célèbres : Tronchet, défenseur de Louis XVI; Portalis et Malleville, pour en faire le projet. Le travail imprimé, distribué aux tribunaux, on provoqua les observations de tout le monde. Ces observations de même imprimées et distribuées au conseil d'État, on ouvrit une discussion solennelle. J'y ai assisté régulièrement, et, quoique étranger à la matière, j'écoutai avec l'intérêt le plus vif les maîtres en législation développant avec clarté les besoins de la société et les moyens d'y pourvoir. Le premier consul était toujours présent à la discussion et y prit souvent la plus grande part. Il gardait d'abord le silence, et attendait ordinairement que les Cambacérès, les Portalis, Tronchet, etc., eussent établi leurs doctrines et développé leur opinion ; ensuite il prenait la parole, présentait souvent la question sous un nouveau jour, et montrait une sagacité, une profondeur prodigieuses; il portait la conviction dans les esprits, et faisait souvent modifier les projets de la manière la plus sage. Bonaparte n'avait pas d'éloquence, mais une élocution facile, une dialectique puissante, une grande force de raisonnement. Sa tête était abondante, fertile, productive; il y avait dans ses paroles une richesse d'expressions, dans ses pensées une profondeur que je n'ai vues chez personne : son esprit prodigieux a brillé du plus vif éclat dans cette discussion, où tant de questions lui avaient été toujours étrangères. M. Locré, secrétaire général du conseil d'État, tenait le procès-verbal de ces discussions : c'est un modèle de clarté et d'exactitude. Ce procès-verbal démontre toute la vérité de mes assertions.

Le Code, adopté maintenant par une grande partie de l'Europe, a été l'objet de quelques critiques fondées, et ne les aurait pas méritées s'il avait été fait plus tard. Mais Bonaparte, naturellement pressé de faire, y a consacré le premier moment de repos dont il a pu disposer. Le Code pèche par quelques désaccords entre les dispositions qu'il présente et le principe de notre ordre politique ; on l'a fait sous une république, et il devait servir à une monarchie : si on l'eût fait trois ans plus tard, il serait parfait. Tel qu'il est, c'est encore un des plus beaux ouvrages sortis de la main des hommes.

La paix avait été signée à Lunéville avec l'Autriche, et les meilleurs rapports étaient établis avec toutes les puissances continentales. Un seul ennemi restait, l'Angleterre : la paix avec cette puissance fut enfin signée à Amiens le 1ᵉʳ octobre. Dans toute la France on éprouva une grande joie, et le premier consul, en particulier, une plus grande encore. J'étais à un conseil chez lui, aux Tuileries, à l'instant où le courrier, porteur du traité signé, arriva. Le conseil interrompu, M. de Talleyrand nous en fit la lecture à l'instant même. Ce ne devait être qu'une courte trêve : il était dans l'intérêt comme dans les désirs du premier consul de la faire durer plus longtemps, et ce n'est certes pas lui qui l'a rompue. Il avait à satisfaire, avant tout, aux besoins intérieurs de la France, et c'est à ces travaux qu'il voulait consacrer cette époque de sa carrière. Peu après, il créa la Légion d'honneur. Il devança encore alors l'opinion dans cette circonstance : les hommes supérieurs reconnaissent, avant les autres, le véritable état de la société, ce qu'il exige, et savent hâter, par leurs efforts, l'arrivée du moment où chacun le voit également. Cette institution, devenue la cause d'une si vive émulation, destinée à inspirer de si généreux sentiments, à faire faire de si belles actions; cette institution, devenue si populaire, fut alors mal accueillie par l'opinion, et, pendant assez longtemps, un objet de critique et de censure. Une loi l'établit, et le Corps législatif, malgré sa composition et son habitude d'obéissance, ne la vota qu'à une faible majorité. Je fus un des orateurs du gouvernement chargés de présenter et de soutenir le projet de loi, et je prononçai un discours au Corps législatif à cette occasion. Quelque temps après, je fus chargé d'aller présider le collége électoral du département de la Côte-d'Or, circonstance favorable pour voir mon père et ma mère, et je pris mes arrangements en conséquence. Je partis avec une suite assez nombreuse. Arrivé tard à Troyes, les mauvais chemins qui toujours, dans l'arrière-saison, existent entre cette ville et Châtillon devant m'empêcher d'arriver avec ma voiture avant le lendemain matin, et craignant que mes parents ne passassent la nuit à attendre et ne fussent inquiets, je partis avec mon premier aide de camp à franc étrier, et j'arrivai à dix heures du soir, couvert d'une croûte de boue, ramassée dans une chute faite avec mon cheval. Mon père fut transporté de joie de me voir dans cet état, touché de mon attention, mais surtout satisfait de voir que les grandeurs ne m'avaient pas amolli.

Je reçus à Dijon l'accueil le plus flatteur et le plus aimable. Mes compatriotes me montrèrent un intérêt et une affection dont le souvenir ne s'est pas effacé de ma mémoire.

Mon travail sur l'artillerie, après avoir été discuté et modifié par le comité, et adopté par le gouvernement, devait être exécuté. Il était naturel d'en charger son auteur. Le premier consul mit au sénat M. le général d'Aboville, premier inspecteur de l'artillerie, et me nomma à sa place. Il était sans exemple d'occuper, à vingt-huit ans, le premier poste d'un corps aussi recommandable, aussi distingué, aussi savant que celui de l'artillerie; de remplir la place où, à la fin de leur carrière, MM. de Vallière et Gribeauval étaient arrivés. Le corps m'y vit cependant avec plaisir : j'étais actif, entreprenant, désireux de laisser des souvenirs du bien que j'aurais fait; j'avais l'oreille du premier consul, et j'étais sûr de trouver appui et facilité près de lui. Je me chargeai de ces fonctions avec une grande joie; ce sont les plus belles et les plus intéressantes que l'on puisse exercer pendant la paix.

Il faut en convenir, la fortune est bien capricieuse, et, tandis qu'elle accable les uns de ses rigueurs, elle comble les autres de ses faveurs : je vais citer un exemple de ces disparates.

J'avais été fort lié, à l'École des élèves, avec un jeune homme appelé Tardy de Montravel. Ce jeune officier avait émigré avec son père, officier supérieur du corps, et servi à l'armée de Condé jusqu'à sa dissolution : rentré alors, il demanda du service dans l'artillerie; ayant quitté ce corps comme élève sous-lieutenant, il ne pouvait y rentrer qu'en la même qualité, et je le fis admettre : il devint ainsi le dernier officier de ce corps nombreux, lorsque moi, son camarade et son condisciple, je me trouvais en être le premier.

Je m'occupai avec soin de la construction du nouveau matériel; mais, comme il importait de procéder avec ordre, il fut décidé que l'artillerie de campagne ancienne serait conservée, réparée et mise en dépôt jusqu'au moment où la nouvelle serait faite et complète, ensuite elle serait consacrée à l'armement de la frontière des Pyrénées. Une guerre de ce côté était alors peu probable; mais, dans tous les cas, elle se trouvait bien placée, puisque les Espagnols ont le même calibre et des constructions semblables; si jamais on devait entrer en Espagne, on y trouverait donc des approvisionnements et des rechanges d'une nature conforme à nos besoins. Je m'occupai de fondre les nouveaux canons avec du bronze nouveau ou avec des pièces hors de service et des pièces étrangères; ce travail fut conduit avec diligence. Deux fois par semaine je rendais compte au premier consul des dispositions prises, et je recevais ses ordres.

Je m'occupai de l'instruction du personnel et du soin de lui donner un bon esprit; j'aurais voulu pouvoir réunir l'artillerie entière dans la même garnison : j'y aurais établi ma résidence; mais les établissements anciens avaient donné comme des droits aux différentes villes qui les possédaient, et l'on céda ainsi à de petites considérations. De grandes garnisons sont nécessaires à l'artillerie pour faire participer plus de troupes à la fois aux soins et aux frais qu'exige l'instruction, et rendre celle-ci uniforme. Ne pouvant détruire ce qui existait, j'y suppléai en partie en établissant une utile rivalité et une grande émulation entre tous les corps; à cet effet, des détachements composés d'hommes choisis se rendirent de leurs garnisons respectives à la Fère, où était la grande école, le grand concours, et où je tenais pour ainsi dire les *états* de l'artillerie. Des travaux, des écoles, furent faits concurremment, et les soldats les plus instruits et les plus adroits eurent des récompenses. Plusieurs officiers généraux s'y étaient rendus, et ajoutaient, par leur présence, à la solennité de cette circonstance.

Il serait à désirer que cette excellente institution fût rétablie; c'est le meilleur moyen de rendre les divers corps de l'artillerie également instruits et homogènes.

J'étais occupé à tous ces détails quand le roi d'Angleterre fit un message au Parlement où il jetait l'alarme, accusait d'intentions hostiles le premier consul, et demandait des subsides. Cette véritable querelle d'Allemand fut reçue avec hauteur, et on se disposa à la guerre. A cette époque, Bonaparte ne voulait pas la rupture de la paix. Rien n'était prêt pour entrer en campagne, les régiments étaient loin d'être au complet, la cavalerie manquait de chevaux, et on vient de voir que l'artillerie n'était pas dans un état satisfaisant; vu les changements arrêtés, rien n'était plus convenable qu'un délai d'un ou de deux ans. Ainsi le duc de Rovigo, dans la rapsodie qui porte le nom de ses Mémoires, a raison d'établir que le premier consul fut surpris et contrarié; mais je ne sais où il a inventé l'histoire d'un désarmement complet, par l'envoi de nos canons aux fonderies, de la colère du premier consul, de son étonnement quand il l'apprit, de notre embarras et de la confusion où nous fûmes, Berthier et moi. On a vu quelles étaient les dispositions arrêtées et leur exécution : rien n'avait été détruit; tout, au contraire, s'améliorait. En vérité, le premier consul était bien homme à laisser ainsi un de ses généraux et son ministre de la guerre changer, modifier, détruire et refaire les équipages d'artillerie sans son ordre et sans son approbation! Il connaissait journellement la marche de mes travaux, et ne put être surpris; au surplus, la déclaration de guerre ne changea rien à la marche adoptée: on continua de construire sur le nouveau modèle, et c'est avec ce matériel que la campagne fut ouverte en 1803, et qu'eut lieu la mémorable campagne de 1805.

La guerre avec l'Angleterre déclarée, Bonaparte mit son armée sur pied, forma des divisions, des corps d'armée, et les établit sur la côte, en face de l'Angleterre. Il me donna des ordres très-étendus pour créer un immense matériel destiné à l'armement des côtes, ainsi qu'à celui de la flottille; la construction des bateaux plats fut ordonnée dans tous les ports de Hollande et de la Manche, et sur tous les fleuves affluents. Jamais les arsenaux ne reçurent une pareille impulsion, n'eurent une semblable activité. Mon âge, mon zèle ardent, servaient merveilleusement les intentions du premier consul. La côte, depuis la Zélande jusqu'à l'embouchure de la Seine, devint une côte de fer et de bronze. Entre Calais et Boulogne, au cap Grisnez, où la navigation présentait le plus de dangers, les batteries se touchaient. Des mortiers à grande portée, d'un modèle de mon invention, qui portent mon nom, furent placés à profusion devant les anses et les ports faits et à faire; des excavations immenses, creusées, formèrent des ports à Étaples, à Boulogne, à Ambleteuse, pour donner refuge à nos bateaux. Cinquante mille ouvriers étaient chaque jour occupés à ces travaux, exécutés comme par enchantement. On construisit des écluses de chasse pour entretenir les ports et empêcher les sables de les combler. Le premier consul venait fréquemment diriger, encourager et visiter ces travaux, et animait tout par sa présence et par sa volonté. Les troupes rassemblées d'abord furent cinquante mille hommes à Boulogne, commandés par le général Soult; trente mille à Étaples, commandés par le général Ney, et trente mille à Ostende, commandés par le général Davoust. Des réserves de toute espèce furent réunies à Arras, Amiens, Saint-Omer, etc., en attendant d'autres combinaisons pour les troupes placées en Hollande, en Hanovre et en Bretagne. Enfin les préparatifs d'un débarquement en Angleterre furent exécutés de la manière la plus vaste, les projets annoncés de la manière la plus solennelle; et, de son côté, l'Angleterre, menacée, courut aux armes et se transforma en un camp immense. En ce moment, Fulton, Américain, avait eu la pensée (après plusieurs personnes, qui, depuis cinquante ans, l'avaient imaginé sans y donner suite) et vint proposer d'appliquer à la navigation la machine à vapeur comme puissance motrice. La machine à vapeur, invention sublime qui donne la vie à la matière, et dont la puissance équivaut à l'existence de millions d'hommes, a déjà beaucoup changé l'état de la société et modifiera encore puissamment tous ses rapports; mais, appliquée à la navigation, ses conséquences étaient incalculables. Bonaparte, que ses préjugés rendaient opposé aux innovations, rejeta les propositions de Fulton. Cette répugnance pour les choses nouvelles, il la devait à son éducation de l'artillerie. Dans un corps semblable, un esprit conservateur doit garantir des changements non motivés; sans cela, tant de faiseurs de projets extravagants feraient bientôt tomber dans la confusion. Mais une sage réserve n'est pas le dédain des améliorations et des perfectionnements. Toutefois j'ai vu Fulton solliciter des expériences, demander de prouver les effets de ce qu'il appelait son invention. Le premier consul traita Fulton de charlatan et ne voulut entendre à rien. J'intervins deux fois sans pouvoir faire pénétrer le doute dans l'esprit de Bonaparte. Il est impossible de calculer ce qui serait arrivé s'il eût consenti à se laisser éclairer, et si, avec les moyens immenses à sa disposition, une flottille à vapeur eût fait partie des éléments de la descente projetée. C'était le bon génie de la France qui nous envoyait Fulton. Le premier consul, sourd à sa voix, manqua ainsi à sa fortune. On établit une polémique sur la possibilité de combattre des vaisseaux de guerre avec des bateaux plats, armés de pièces de vingt-quatre et de trente-six, avec des prames, etc., et sur la question de savoir si, avec une flottille de plusieurs milliers de bâtiments, on pouvait attaquer une escadre. La controverse fut universelle. On chercha à établir l'opinion d'un succès possible, et quelques officiers de marine, sans être convaincus, consentirent à l'accréditer; mais, malgré l'assurance avec laquelle Bonaparte la soutint, il ne l'a pas partagée un seul instant.

On a souvent discuté pour savoir si Bonaparte a jamais eu l'intention sérieuse de faire l'expédition d'Angleterre; je répondrai avec certitude, avec assurance : *Oui*, cette expédition a été le désir le plus ardent de sa vie, et sa plus chère espérance pendant longtemps. Mais, certes, il ne voulait pas la faire d'une manière hasardeuse; il ne voulait l'entreprendre qu'avec des moyens convenables, c'est-à-dire étant maître de la mer et sous la protection d'une bonne escadre, et il a démontré que, malgré l'infériorité numérique de sa marine, il pouvait l'exécuter. La prétention manifestée de se servir de la flottille pour combattre était un moyen de distraire l'ennemi et de lui faire perdre de vue le véritable projet; jamais il n'a vu dans sa flottille autre chose que le moyen de transporter l'armée. C'était le pont destiné à servir au passage; l'embarquement pouvait se faire en peu d'heures, le débarquement de même, le trajet étant court : le seul temps un peu considérable était celui qu'exige la sortie du port (il fallait deux marées). Rien n'était plus facile que de se servir de cette flottille pour cet objet; et, comme chacun de ces bateaux devait porter avec lui une organisation complète en troupes, vivres, munitions, artillerie de terre, etc., l'armée avait les moyens de combattre aussitôt qu'elle aurait touché le sol britannique. Avec une marine inférieure en nombre de vaisseaux, les combinaisons avaient été faites de manière à nous rendre très-supérieurs dans la Manche pendant un temps donné, et les faits en ont démontré la possibilité. Quand tous les préparatifs furent avancés, l'amiral Villeneuve reçut l'ordre de partir de Toulon avec quinze vaisseaux. Les équipages furent renforcés par des détachements de l'armée de terre, aux ordres du général Lauriston. Cette escadre eut pour destination les îles du Vent; son objet était d'abord de donner de l'inquiétude aux Anglais, de faire autant de mal que possible à leur commerce, de ravitailler nos colonies; et, après avoir rallié l'escadre de Rochefort, forte de cinq vaisseaux, à bord desquels étaient aussi des troupes de terre et le général Lagrange, de revenir en Europe en se dirigeant sur Cadix. Par un malentendu, l'escadre de Rochefort ne rencontra pas l'escadre de l'amiral Villeneuve, mais elle rentra heureusement à Rochefort, d'où elle était partie.

L'amiral Villeneuve arriva devant Cadix sans accident. Il y rallia une grosse escadre espagnole et le vaisseau français l'*Aigle*, qui l'y attendaient. De là il se porta aux Antilles. Après s'y être arrêté quelque temps, il y fut rejoint par l'amiral Magon, qui venait de Rochefort et lui apportait d'itératives et pressantes instructions. Villeneuve traversa de nouveau l'Océan, et se porta sur le Ferrol, où l'attendait une autre escadre espagnole prête à mettre à la voile. Notre flotte approchait de cette première destination lorsqu'elle rencontra, au cap Ortegal, l'amiral Calder avec vingt et une voiles, dont dix-sept vaisseaux. La flotte française venait de faire une longue navigation; ses équipages étaient nombreux, bien exercés et pleins de confiance. Si l'amiral eût voulu se battre, nul doute que l'escadre anglaise, si inférieure en nombre, eût été détruite. Au lieu de cela, Villeneuve se borna à manœuvrer. Tout l'engagement se réduisit à une canonnade insignifiante. Deux vaisseaux espagnols étant tombés sous le vent, on ne fit rien pour les couvrir ni pour les dégager; on les abandonna, et ils furent pris par l'ennemi à la vue même de notre flotte. Le lendemain, Villeneuve toucha au Ferrol; mais, en quittant ce port, au lieu de se diriger sur les côtes de France, comme il lui était ordonné par ses instructions, il hésita, et enfin il remonta au sud et retourna à Cadix. Une conduite semblable était hors de tous les calculs humains. Si cette escadre eût fait son devoir, après avoir dispersé, détruit ou mis en fuite Calder, elle ralliait trois vaisseaux au Ferrol, cinq à Rochefort, prêts à sortir; ainsi forte de trente-cinq vaisseaux, elle arrivait devant Brest et faisait lever le blocus: rejointe par vingt-quatre vaisseaux qui s'y trouvaient, ainsi que par deux ou trois vaisseaux de Lorient, elle avait soixante-trois vaisseaux; enfin, les neuf vaisseaux hollandais arrivés dans la mer du Nord, stationnés dans la Meuse et au Texel, s'y réunissaient encore, et l'escadre française dans la Manche se composait alors de soixante-douze vaisseaux de ligne, tandis que, par la dispersion de leur flotte, les Anglais n'auraient pu, pendant un certain temps, lui opposer que l'escadre des Dunes, augmentée des débris de Calder, en tout environ quarante et quelques vaisseaux. Nous aurions donc été forcément maîtres de la Manche jusqu'à l'arrivée de l'amiral Nelson, et à la sortie des escadres nouvellement formées. La Manche nous aurait appartenu sans discussion pendant plus d'un mois, et la flottille chargée de l'armée de terre l'aurait transportée sur la côte d'Angleterre sans péril, et tout organisée pour combattre. Voilà quels ont été les calculs de Bonaparte, voilà quels étaient son projet et ses espérances; la faiblesse de Villeneuve, son irrésolution, ont tout fait manquer. Ce que je dis est le résultat de ma profonde conviction : la possibilité de l'expédition se trouve démontrée, et les détails dans lesquels je viens d'entrer, Bonaparte les a plusieurs fois développés devant moi : il voulait écraser de feu le château de Douvres, et le forcer à se rendre en un moment.

La manière dont toute cette affaire a été conçue et conduite, l'ardeur dont Bonaparte était animé pour son exécution, ardeur qui ne s'est jamais ralentie, sa profonde douleur et son accès de fureur quand il apprit le combat d'Ortegal, prouvent et de reste qu'il agissait sérieusement. Lorsque plus tard ses projets ont été abandonnés, et qu'il a porté la guerre en Allemagne, causant avec lui à Augsbourg, où je l'avais rejoint avec mon corps d'armée, je lui dis que, à tout prendre, il était heureux que l'expédition n'eût pas été entreprise au moment où les Autrichiens entraient en campagne contre nous avec des forces aussi considérables; que notre frontière, dégarnie de troupes, n'aurait pu les arrêter; il me répondit ces propres paroles : « Si nous eussions débarqué en Angleterre et que nous fussions entrés à Londres, comme cela aurait incontestablement eu lieu, les femmes de Strasbourg auraient suffi pour défendre la frontière. » Ainsi la guerre continentale, recommençant avec promptitude et vigueur, sans que nous y fussions préparés, n'était point pour lui un motif de crainte et d'inquiétude, et ne lui paraissait pas un obstacle à l'exécution de ses projets contre l'Angleterre. Que l'on juge, d'après cela, s'il voulait sérieusement l'expédition. Quand l'Europe paraissait tranquille, il n'a jamais rien tant désiré au monde.

J'ai dû faire cette digression pour éclairer une question importante, objet de beaucoup de débats, mais jamais pour moi l'objet du plus léger doute. Maintenant je reviens en arrière, et je retourne à l'époque où j'étais encore à la tête de l'artillerie.

Un soir, étant allé travailler aux Tuileries avec le premier consul, il me dit brusquement : « Que fait à Paris le colonel Foy ? » Je lui répondis : « Mon général, il est en congé, et s'occupe, je crois, de ses plaisirs. » Il me dit : « Non, il intrigue avec Moreau, et je viens de donner l'ordre de l'arrêter ; il le sera cette nuit même. »

J'avais une véritable amitié pour Foy; je connaissais son mécontentement, mais je savais qu'il ne pouvait lui inspirer rien de criminel. J'avais l'expérience de sa légèreté, de l'indiscrétion de ses propos; mais ceux qui se plaignent tout haut ne sont pas ceux qui conspirent. Une fois arrêté, sa carrière était perdue, et je résolus de le sauver. En sortant de chez le premier consul, j'allai le trouver : je lui annonçai ce dont il était menacé; je le fis cacher pendant quelques jours pour avoir le temps d'arranger son affaire; je me rendis garant de sa conduite à l'avenir, et, huit jours après, j'avais obtenu qu'il m'accompagnerait à l'armée.

Je n'avais pas renoncé à l'espérance de commander des troupes à la guerre; et, quelle que fût pour moi la séduction du service de l'artillerie, de la direction de ces grands travaux, pour laquelle j'ai un si vif attrait, la gloire du champ de bataille avait toujours, à mes yeux, la préférence, et on ne l'obtient qu'en commandant des soldats. Le service de l'artillerie, si important, mais toujours secondaire, est, pour les chefs, terne et sans éclat. Et cependant que de soucis, de tourments, d'angoisses, l'accompagnent, à cause des difficultés de son administration! Le premier consul connaissait mes vœux, me savait dévoré de ce feu sacré sans lequel on ne fait rien de grand; il crut reconnaître en moi les qualités nécessaires aux grands commandements, et il me proposa celui de l'armée de Hollande, destinée à prendre rang parmi les corps qui concourraient à l'expédition.

J'aurais bien désiré conserver cette place de premier inspecteur général, dont j'aurais repris les fonctions en temps de paix; mais il me dit qu'il fallait opter. Cette place me donnait une existence toute faite, un avenir élevé et assuré, à l'abri de tout accident... Je n'hésitai pas un moment, et j'acceptai le commandement qui m'était offert. C'était au mois de mars 1804 : je fus nommé général en chef du camp d'Utrecht, et je n'avais pas encore trente ans.

LIVRE SEPTIÈME

1804 — 1805

Sommaire. — Le général Victor en Hollande. — Le Directoire batave. — Inspection générale. — Établissement du camp. — Conditions locales. — Pichegru. — Érection de l'Empire. — Nomination des maréchaux. — Pourquoi est-il maréchal? — Retour au camp. — Facilités. — Choix de l'emplacement. — État sanitaire. — Instruction des troupes. — Grand concours d'étrangers. — Députation des magistrats d'Amsterdam. — Fêtes. — Marmontberg. — Conditions des mouvements d'armée. — Quartiers d'hiver. — Couronnement de l'Empereur. — Plus rien de grand à faire. — Joseph Bonaparte. — Le *vilain* titre de roi. — Affaire des marchandises anglaises. — Mauvais vouloir du Directoire hollandais. — Il est remplacé par le grand pensionnaire. — Visite des provinces. — État physique de la Hollande. — Les digues. — Leur conservation. — Leur forme. — Visite dans l'île de Valcheren et de Gorée. — Accidents des digues. — Inondations des fleuves. — Activité des habitants contre leurs ravages. — Remèdes indiqués. — Voyage dans la Nord-Hollande. — Retour au camp. — Sa levée. — Préparatifs d'embarquement. — Nouvelle du combat d'Ortégal. — L'armée débarque. — Elle est dirigée sur le Rhin.

Le commandement que je reçus était fort important et présentait quelques difficultés. En arrivant en Hollande, je trouvai tout dans un désordre et dans un état dont il est difficile de se faire une juste idée : les troupes abandonnées et dans le plus grand délabrement; les hôpitaux encombrés et renfermant plus de six mille malades.

Le général Victor commandait alors dans ce pays.

Chargé d'aller occuper la Louisiane, et au moment de partir, il était resté par suite de la cession de ce pays aux États-Unis d'Amérique. Il était de beaucoup mon ancien, et ne pouvait être placé sous mes ordres. On divisa le commandement, et on lui donna celui du territoire, tandis que je commandais les troupes d'expédition. Un mois après, il reçut une autre destination, et je restai chef unique. Mes troupes se composaient de six régiments d'infanterie française, bientôt réduits à cinq, de deux régiments de cavalerie française et de toute l'armée batave. Le total formait une force d'environ trente-cinq mille hommes, divisés en deux parties : la première, destinée à l'expédition, et nommée le camp d'Utrecht, consistait en treize bataillons et six escadrons français, douze bataillons et quatre escadrons bataves, et s'élevait à vingt-deux mille hommes; la seconde, destinée à la garde du territoire, formée des garnisons et des dépôts, était répartie dans les provinces, divisées en huit arrondissements, savoir : la Zélande, la Nord-Hollande, la Meuse, la Frise et Groningue, la Haye, Utrecht, la Gueldre, enfin le Brabant. Sa force était de treize mille hommes environ. La marine, aussi à mes ordres, se composait de neuf vaisseaux de ligne, d'un nombre proportionné de bâtiments légers, et devait être augmentée des bâtiments de transport nécessaires à l'embarquement de vingt-cinq mille hommes et de deux mille cinq cents chevaux.

J'avais affaire au Directoire batave, existant alors, et composé de gens d'une grande médiocrité, et à l'ambassadeur de France, M. de Sémonville. J'arrivais sous de bons auspices. On me supposait de la capacité et de la fermeté; mon zèle et mon désintéressement étaient connus, et je trouvai tout le monde empressé à m'obéir. Les dépositaires du pouvoir, sentant d'ailleurs que l'état des troupes m'autorisait à leur faire des reproches fondés, crurent, avec raison, obtenir le pardon de leurs torts en s'occupant activement à les réparer. Je n'avais pas autre chose en vue, et, ne demandant rien pour moi, nous fûmes bientôt d'accord.

Je commençai par faire l'inspection de mes garnisons. Je trouvai les troupes établies de la manière la plus misérable, dans les casernes les plus divisées et les moins saines. Je fis l'inspection dans chaque ville, chambre par chambre, accompagné des magistrats. Les occasions de reproches étant fréquentes, je ne ménageai pas, en présence des troupes, les expressions de mon mécontentement. Il en résulta chez elles une confiance et une satisfaction très-grandes; beaucoup d'humiliations et d'inquiétude parmi les magistrats. Je n'exagérai rien dans mes demandes; mais elles furent faites de façon à ne pas être refusées. Toutes les fois que je vis les troupes logées d'une manière malsaine, je les fis sortir de leurs casernes et loger chez l'habitant, jusqu'à ce que des quartiers convenables fussent préparés. Rien au monde n'est plus antipathique aux Hollandais que le logement militaire, et j'étais bien sûr de les voir redoubler d'efforts pour s'en garantir ou s'en délivrer. L'habillement, qui était en retard ou en mauvais état, fut remplacé et mis à neuf. On n'était pas dans l'usage de donner des capotes aux troupes, économie absurde et barbare : en un mois, toute l'armée en reçut. Enfin les vivres, qui, généralement, étaient médiocres, devinrent partout de première qualité. Ainsi toutes les parties du service reçurent une régénération complète.

La dispersion des troupes avait nui à leur instruction et à leur esprit militaire; je résolus de les réunir et de les faire camper. J'avais aussi un autre motif : je voulais, non-seulement veiller d'une manière immédiate à leur instruction et à leur bien-être, mais encore en être connu et m'exercer à les manier, enfin arriver à faire de ce tout un corps homogène, robuste, satisfait et dévoué. Je parvins à tous ces résultats de la manière la plus complète.

Il y avait eu, l'année précédente, des camps de

sûreté pour les côtes, et non des camps d'instruction; les effets en avaient été funestes, aucun discernement n'avait présidé au choix des localités. Les côtes étant menacées, on y avait placé les troupes; or tout le monde sait que la Zélande et les côtes de Hollande sont malsaines en été et en automne; quelques-unes mêmes sont pestilentielles; les occuper avant l'arrivée de l'ennemi est fort déraisonnable, car, lorsqu'il se présente, on n'a plus personne à lui opposer. Quand l'ennemi est là, il faut bien risquer de prendre la fièvre, comme de recevoir des boulets; mais alors on est à deux de jeu, car il est soumis aux mêmes conditions. La raison commande donc, en cas pareil, de prendre un camp parfaitement sain, une position centrale, et de tout préparer pour se rendre promptement sur le point attaqué, quand l'ennemi s'y présente.

A cette époque eut lieu la conspiration de Pichegru, dans laquelle fut englobé Moreau; assez d'autres ont parlé avec détail de cet événement, et je ne pourrais y porter aucune lumière; je dirai seulement que Bourrienne est tombé dans de grossières erreurs, dans ses Mémoires, au sujet de cette conspiration. En général, ces Mémoires sont d'une grande vérité et d'un puissant intérêt, tant qu'ils traitent de ce que l'auteur a vu et entendu; mais, quand l'auteur parle d'après les *autres*, son ouvrage n'est qu'un assemblage informe de suppositions gratuites, de faits mensongers établis dans des vues particulières.

Il y a de la folie à prétendre que cette conspiration a été provoquée par Fouché et n'a été que le résultat de ses intrigues. Un nommé Lajolais fut arrêté à Rouen, et amené devant le préfet, M. Beugnot. Lajolais était d'une nature faible, M. Beugnot comprit que la peur l'amènerait à faire des révélations; il en donna avis, et on le fit condamner à mort. Arrivé au lieu de l'exécution, Lajolais demanda à être entendu; ses dépositions donnèrent les premières lumières sur la conspiration ourdie; on fut bientôt sur la voie, et alors les découvertes arrivèrent en foule. Une erreur funeste cependant fut mêlée à ces événements : on crut à la présence du duc d'Enghien à Paris, en confondant Pichegru avec lui.

Le premier consul se servit habilement de cette conspiration pour hâter l'exécution de ses projets pour monter sur le trône; mais, certes, la conspiration était réelle, flagrante. Elle lui a fait courir les plus grands risques, et il n'y eut point de fantasmagorie dans cette circonstance. Si la conspiration eût réussi, elle n'aurait pas été au profit de ceux qui l'avaient ourdie : la confusion, le désordre, eussent été la suite immédiate de la mort de Bonaparte, qui, seul, par sa force et sa position, pouvait alors soulever la couronne et la mettre sur sa tête sans en être écrasé. Les Bourbons, moins que tous autres à cette époque, étaient capables d'en ceindre leurs fronts; leur nom n'avait rien de populaire, et bien des malheurs publics devaient précéder le moment où ils le deviendraient. Il fallait pour cela qu'un gouvernement, longtemps sage et éclairé, eût perdu tout son prestige et cessé d'inspirer la confiance.

L'érection de l'Empire fut vue avec plaisir par l'armée; le nouvel ordre de choses ne pouvait que lui devenir toujours plus favorable, et les troupes, surtout celles du camp de Boulogne, que le premier consul avait vues très-fréquemment, montrèrent la plus grande satisfaction. Tous les commandants de corps d'armée furent faits maréchaux d'Empire, moi seul excepté : j'en éprouvai un véritable chagrin. Il est toujours pénible d'être l'objet d'une exclusion; chacun juge sa position en la comparant à celle des autres, et il me sembla que j'étais humilié. Mon mécontentement n'était ni juste ni raisonnable : si j'avais occupé des postes importants, je n'avais cependant pas encore eu de commandement à la guerre qui me donnât des droits à cet avancement; et, si le choix de Bessières autorisait les prétentions de tout le monde, la faveur dont il était l'objet pouvait être expliquée par son emploi dans la garde. Et puis, en vérité, pour un homme qui se sentait quelque capacité, il valait mieux attendre, et entendre plutôt dire, comme cela m'est arrivé : *Pourquoi n'est-il pas maréchal?* que d'entendre répéter, comme on n'a cessé de le faire pour Bessières : *Pourquoi l'est-il?* Mes réflexions me calmèrent bientôt. Je me dis souvent que cette dernière dignité, le comble de la fortune d'un homme de guerre, doit rappeler une grande action, et devenir ainsi un monument élevé à sa gloire. Ce sont les occasions et le moyen d'y arriver dont un homme de cœur doit être jaloux; puisque j'avais le commandement d'un beau corps d'armée, destiné à faire partie de l'expédition, je ne devais rien désirer de plus, c'était à moi à faire le reste. Je fis ce raisonnement si souvent, que j'étais devenu presque insensible à l'idée d'être fait maréchal, et que, lorsque je fus élevé à cette dignité, je n'en éprouvai pas d'abord une grande joie; quelques jours plus tard seulement je sentis le prix de cet avancement, en reconnaissant la différence des manières des généraux envers moi.

Dans le courant de l'été, l'Empereur fut à Ostende. Il ne voulut pas venir en Hollande, ses vues sur ce pays ne pouvant encore être déclarées; mais j'allai le voir. Il me fit sur mon avenir et sur l'exception dont j'avais été l'objet les mêmes réflexions que mon esprit m'avait déjà suggérées, et me dit : « Si Bessières n'avait pas été nommé en cette circonstance, il n'en aurait jamais eu l'occasion; vous n'en êtes pas là, et vous serez bien plus grand quand votre élévation sera le prix de vos actions. » C'était un langage qui m'allait droit au cœur.

Je vais raconter une chose peut-être un peu niaise, mais qui cependant peint l'état de la société d'alors. L'Empire était établi depuis plusieurs mois; nous étions faits aux titres qu'il consacre : eh bien, l'Empereur, en causant avec moi de la Hollande et de ses destinées, me dit : « Il n'y a que deux choses à faire : ou la réunion à l'Empire, ou lui donner un prince français. » Cette expression nouvelle me frappa, et je fus un instant à me demander ce que c'était qu'un prince français. Il faut du temps pour qu'après un tel changement toutes les sensations se mettent en harmonie.

Je reviens à l'établissement de mon camp. Tout le monde y apporta la plus grande opposition : j'en éprouvai de la part de l'Empereur même, qui se rappelait les maladies de l'année précédente et ne s'était pas suffisamment rendu compte des causes qui les avaient produites; j'en éprouvai du gouvernement batave, qui prévoyait pour lui une occasion de dépenses; j'en éprouvai des généraux, des chefs de corps, qui regrettaient d'avance de quitter de bonnes villes. Je fus seul de mon avis; et, comme j'y trouvais de grands avantages, je m'occupai sans relâche de l'exécution. Je jetai les yeux sur les bruyères de Zeist, pays sec et sain, adossé à un territoire fertile et rempli de ressources. La province d'Utrecht, étant centrale, donne aux troupes la faculté de se rendre rapidement partout; enfin l'étendue des bruyères présente de grands terrains de manœuvre et facilite l'instruction. On m'objecta qu'il n'y avait pas d'eau, et je répondis que je trouverais de l'eau en abondance et de bonne qualité. Je fis faire un puits : l'eau fut analysée, et se trouva excellente. Je fis creuser immédiatement une trentaine de puits, de manière que chaque partie de l'armée eût un puits à portée : leur profondeur variait de trente à quarante-cinq pieds : tout cela fut exécuté en moins de quinze jours. Les effets de campement rendus sur place, les manutentions établies à Zeist et à Utrecht, quatorze bataillons français, huit bataillons bataves avec un équipage de soixante bouches à feu, vinrent s'y établir et former le plus beau camp du monde; douze escadrons furent cantonnés dans les environs. Enfin je vins m'établir de ma personne au centre de ce camp, dans une belle tente faite exprès pour moi par les soins du gouvernement batave, et chaque général reçut l'ordre de camper derrière sa division ou sa brigade.

A peine campés depuis quelques jours, d'épouvantables pluies survinrent. En trois jours, quatre cents hommes allèrent à l'hôpital, et une grande inquiétude s'empara de mon esprit. Quand on a été seul de son avis, il faut réussir; sans cela, on a doublement tort. Je m'étais mis au-dessus de toutes les représentations, et, dès lors, tout le monde était disposé à la critique et à la plainte : je sentais aussi quelles conséquences aurait pour moi une faute au début d'un grand commandement. Au bout de cinq jours, le nombre des malades n'augmenta plus; ceux qui étaient arrivés ainsi en foule aux hôpitaux étaient des hommes malingres, mal remis encore des maladies de l'année précédente : des établissements de convalescence, faits pour les hommes sortant des hôpitaux, où des soins particuliers leur étaient donnés, prévinrent les rechutes. Les résultats de cette vie nouvelle, de l'activité qui l'accompagna et du bon régime de l'armée, furent prodigieux : les mêmes troupes qui, au commencement de la campagne, avaient plus de cinq mille malades et beaucoup d'hommes faibles, ne comptaient plus, à la fin de cette campagne, que trois cents hommes aux hôpitaux, et pas un homme présent au corps qui ne fût fort et robuste. Tous ces corps ayant pendant longtemps été extrêmement négligés, il fallut reprendre leur instruction. On consacra un mois au détail; au bout de ce temps, deux jours par semaine furent constamment employés à l'école de bataillon, et trois jours de la semaine à faire manœuvrer une division. Le corps d'armée, formé en trois divisions, manœuvrait le dimanche, et tous les quinze jours il y avait grande manœuvre et exercice à feu : un polygone fut établi pour les troupes d'artillerie. La cavalerie, indépendamment des grandes manœuvres auxquelles elle prenait part, avait ses jours particuliers pour s'exercer. Ainsi tous les jours de la semaine étaient remplis, et les troupes en repos étaient occupées à voir manœuvrer les autres.

Les troupes arrivèrent très-promptement à un degré d'instruction dont il est impossible de se faire l'idée. Je ne l'ai jamais vu atteint au même point dans les troupes françaises; et les régiments qui l'ont reçue ont conservé toujours, même après nos longues guerres, des traces de leur séjour dans ce camp; leur excellent esprit et leur zèle à remplir leur devoir les ont constamment distingués. Jamais troupes ne furent mieux traitées et plus heureuses : on imagine bien qu'ainsi sous mes yeux toutes les fournitures furent d'excellente qualité; la salubrité du lieu, cette activité constante, si utile au soldat;

la bonne humeur, résultat habituel de la réunion d'un corps considérable; enfin le mouvement d'espérance, de gloire et d'avenir que j'avais imprimé chez tout le monde, avaient fait de ces soldats les hommes les plus contents, les mieux disposés et les plus disponibles. Chacun s'occupa à orner sa tente et son camp, et la plus grande émulation s'établit à cet égard entre les colonels et les généraux. La réputation des troupes et la beauté de leurs manœuvres attirèrent des étrangers curieux de les voir. On sait combien les Hollandais, si laborieux habituellement, mettent de prix à s'amuser le dimanche et à faire des parties de campagne; ils affluaient de toutes parts, et se dirigeaient sur le camp de Zeist, venant d'Amsterdam, de la Haye, de la Nord-Hollande, de la Gueldre, de la Frise, du Brabant ; les jours des grandes manœuvres à feu, j'ai vu jusqu'à quatre mille curieux, arrivés dans de beaux équipages, passer la journée entière dans notre camp. La nécessité de pourvoir à leurs besoins et l'industrie des cantiniers créèrent bientôt de véritables villages dans le voisinage, où ils trouvaient tout ce qui leur était nécessaire. Des comédiens s'établirent et bâtirent une salle de spectacle en planches avec des loges, pouvant contenir quinze cents spectateurs; j'obtins, moyennant quelques sacrifices, deux représentations par semaine pour les sous-officiers et soldats : ils y venaient en ordre, commandés ce jour-là comme pour une corvée, mais en bonne tenue, les sous-officiers en tête, chaque corps à son tour.

Un spectacle d'équitation vint aussi s'établir et donner ses représentations dans un cirque de bois : les soldats regrettaient de ne pouvoir en jouir, et je leur procurai ce plaisir. Je fis choix, dans les dunes qui étaient derrière le camp, d'un espace circulaire assez resserré, et je fis régler la pente des montagnes de sable qui l'entouraient; on y fit des gradins où tout mon corps d'armée put trouver place, et les exercices les plus complets et les plus beaux eurent lieu devant lui. Ce spectacle rappelait, par le nombre des assistants et la disposition du lieu, les spectacles des Romains. On juge du bonheur que ressentaient des soldats vivant constamment ainsi avec leurs chefs, et devenus l'objet de pareils soins.

Les magistrats d'Amsterdam, voyant l'importance que j'avais prise dans leur pays, m'envoyèrent une députation pour me demander de venir faire un voyage à Amsterdam avec ma femme, afin de lui montrer ce que cette ville avait de curieux. Je me rendis à cette invitation, et on nous donna pendant trois jours les fêtes les plus remarquables, où la galanterie était unie à la plus grande magnificence. La population entière de la ville et des environs s'y associa. Un grand bal à l'hôtel de ville, la visite du port et de l'arsenal, une navigation avec une flotte nombreuse et pavoisée pour se rendre à Saardam et visiter ce lieu célèbre, une course à Bruk; enfin les attentions les plus délicates transformèrent, pour un moment, ces graves négociants en aimables et empressés courtisans, et le plus beau temps du monde contribua à rendre ces fêtes comparables à ce que j'ai vu de plus beau dans le cours de ma vie.

J'engageai les magistrats d'Amsterdam à venir voir le camp et les manœuvres, et ils s'y rendirent avec empressement : une fête militaire fort belle leur fut donnée, mais un temps horrible la contraria; comme la vanité est dans la nature de ces bons bourgeois hollandais, et quoique en réalité la peine eût dépassé de beaucoup le plaisir, ils en furent tous dans le plus grand enchantement. Ils me demandèrent comme une grâce de choisir Amsterdam pour établir mon quartier général pendant l'hiver, et m'assurèrent qu'ils feraient tous leurs efforts pour m'en rendre le séjour agréable. Je le leur promis, et ils tinrent parole; il est incroyable quels soins ils employèrent et quelles dépenses ils firent pour me bien traiter pendant cinq mois que je demeurai chez eux.

La saison avançait, mais il restait encore plus d'un mois de beau temps. Nous étions si heureux dans le camp, que je ne voulais pas en abréger la durée, bien que les troupes eussent atteint le plus haut degré d'instruction. La fatigue des manœuvres, quand l'instruction est complète, ne m'a jamais paru utile; cependant je ne voulais pas renoncer à une activité qui devait conserver aux soldats leurs forces, leur santé et leur vigueur.

J'eus l'idée de faire construire un monument durable qui rappelât aux siècles futurs notre séjour dans cette plaine, le but de notre station, et qui perpétuât le souvenir des victoires dont la France et son chef avaient déjà illustré les armes françaises. Mais de quelle nature devait être ce monument? voilà quel fut l'objet de la discussion.

Un monument élevé par une armée doit avoir un caractère particulier qui indique son origine : et d'abord il doit être le résultat de l'effort simultané d'un grand nombre d'individus; il faut qu'une armée seule ait pu l'exécuter; ensuite il doit n'avoir rien coûté à ses auteurs : en général, les gens de guerre sont pauvres; quand on leur parle d'argent, ce doit être pour leur en donner; leur en demander est un contre-sens : telle est ma doctrine. Des travaux, des efforts, des dangers, sont la monnaie dont les gens de guerre disposent, et qui compose leur richesse. Le monument doit donc être remarquable par sa masse, et non par des objets d'art. Enfin il doit élever l'âme et la porter à des idées d'avenir et de postérité. Pour cela, je pensai qu'il fallait y renfermer les noms de tous les officiers et soldats du corps d'armée qui auraient concouru à sa construction.

L'application de ces principes se trouva naturellement dans la construction d'une pyramide en terre, revêtue en gazon, et ayant des angles de quarante-cinq degrés.

Cette construction, tout à la fois la plus simple et la plus durable, est à l'abri des ravages du temps; il faudrait mettre les passions des hommes en jeu pour la détruire. Elle est appropriée aux localités : dans un pays de plaines aussi rases que la Hollande, une pyramide d'aussi grande dimension devait paraître une véritable montagne.

Après avoir calculé le temps à y consacrer, le nombre de bras qui devaient y concourir, et les moyens de toute espèce à notre portée, je trouvai, en la faisant aussi grande que possible, mais avec la certitude de pouvoir l'achever, qu'elle devait être carrée, de cent cinquante pieds de côté, et de soixante-quinze pieds de hauteur. Je fis circuler ce projet dans l'armée, et il reçut l'approbation générale. Alors je donnai l'ordre de son exécution, et j'en réglai les détails. Chaque général, chaque officier supérieur, et moi le premier, nous étions munis d'outils et nous travaillions comme le dernier soldat : ces travaux durèrent vingt-sept jours, et ce furent vingt-sept jours de fête. Je voulus consacrer ce monument par la première cérémonie de la distribution des décorations de la Légion d'honneur, et ce fut sur l'emplacement même où elle devait être construite que cette distribution eut lieu. Les troupes, formées en colonnes par division et par brigade, les têtes de colonnes rapprochées et dans trois directions différentes, formaient un fer à cheval. Après la distribution, et en présence des troupes, le tracé fut exécuté, et le lendemain on était à la besogne. On conserva, jusqu'à la moitié de la construction, un puits au milieu; et, lorsque l'on fut arrivé à ce terme, les troupes furent formées de nouveau comme le jour de la distribution des décorations. On lut devant elles un exposé historique écrit sur parchemin; on y joignit les contrôles nominatifs de chaque régiment, écrits également sur parchemin; on mit le tout avec des monnaies dans une boîte de plomb, scellée et soudée, et l'on descendit solennellement cette boîte dans le puits, qui fut comblé immédiatement. On continua les travaux avec plus de satisfaction et d'activité que jamais. Les idées de postérité, si frivoles aux yeux de tant de gens, ne sont pas au-dessus de la portée de nos soldats ; j'en entendis plus d'un alors dire et répéter : « Mon nom est là, et un jour on parlera de moi. » Les grandes idées de l'avenir et d'immortalité, dont l'action était si puissante chez les anciens, ne seraient pas sans effet chez les modernes, et surtout chez les Français : on n'en fait pas assez souvent usage.

J'avais le désir de fonder un village à côté de la pyramide. Pour y parvenir je fis bâtir trois maisons rurales pour trois soldats du camp mariés avec des filles du pays. Je donnai à ces soldats des terres, des instruments aratoires et des pensions. D'autres terres furent achetées pour être distribuées à tous ceux qui voudraient s'établir dans ce lieu et bâtir à côté de ces trois maisons. Cet établissement, mis sous la tutelle des magistrats de la ville d'Amsterdam, a paru d'abord devoir prospérer; mais les événements de la Restauration l'ont ensuite détruit. Il ne reste de tout cela que la pyramide dont la durée sera éternelle, et que les habitants ont appelée de mon nom : elle est connue aujourd'hui dans le pays sous celui de *Marmontberg*.

J'eus à cette époque une grande satisfaction, une des plus vives de toute ma vie : je reçus dans ce camp même la visite de mon père. Je l'aimais beaucoup, et j'en étais adoré. Mon père avait fait la guerre, il y avait cinquante-sept ans, presque sur ce même théâtre, en Belgique et au siége de Berg-op-Zoom. Ce voyage lui donnait des souvenirs de jeunesse et de gloire, et semblait créer pour lui une nouvelle vie. Après avoir placé depuis longtemps toute son existence et son avenir dans les succès de son fils, il trouvait celui-ci brillant de jeunesse et d'espérance, à la tête d'une armée superbe dont il était aimé. Établi au camp, dans ma tente, reçu et traité avec égard et respect par tous les officiers, mon père passa quinze jours près de moi, et ce furent quinze jours d'un bonheur sans mélange. Il a, je crois, éprouvé dans cette circonstance les plus douces jouissances qu'un vieillard de son âge et de sa position puisse ressentir. Il me semblait en ce moment m'acquitter en partie des dettes que j'avais contractées envers lui pendant le cours de ma jeunesse. — Un an après, il n'était plus, et j'avais jeté ainsi quelques fleurs sur sa tombe.

La saison étant devenue très-rigoureuse, les troupes quittèrent le camp de Zeist et se rendirent dans leurs quartiers, à Utrecht, à Harlem, à Amsterdam, Rotterdam, Arnhem, Nimègue et Deventer. Arrivant dans leurs garnisons, elles n'étaient occupées que de leur retour au camp au printemps suivant, tant ce séjour les avait rendues heureuses; et cette disposition d'esprit était partagée par les officiers, et même par les généraux.

Le quartier général resta à Utrecht, mais je m'établis de ma personne à Amsterdam. Je me rendis d'abord d'Utrecht à Paris pour assister au couronnement de Napoléon, après avoir visité les troupes dans leurs quartiers et m'être assuré par moi-même que, pendant l'hiver, rien ne manquerait à leur bien-être. Un mois de séjour à Paris me rendit témoin de ce grand et magnifique spectacle d'un héros montant sur le trône aux acclamations d'un grand peuple; d'un pays dont l'organisation se complétait et se mettait en harmonie avec ses besoins et les mœurs de l'Europe, et dont la prospérité, se développant chaque jour davantage, promettait d'arriver aux limites du possible. Au moment où l'Empire fut proclamé, peut-être cette forme de gouvernement n'était-elle pas populaire; mais un temps très-court suffit pour y habituer les esprits; et, quoique cet Empire, venu brusquement, eût été précédé de circonstances tristes et sinistres, dès l'époque dont je parle, et déjà à la fin de cette année, il existait dans tous les esprits une sincère admiration pour le génie qui avait préparé et amené un ordre de choses destiné à prévenir le retour de révolutions, dont le souvenir si récent effrayait encore. Cet ordre de choses mettait d'accord les idées nouvelles, les intérêts nouveaux, et les droits de la raison avec les principes que le temps, les souvenirs et les habitudes de l'Europe ont consacrés; enfin l'arrivée du pape pour sacrer Napoléon donnait à cette époque une gravité et une grandeur auxquelles on n'était pas accoutumé. Le plus grand nom du moyen âge se présentait naturellement à tous les esprits et prêtait aux comparaisons.

Le 2 décembre eut lieu le couronnement. Rien de plus majestueux, rien de plus imposant : cette réunion des grands corps de l'État, cette assemblée de tout ce que la France possédait d'illustre et de puissant, cette élite de la nation, composée de toutes les capacités, de toutes les gloires, à la tête de laquelle se trouvait l'homme le plus marquant des temps modernes, présentaient le spectacle le plus auguste qui fût jamais. Rien ne manquait à la cérémonie : j'en ai vu depuis deux autres du même genre; elles étaient belles; mais, dans celles-ci, la gloire des armes, le triomphe de la civilisation et l'intérêt de l'humanité en faisaient à la fois l'éclat et l'ornement. J'assistai à cette solennité parmi les officiers généraux ; je n'avais aucune place distincte. Mes camarades commandant les corps d'armée étaient maréchaux et portaient les honneurs; mon successeur dans l'artillerie était grand officier de l'Empire. Je n'étais rien de tout cela. J'aurais pu siéger parmi les conseillers d'État; mais un habit civil me déplaisait dans la circonstance, et je préférai me placer parmi mes camarades officiers généraux.

L'Empereur me dédommagea peu après, en me nommant colonel général des chasseurs : Eugène, étant élevé à la dignité de prince français, cette place devint vacante, et je reçus ainsi le titre et le rang de grand officier de l'Empire.

Cette grande circonstance du couronnement, cette solennité si imposante à l'occasion de l'érection d'un trône, devait faire une impression profonde sur Napoléon. Il semblait que son âme ardente dût éprouver sa plus grande expansion, être enfin dans la plénitude de ses jouissances. Eh bien, il en était autrement. Son ambition était si vaste, que déjà il trouvait la terre trop petite pour lui; ce sentiment, manifesté à cette occasion, n'a jamais cessé d'agir sur son esprit avec une nouvelle force et au point de finir par lui inspirer quelque croyance à une origine céleste.

Le lendemain de son couronnement, il dit à Decrès, ministre de la marine, en causant familièrement avec lui (et celui-ci me l'a répété peu après), ces paroles : « Je suis venu trop tard; les hommes sont trop éclairés : il n'y a plus rien à faire de grand! — Comment, Sire! votre destinée me semble avoir assez d'éclat : quoi de plus grand que d'occuper le premier trône du monde, quand on est parti du rang de simple officier d'artillerie? — Oui, répondit-il, ma carrière est belle, j'en conviens, j'ai fait un beau chemin; mais quelle différence avec l'antiquité! Voyez Alexandre : après avoir conquis l'Asie et s'être annoncé aux peuples comme fils de Jupiter, à l'exception d'Olympias, qui savait à quoi s'en tenir, à l'exception d'Aristote et de quelques pédants d'Athènes, tout l'Orient le crut. Eh bien, moi, si je me déclarais aujourd'hui fils du Père éternel et que j'annonçasse que je vais lui rendre grâce à ce titre, il n'y a pas de poissarde qui ne me sifflât sur mon passage : les peuples sont trop éclairés aujourd'hui, il n'y a plus rien de grand à faire. » Tout commentaire est superflu après un semblable récit.

Je m'étais fort lié, pendant le Consulat, avec Joseph Bonaparte : homme de mœurs douces, d'un esprit aimable et cultivé, sensible aux charmes de la littérature et des beaux-arts, il était fait pour l'amitié et peu propre aux grandes affaires. Avec beaucoup de simplicité, il eut dans le cours de sa vie d'étranges illusions dont son esprit aurait dû le garantir. Mais il en est de l'ordre moral comme de l'ordre physique : la tête tourne à une certaine élévation; on ne voit rien que d'une manière confuse, incertaine, et on porte souvent des jugements faux et quelquefois absurdes. Je n'en suis pas arrivé là pour Joseph : j'aurai plus tard l'occasion de le peindre sous cet aspect; je veux seulement ici citer de lui une étrange niaiserie propre à peindre l'époque.

Joseph me parlait souvent de ses affaires personnelles et de ses discussions avec son frère, avec lequel il avait été le plus tendrement lié jusqu'au moment de sa grandeur. L'érection du trône impérial rendait naturel et indispensable de changer la République italienne en royaume. Mais il s'élevait la question de savoir à qui appartiendrait cette couronne, si elle serait mise sur la tête de Napoléon ou sur celle d'un de ses frères. L'Autriche aurait désiré la voir séparée de celle de France, et le choix de Joseph lui convenait. Napoléon y consentait, mais il y mettait une condition propre à faire suspecter sa sincérité. Il voulait, à cette occasion, exiger de Joseph de renoncer à ses droits au trône impérial, lui qui venait, peu de mois auparavant, de faire accepter par la nation l'ordre de succession qui mettait Joseph en première ligne à défaut d'enfants légitimes, et lorsque le bruit de cette publication retentissait, pour ainsi dire, encore aux oreilles.

Il est arrivé souvent à Napoléon, dans le cours de sa vie, d'altérer très-promptement son propre ouvrage et de le modifier de manière à en compromettre la durée; il avait dans le caractère quelque chose de vague et d'indéterminé qui l'empêchait de rien finir. Personne, plus que lui, n'a été grand dans ses dons, et cependant souvent, au moment où il venait de donner, il éprouvait le désir de reprendre. C'est le cas de le remarquer ici ; cependant il est possible qu'il voulût seulement, dans cette circonstance, se faire refuser et avoir un prétexte de garder pour lui ce qu'il ne voulait pas donner à d'autres.

Joseph me parla de son embarras et de l'étrange condition imposée par l'Empereur, de son incertitude, et il me demanda mon avis. Je le lui donnai en conscience ; et, en cela, très-probablement, je servis le projet de l'Empereur. Je lui dis qu'il devait, sans hésiter, refuser la couronne d'Italie, pour ne pas renoncer à ses droits à la couronne de France. Si, comme tout le faisait présumer, l'Empereur n'avait pas d'enfants, il était notre avenir et notre sécurité : aucun de ses frères ne pouvait lui être comparé, ni en capacité ni en réputation. La succession politique, dans une nouvelle dynastie, offre d'assez grandes difficultés ; il ne faut pas l'embarrasser par des renonciations et des actes de nature à faire mettre le droit en question. Roi d'Italie, son existence serait plus que précaire si l'ordre politique était bouleversé en France, et il n'y avait de sûreté pour lui et pour nous que d'y rester pour servir l'Empereur, servir la France, se placer avantageusement dans l'opinion, et faire valoir ses droits si les circonstances l'appelaient à les réclamer. Il était vivement blessé de cette exclusion, que rien ne semblait motiver; il accusait l'affection de l'Empereur pour lui, et, dans ses griefs, il dit ces propres paroles, dont la singularité m'a assez frappé pour être restées gravées dans ma mémoire : « A tous ses mauvais procédés, dit-il, il veut ajouter celui de me faire prendre le vilain titre de roi, si odieux aux Français. » Je ne pus m'empêcher, à cette exclamation, de lui rire au nez. Certes, la réflexion de Joseph semble indiquer peu de portée d'esprit, et cependant il en a beaucoup; mais ce mot ne démontre-t-il pas aussi combien la Révolution était encore voisine, et à quel point l'atmosphère était remplie des idées qu'elle avait développées, puisque c'est à celui auquel on offrait une couronne qu'une pareille pensée est arrivée? Il fut conséquent avec ses idées, il refusa pour le moment le *vilain* titre de roi, et l'Empereur, moins scrupuleux et moins timide, le prit pour lui.

J'avais reçu, dès l'année précédente, les ordres les plus rigoureux contre le commerce de la Hollande avec l'Angleterre; je les exécutai avec douceur et les fis publier, afin de mettre les négociants en mesure de s'y conformer. Ce fut d'abord aux marchandises fabriquées en Angleterre que l'Empereur déclara la guerre, les marchandises coloniales trouvant grâce devant lui. L'Empereur en vint à m'ordonner de faire prendre toutes les marchandises de fabrique anglaise existant en Hollande, de les faire vendre, et d'en employer le produit au profit de l'armée. Dans son langage, c'était m'autoriser à en donner une partie en gratifications et à en prendre les trois quarts pour moi : il y en avait pour plus de douze millions. Je me refusai à exécuter cette mesure odieuse, d'une injustice révoltante. Ces marchandises étaient devenues propriétés hollandaises; c'eût donc été un pillage exercé chez nos amis, chez nos alliés. Le nom français en eût été entaché d'une manière éternelle, car les populations qui tiennent le plus à leur argent sont souvent plus sensibles encore au mode employé pour le leur arracher. Il y avait dans celui-ci une injustice capricieuse, une violence méprisante, dont les Hollandais auraient été plus irrités que de la perte éprouvée. Mais, comme la politique de l'Empereur voulait frapper l'industrie anglaise, je pensai atteindre son but, en mettant obstacle au commerce au moyen de mesures de rigueur pour l'avenir : tout alors était juste et conforme à mes devoirs. Je fis donc publier la défense de recevoir des marchandises de fabrique anglaise, en annonçant la confiscation de celles qui arriveraient. J'établis une grande surveillance dans tous les ports. Quelques bâtiments, malgré la défense, s'étant présentés, furent saisis et vendus, et le commerce prohibé cessa complétement. Le produit de la confiscation fut distribué à l'armée, et les soldats, dont les masses furent ainsi augmentées, devinrent riches pour plusieurs campagnes.

Ces mesures, malgré les adoucissements, blessaient profondément le gouvernement hollandais; et cependant, chose remarquable! les négociants se résignèrent. La ville d'Amsterdam se conforma aux dispositions prescrites, et le commerce, frappé dans son intérêt, sembla reconnaître qu'il était redevable d'une diminution de souffrances à l'agent de la sévérité de l'Empereur; car, au milieu de toutes ces tribulations, il me donna fréquemment des témoignages d'estime et de confiance. Le Directoire, au contraire, semblait m'attribuer tout le mal. J'étais peu soutenu par l'ambassadeur de France. Aussi ce gouvernement faible et caduc fut-il plus d'une fois tenté d'établir une lutte avec moi; mais il n'osa jamais le faire en ma présence et se contenta de se répandre en plaintes. Une fois qu'il me vit éloigné du pays, il s'abandonna à l'exécution du projet médité depuis longtemps, et prit un arrêté pour défendre aux troupes bataves de m'obéir dans tout ce qui tenait à l'exécution des ordres relatifs à la surveillance du commerce. L'anarchie était établie du moment où les officiers bataves étaient appelés à juger les cas où ils devaient refuser l'obéissance.

Cette mesure, dont la connaissance me fut apportée par un courrier extraordinaire que m'expédia le général Vignolle, mon chef d'état-major, me blessa vivement. J'en rendis compte à l'Empereur, et je fus autorisé à exiger la plus ample réparation. Elle consista dans le rapport de l'arrêté et dans la démission de quatre des cinq membres du gouvernement qui avaient signé la résolution. Cette désorganisation du pouvoir amena naturellement l'exécution des changements politiques projetés, et dont l'objet était de rapprocher du principe de l'unité le gouvernement des pays alliés. Le Directoire dut être remplacé par un magistrat unique, avec le titre de grand pensionnaire. Le choix tomba sur M. Schimmelpenning, depuis plusieurs années ambassadeur à Paris, autrefois avocat célèbre. C'était un homme d'un esprit étendu, éloquent, plein de vertu et de candeur, mais peut-être un peu crédule pour le temps et les circonstances où il a vécu. Il eut le tort de ne pas reconnaître, dans le changement auquel il attachait son nom, un établissement transitoire, dont le but était de se servir de lui comme d'un instrument pour arriver à un établissement définitif, destiné, dès cette époque, à un des frères de l'Empereur. Au surplus, les Hollandais ne s'y méprirent pas. L'administration de Schimmelpenning, quoique douce et paternelle, eut toujours, aux yeux des gens du pays, le sceau de la réprobation.

Ces changements furent exécutés peu après mon retour. Schimmelpenning trouva le pays dans un grand état de souffrance, et il était au-dessus de ses forces d'y remédier. Il aurait fallu réduire les dépenses et rouvrir les canaux uniques de la reproduction dans ce pays, le commerce et la navigation. L'un et l'autre étaient empêchés par la guerre et par nos dispositions prohibitives. Le mal était au cœur et semblait sans remède. Indépendamment des impôts ordinaires très-pesants, on faisait chaque année un appel aux capitaux pour combler le déficit. A l'époque où j'ai quitté la Hollande, on avait déjà imposé quarante-quatre pour cent des capitaux; et, chose admirable et tenant du prodige! c'était d'après la déclaration des négociants que leur quote-part de l'impôt était fixée. On déclarait, sous serment, sa fortune; et la foi du serment est telle, que, à l'exception d'un très-petit nombre d'hommes tarés et connus, jamais les déclarations n'ont été fausses. Cette bonne foi, cette loyauté, base du commerce et du crédit, est la première vertu des Hollandais. Elle s'exprime même quelquefois avec une candeur ridicule. Un jour, un M. Serrurier, magistrat distingué d'Amsterdam, me disait, après avoir raconté d'une manière lamentable les malheurs de son pays : « Et, pour combler nos maux et nous en laisser le souvenir, après avoir demandé l'argent, on est six mois à venir le chercher. Cet argent, tout préparé et disposé pour être remis, nous rappelle chaque jour, par sa présence, les malheurs publics, et, ainsi sans emploi, il ne produit rien. »

Je retournai promptement à Amsterdam, où j'achevai mon hiver. On exécuta le changement de gouvernement dont j'ai parlé plus haut, et Schimmelpenning fut revêtu du pouvoir. J'avais, pendant l'année précédente, fait quelques inspections sur les côtes de la République batave; je résolus, cette année, de visiter les provinces dans le plus grand détail, et de voir par moi-même tous les éléments de défense que ce pays comporte dans les différentes hypothèses où il peut être placé.

Je fis faire un beau travail qui déterminait toutes les inondations possibles, prévues, ou faciles et sans inconvénient, avec l'indication du moyen de les assurer. Ces quatre questions résolues donnent la solution de tout le problème. Je visitai donc d'une manière complète tout ce pays, si curieux, résultat de la persévérance de l'homme et de ses soins de tous les moments pour l'enlever à l'élément le plus redoutable et le plus menaçant. Il est impossible, en parcourant la Zélande et la Nord-Hollande, de ne pas éprouver un sentiment d'orgueil en voyant cette création, et de ne pas reconnaître en même temps qu'avec les divers degrés de capacité dont nous sommes doués nous ne sommes, pour ainsi dire, que le reflet des objets qui nous environnent. De nos facultés, modifiées à l'infini par les circonstances et par les besoins que nous impose la nature, découlent les mœurs nécessaires au maintien de la société; et, si des soins de tous les moments ont créé ce pays, il cesserait bientôt d'exister si des soins de même nature lui étaient refusés pour le conserver. De là l'ordre, la méthode, l'exactitude des Hollandais; de là leur esprit d'économie, de conservation et de réparation, qui s'étend à tout. Un paysan français parcourt une route : il voit un arbre nouvellement planté qu'un accident a déraciné à moitié, il achève de le détruire; un Hollandais arrête sa voiture, le replante et lui donne un appui, quoiqu'il ne lui appartienne pas.

Les digues sont la sûreté du pays, et elles n'atteindraient pas ce but si chaque jour on ne les réparait. Ce fait seul suffit pour fixer les règles de l'administration. Dans un pays pareil, les pouvoirs administratifs doivent être très-près de leurs administrés, car il faut qu'ils puissent, à l'instant même, pourvoir aux besoins. De petites divisions très-multipliées, ayant à leur tête des chefs investis d'une puissance convenable, sont donc nécessaires. Mettez à la place notre système de centralisation, et vous verrez ce qu'il deviendra.

Ainsi les mœurs et le mode d'administration de la Hollande sont les conséquences de son état physique. Le mode d'administration produit l'habitude d'une certaine indépendance; la possibilité de se défendre au moyen d'inondations faciles à créer donne une certaine confiance en ses forces, et par conséquent de la fierté. L'esprit de localité fait naître le désir d'embellir le lieu qu'on habite, et en même temps la rigueur d'un climat destructeur force à prendre un soin constant des habitations, à les peindre sans cesse, et accoutume à les orner. Enfin le voisinage de la mer, à l'embouchure de grands fleuves, donne la faculté et le goût du commerce et de la navigation.

Si l'on veut réfléchir aux indications précédentes, et qui mériteraient un plus grand développement, on se convaincra que la nature et les circonstances physiques de la Hollande ont fait le caractère, les mœurs et la législation de ce pays. L'étude de ces rapports est du plus grand intérêt, et il est curieux d'en établir les circonstances, et, pour ainsi dire, les lois.

Je fis mon voyage dans cet esprit; je trouvai également difficile de connaître et la constitution matérielle du pays d'une part, et le caractère des habitants de l'autre. Rien cependant de plus digne des méditations d'un esprit observateur.

La conservation des digues est un objet très-remarquable, et présente un phénomène singulier. Le moyen de résister à la puissance de la mer semblerait devoir consister à lui opposer de grands obstacles; complète erreur! Il en est de la résistance à l'action physique comme de la résistance à l'action morale : ce sont les petites résistances multipliées, et leur durée, qui parviennent à détruire l'effet des plus grandes forces.

Lors des travaux du port de Boulogne, on avait résolu de construire un fort aussi avancé que possible dans la mer pour protéger et défendre le mouillage. On choisit pour emplacement un rocher, laissé à découvert par la basse mer, et couvert de quinze à vingt pieds à la marée. Le fort devait être circulaire, et construit en pierres de taille énormes, de dix ou douze pieds cubes chacune. On travaillait avec une prodigieuse activité et de grands moyens. Souvent dans l'intervalle de deux marées on parvenait à poser une assise entière. La saison mauvaise et les coups de vent fréquents contrariaient les travaux. Lorsque la mer était grosse, elle détruisait une grande partie de ce qui avait été fait pendant la basse mer précédente, et dix, douze et quinze pierres étaient renversées. On imagina, pour présenter plus de résistance à la mer, de sceller les pierres d'une même assise et de les lier entre elles par des crampons en fer, soudés au moment même où ils étaient placés; le résultat fut qu'à chaque coup de mer l'ouvrage entier était détruit, et toute l'assise renversée, au lieu de l'être partiellement. On en revint alors à la première méthode : une portion des travaux était détruite; mais, comme l'autre restait intacte, et qu'il y avait toujours plus de construction que de destruction, à force de temps et de patience, on s'éleva au-dessus des plus hautes eaux, et alors le travail fut bientôt complet. Chose singulière et digne de remarque, les pierres renversées n'étaient pas jetées dans l'intérieur de l'ouvrage, et poussées dans la direction de la force de la mer; elles tombaient au pied de la tour, et cédaient à l'action du retour de la vague.

En Hollande, les digues de mer sont construites avec une grande inclinaison, de manière que l'eau s'élève sans éprouver de résistance vive, et sans qu'il y ait de choc rude; elles sont garnies de brins de paille se touchant comme les crins d'une brosse : l'eau pénètre partout, mais partout est légèrement retenue, et cette résistance si faible en apparence, mais si multipliée, détruit toute sa violence et sa force.

Au surplus, l'effet de ce moyen est tellement certain, que, avec le soin des Hollandais, il n'y a pas d'exemple de digue de mer renversée directement par l'effort des vagues. J'expliquerai comment cependant il arrive que ces digues sont quelquefois détruites.

Je visitai l'île de Walcheren et la Zélande, et cette ville de Middelbourg, berceau de la liberté batave, et qui joua un si grand rôle dans la révolution de Hollande : rien de plus frais, de plus délicieux que ces campagnes et ces îles, mais rien d'aussi malsain.

On entreprenait alors les travaux nécessaires pour faire de Flessingue une bonne place; la faiblesse du général Monet les a rendus plus tard inutiles. Flessingue, comprise dans le système adopté d'un grand établissement maritime à Anvers, en était le complément. C'est en rade de Flessingue seulement que l'armement des vaisseaux de ligne pouvait être achevé. L'Escaut, à cette époque, paraissait appelé à jouer un jour le plus grand rôle dans les destinées de l'Europe et du monde : le développement des projets conçus pour ce fleuve et pour Anvers, et déjà exécutés lors de notre grande catastrophe en 1814, est une des choses les plus remarquables de ce temps de grandeur, aujourd'hui seulement un songe.

De Valcheren je passai dans l'île de Gorée, où, peu de temps auparavant, avait eu lieu un de ces accidents rares, mais effrayants, la destruction subite d'une portion de digue de mer, événement étonnant par sa promptitude et ses effets, quoique sans danger pour le pays, parce que, embrassant toujours peu d'étendue, il est tout à fait local : les digues intérieures, dont la construction a précédé celles qui sont sur le bord de la mer, étant constamment conservées, font la sûreté de l'intérieur quand il arrive aux premières d'être englouties dans les eaux.

Lorsque la mer est extrêmement basse et très-calme, une portion de digue s'enfonce quelquefois et disparaît dans un gouffre formé à l'instant même dans le terrain sur lequel elle a été construite : un morceau de digue, de la longueur de quatre-vingts toises environ, avait ainsi, depuis peu, disparu dans l'île de Gorée. Voici l'explication de ce phénomène : des bancs de tourbe, répandus dans tout le pays, se trouvent à diverses profondeurs; quand la mer est extrêmement basse, les eaux qui ont pénétré dans ces bancs de tourbe, venant à se retirer, cessent d'en remplir les interstices et d'en soutenir les parois : ces bancs s'affaissent alors, et les constructions qu'ils soutiennent s'engloutissent et disparaissent. Les seuls phénomènes qui précèdent ces catastrophes sont toujours un grand calme et une baisse des eaux hors de coutume. Avec les soins constants des Hollandais, c'est là le seul danger que la mer fasse courir au pays.

Les fleuves, au contraire, menacent constamment la Hollande : ils doivent un jour la faire périr. Le péril de chaque année se montre au grand jour à chaque débâcle, et présente le spectacle le plus imposant et le plus effrayant. Cet immense amas d'eau que le Rhin et la Meuse conduisent en Hollande traverse des pays très-fertiles. Les riverains ont inconsidérément voulu conserver à la culture le plus de terrain possible : de là la construction de ces digues faites avec tant d'imprudence, resserrant sans mesure ces fleuves dans leur cours, et leur donnant un lit trop étroit.

De cet état de choses il résulte deux inconvénients. Au moment des grandes crues, des débâcles, etc., les eaux, ayant une surface médiocre pour s'étendre, s'élèvent beaucoup plus qu'elles ne le feraient si l'espace était plus grand : si elles s'élevaient sur une largeur double, l'augmentation de hauteur, toutes choses égales, ne serait que de moitié ; ensuite, le dépôt amené par les eaux et laissé sur leur passage, se faisant sur un petit espace, élève le fond du fleuve davantage, c'est-à-dire en raison inverse de la largeur de son lit : ainsi le péril augmente chaque année.

Les digues des fleuves ont, dans beaucoup de points, une telle élévation, qu'il est difficile d'y ajouter; et cependant leur élévation doit nécessairement suivre celle du lit des fleuves, qui va toujours croissant. Il est incontestable que, sans un remède puissant appliqué d'avance, il y a un terme où l'équilibre n'existera plus. La catastrophe dont ce pays est menacé est précisément la même que celle que redoute tout le pays traversé par le Pô dans son cours inférieur : pendant vingt-cinq lieues de cours, dans la Polésine de Rovigo et le pays de Ferrare, etc., le fond du lit du fleuve est de dix à douze pieds plus élevé que la campagne à quinze lieues à la ronde. Aussi voyez quel spectacle présente la population en Italie après les grandes pluies, en Hollande au moment du dégel! Les eaux s'élèvent, elles menacent de passer par-dessus les digues ; la population qui est à portée accourt tout entière et sacrifie tout au salut du moment. Quand les eaux sont arrivées à deux ou trois pouces au-dessous de la crête de la digue, tout le monde est à la besogne pour donner momentanément à la digue une hauteur plus grande; car, si l'eau déborde et tombe au delà avec la force qui résulte de la chute, c'en est fait de la digue et du pays. J'ai vu les habitants, pénétrés de terreur, apporter à cette défense contre les eaux les meubles de leurs maisons, des tables, des matelas, et tout ce qui pouvait faciliter des travaux d'exhaussement.

La faute commise dans des temps éloignés est d'avoir trop resserré les fleuves dans leurs digues de défense, et de n'avoir pas adopté un système de doubles digues, qui, en conservant à la culture tout le pays possible, le garantisse cependant des ravages des grandes eaux.

Le danger d'être englouti par les eaux ne menace que dans l'arrière-saison. A cette époque, il n'y a ni culture à protéger ni récolte à conserver; on devrait donc mettre les digues, que j'appellerai digues de défense, à une si grande distance, que les eaux ne pussent jamais s'élever de manière à menacer le pays, et que les alluvions, se déposant sur une grande surface, ne pussent jamais élever le sol d'une manière sensible. Cela fait, le pays est en sûreté. Mais, pour donner à la culture le plus de terres possible, et pour conserver les récoltes, on doit faire d'autres digues très-près du fleuve; celles-ci remplissent leur but en été et au commencement de l'automne. Plus tard elles sont franchies par les eaux, alors contenues seulement par les grandes digues, ou digues de défense. Ce qu'on a négligé autrefois, il faut le faire aujourd'hui, si on veut fonder la sécurité de l'avenir et prévenir la destruction inévitable de ces pays constamment menacés; pour preuve de la bonté du système que je viens de développer, je citerai les travaux qui ont été faits dans le duché de Modène.

Une rivière, le Panaro, était précisément dans ces conditions, et menaçait tout le pays qu'elle traversait; le duc de Modène lui a fait ouvrir un nouveau lit, l'a fait diguer doublement; à présent cette rivière fertilise la contrée et ne la menace plus de ses ravages.

J'allai, de la Zélande, voir de nouveau la Nord-Hollande et inspecter les préparatifs maritimes qui s'y faisaient. L'escadre était composée de neuf vaisseaux de ligne, sept dans le port de Nieur-Dipe et la rade de Texel, deux dans la Meuse, à Helvoëtsluys, et, de plus, le nombre de frégates et de bâtiments légers convenable. Une flotte de transport, rassemblée dans la rade de Texel, se composait de quatre-vingts bâtiments, chacun de quatre cents tonneaux au moins, et tout était disposé pour y embarquer vingt-cinq mille hommes et deux mille cinq cents chevaux.

L'entretien de ces moyens maritimes, cause d'un grand fardeau pour le pays, était nécessaire, et je tins la main avec rigueur à ce que les préparatifs fussent toujours au complet.

On m'avait donné d'abord, pour commander cette escadre, l'amiral Kikkert, vieux et brave matelot, décoré d'une médaille méritée au combat de Dogger-Bank, dernier combat inscrit dans les fastes glorieux de la marine hollandaise, sous le célèbre amiral Klingsberg. Ce commandement était au-dessus de ses forces. On lui donna plus tard pour chef, sur ma demande, le vice-amiral de Winter : cet amiral avait combattu avec beaucoup de courage quelques années auparavant contre l'amiral Duncan, et avait été pris; mais sa réputation de capacité n'avait reçu aucun échec. Comme tous les marins, l'amiral de Winter avait des prétentions qui lui rendaient pénible son obéissance envers un général de terre; mais, en peu de temps, je l'amenai à une obéissance passive. Je ne doute pas que devant l'ennemi je n'eusse eu beaucoup à m'en louer.

Mon goût pour la marine a toujours été prononcé; je n'étais pas tout à fait étranger à ce service, ayant cherché à le connaître pendant ma navigation, en allant en Égypte et en en revenant. En Hollande, j'en avais fait une étude spéciale. Près de moi, d'ailleurs, et employé comme aide de camp, était un capitaine de frégate français, nommé Novel, bon navigateur; je le consultais d'avance sur la possibilité d'exécution des ordres que je projetais de donner; j'en étais venu au point de faire manœuvrer l'escadre dans la rade du Texel, et l'escadre légère en dehors de la passe et à l'entrée de la mer du Nord, sans trouver, de la part de l'amiral de Winter, ni observation ni résistance.

Après avoir séjourné quelque temps au Helder, je traversai le Zuyderzée, pour aller en Frise, dans le pays de Groningue, à Delfsil, et je revins à mon camp en visitant les provinces d'Over-Issel et de Gueldre.

Les plaisirs de l'année précédente avaient tellement attaché les troupes à ce séjour, que chacun l'avait orné avec émulation. Afin de rendre durable un établissement d'un succès si complet, j'avais proposé au gouvernement batave, qui y avait consenti, de remplacer les tentes par des baraques de grande dimension, faites avec de bons matériaux. Des bois ayant été mis à ma disposition, les soldats firent sur un plan régulier, arrêté d'avance, de très-belles contructions. Les officiers et les généraux se piquèrent d'honneur, et bâtirent des baraques qui, en résultat, furent de charmantes maisons : telle baraque coûta six mille francs. Enfin cette station à la manière des Romains prit un tel caractère de permanence, qu'elle a servi, pendant toute la durée de l'Empire, à former des troupes; et, il y a peu de temps encore, elle était employée à l'instruction et à la réunion des troupes du royaume des Pays-Bas.

Il existait à l'armée un ingénieur géographe appelé Rousseau. Une faculté que je n'ai vue à personne autre au même degré lui donnait le moyen d'imiter les écritures de toute espèce, les signatures, impressions, etc. Notre âge comportait mille plaisanteries; nous nous servîmes de son talent pour faire des mystifications qui, pendant huit jours, firent le bonheur de tout l'état-major.

Le général de division Boudet, commandant la première division, et l'ordonnateur en chef Aubernon, avaient été passer quelques jours à Amsterdam, et je savais qu'ils étaient allés dans un mauvais lieu. D'un autre côté, un aide de camp, nommé Dubois, parlait sans cesse de son désir d'être attaché aux affaires étrangères pour être employé en Amérique auprès du général Rey, consul général à New-York, qui, disait-il, l'avait demandé. Ces trois individus furent le sujet de nos plaisanteries.

Pour les deux premiers, on supposa qu'une lettre du ministère de la guerre m'avait été adressée pour me témoigner le mécontentement de l'Empereur touchant la conduite privée du général et de l'ordonnateur, le désordre de leur vie et sa publicité : elle leur enjoignait de se conduire mieux à l'avenir. Je les fis venir chez moi, et la leur communiquai; l'impression qu'ils en reçurent fut très-singulière : Boudet accusait Aubernon d'avoir porté par vanité, sous sa redingote, un uniforme qui l'avait fait reconnaître; Aubernon accusait le bonhomme Gohier, consul général de France à Amsterdam, de faire le métier d'espion et d'avoir envoyé des rapports. Tous les deux étaient au désespoir. Boudet voulait écrire à l'Empereur pour se justifier; mais je l'en dissuadai, l'assurant que déjà c'était chose oubliée de sa part.

Pour le troisième, on imagina de lui faire arriver une lettre du ministre annonçant sa nomination à un emploi auprès du général Rey, aux appointements de quinze cents dollars. L'ordre lui était donné de partir immédiatement pour s'embarquer au port de Farcinola, en Portugal, sur le navire la *Betzi*. Sa joie fut inexprimable; je lui fis l'observation que, devant nous battre bientôt, il serait louable à lui de remettre son départ jusqu'après l'expédition. Fort brave jeune homme, il me répondit que, si l'expédition était immédiate, il n'hésiterait pas; mais qu'étant encore éloignée, et cet emploi étant fort au-dessus de ses espérances, il ne voulait pas renoncer à une nomination qui faisait le destin de sa vie. Au bout de quelques jours, il se dispose à se mettre en route, et s'occupe de la vente de ses chevaux; je l'éclaire enfin, et sa mystification devient publique.

Boudet devine alors qu'il a été, lui aussi, l'objet d'une plaisanterie, et veut me mystifier à son tour; il vient chez moi, et me dit avec un grand sérieux : « Réflexion faite, j'ai cru devoir écrire à l'Empereur une lettre très-forte pour me justifier et lui faire sentir que cette affaire est hors du domaine de son pouvoir. »

Tout contrarié, je lui reproche son peu de confiance en moi. J'étais véritablement inquiet; je craignais que l'Empereur ne se fâchât de ce qu'on avait fait intervenir son nom. Quand il me vit bien tourmenté, il éclata de rire, se moqua de moi à son tour, me dit qu'il n'avait pas écrit, mais que, l'histoire de Dubois l'ayant éclairé, il avait voulu, à son tour, se venger.

Telle était notre humeur au camp de Zeist. Cette plaisanterie me donna l'occasion de voir et de constater à quel point on peut parvenir à imiter les écritures, et j'en tirai la conclusion que des ordres importants doivent toujours être envoyés par des officiers ou des courriers exprès, garantie vivante de leur légitimité. Sur une lettre contrefaite par Rousseau, je n'aurais pas hésité un moment à mettre en mouvement mes troupes.

L'époque fixée par l'Empereur pour faire l'expédition annoncée et si désirée approchait. L'immense flottille réunie à Boulogne, à Étaples et à

Ostende, donnait des moyens surabondants pour transporter toute l'armée en Angleterre. L'escadre de l'amiral Villeneuve, dirigée sur les Antilles, devait sous peu reparaître en Europe ; et, après avoir rallié les escadres de la Péninsule, celles de Rochefort et de Brest, entrer dans la Manche, la balayer, détruire l'escadre anglaise, inférieure de vingt-cinq vaisseaux, ou la bloquer dans les ports, et protéger ainsi notre sortie, notre navigation et notre débarquement.

Je m'occupai, d'après les ordres de l'Empereur, de l'embarquement du deuxième corps. Les motifs pour s'y prendre ainsi d'avance étaient de diverse nature. D'abord il devait être placé sur des bâtiments de guerre ou de gros bâtiments de transport, et une opération semblable est toujours assez longue, tandis que sur une flottille elle est prompte et facile, l'éloignement du Texel devant d'ailleurs nous faire toujours opérer plus tard que ce qui partirait de Boulogne et des ports de la Manche. Il fallait donc être prêt à mettre à la voile au premier signal. Ensuite l'Empereur, voulant opérer une diversion au profit de l'escadre attendue et forcer l'ennemi à augmenter sa croisière devant nous, me prescrivit, lorsque j'aurais tout disposé pour l'embarquement de mon corps d'armée entier, de feindre une expédition lointaine et de placer à bord de l'escadre, approvisionnée pour six mois, quatre à cinq mille hommes avec un général de division. Enfin Napoléon m'écrivit de Parme, le 8 messidor (27 juin 1805), après son couronnement comme roi d'Italie, pour me faire connaître ses dernières intentions de détail.

Je choisis le général Boudet avec sa division pour le premier embarquement. Je fis armer la côte auprès de Kerdune, afin de favoriser notre sortie et protéger notre station en dehors de la passe. Cette première opération était terminée le 20 messidor (9 juillet). Mon camp fut levé au commencement de thermidor, et le 10 (29 juillet), toute l'armée était embarquée. J'avais, avec affectation, réuni des pilotes pratiques des mers d'Écosse pour faire supposer ma destination pour l'Irlande en doublant l'Écosse. L'Empereur m'annonçait son arrivée à Boulogne pour le 25 (13 août), et nous étions à cette époque sur les côtes depuis quinze jours, prêts à partir. Je m'étais embarqué sur le vaisseau de Hersteller; j'y hissai le pavillon d'amiral français, et l'amiral de Winter celui de vice-amiral hollandais.

Nous passâmes ainsi cinq semaines embarqués, attendant chaque jour la nouvelle de l'arrivée, dans la Manche, de l'escadre française et l'ordre de sortir à son apparition. Tout avait été disposé pour faciliter la sortie, et diminuer, autant que possible, les difficultés qu'offre la passe étroite. Une autre, ouverte depuis peu, devait servir aux bâtiments de transport. Le fond de ce détroit, entre le Helder et la pointe du Texel, est très-variable et change d'une année, d'un mois à l'autre, la passe principale s'éloignant ou se rapprochant de la terre ferme. Lorsqu'un atterrissement l'obstrue, les courants en ouvrent une autre ailleurs. A l'époque dont je parle, la passe était à toucher la grande digue du Helder. Je faisais souvent appareiller l'escadre et exécuter quelques évolutions, et nous reprenions ensuite notre mouillage habituel.

Enfin l'Empereur reçut la nouvelle du combat d'Ortegal, dans lequel Calder, avec une escadre inférieure de dix vaisseaux, et sans qu'il y eût d'engagement sérieux, prit deux vaisseaux espagnols abandonnés par Villeneuve. Napoléon espéra d'abord que la faute commise serait promptement réparée; il croyait apprendre sans retard la défaite et la fuite de Calder; mais il en fut tout autrement, et la nouvelle lui parvint de la rentrée de l'escadre de Villeneuve dans la rade de Cadix.

Cet événement dérangeait tous ses calculs, détruisait toutes les combinaisons sur lesquelles l'expédition était basée.

Napoléon apprit en même temps la marche des

Autrichiens sur la Bavière. Dans la circonstance, cette levée de boucliers des Autrichiens, qui autorisait et motivait le départ des côtes, où nous ne pouvions plus rien entreprendre, était un grand bonheur. Aussi l'Empereur prit-il son parti sur-le-champ, non cependant sans avoir eu un violent accès de colère contre Villeneuve, car la faible conduite de cet amiral lui enlevait en un moment les espérances dont il s'était nourri depuis deux ans, et qui avaient été l'occasion de grands travaux et de grandes dépenses, espérances dont la réalisation avait semblé prochaine et assurée.

L'armée reçut ordre de quitter ses barques et ses vaisseaux, et chaque corps, dirigé sur le Rhin, se rendit, à marches forcées, en Allemagne pour secourir l'électeur de Bavière. Ce souverain, après avoir évacué sa capitale, s'était réfugié à Wurtzbourg. Tremblant, plein d'effroi, il aurait peut-être abandonné les intérêts de la France s'il fût resté quelques jours encore livré à lui-même. En quarante-huit heures, mon débarquement ayant été complétement effectué, je me mis aussitôt en marche sur Mayence, et nous entreprîmes cette campagne immortelle, si brillante et si rapide. Le succès dépassa de beaucoup les espérances dont les imaginations les plus prévenues et les plus vives avaient pu se pénétrer.

Nous nous étions embarqués avec plaisir et confiance ; nous débarquâmes animés des mêmes sentiments, car, par des routes différentes, nous allions au même but : nous allions chercher de la gloire.

CORRESPONDANCE ET DOCUMENTS

RELATIFS AU LIVRE SEPTIÈME

LE MINISTRE DE LA GUERRE A MARMONT.

« Paris, le 2 mars 1804.

« Je vous préviens, citoyen général, que, d'après les observations que vous m'avez faites par votre lettre du 4 ventôse, présent mois, sur la nécessité de pourvoir promptement à la fourniture de la seconde paire de souliers que le premier consul a accordée à chaque soldat, et à celle des capotes qui manquent encore pour compléter les besoins des troupes qui sont en Batavie, j'ai invité de suite le directeur de l'administration de la guerre à prendre toutes les mesures qu'il jugera convenables pour faire opérer la livraison de ces objets : je l'ai également invité à vous faire part des ordres qu'il aura donnés dans cette vue. »

LE MINISTRE DE LA GUERRE A MARMONT.

« Paris, le 7 avril 1804.

« Le premier consul n'a point approuvé, citoyen général, la manière dont les troupes françaises en Batavie ont été placées l'année dernière; leur répartition était telle, que tous les corps ont considérablement souffert par la maladie.

« Faites les dispositions nécessaires pour prévenir un semblable inconvénient, et, à cet effet, placez le plus de troupes bataves qu'il sera possible dans l'île de Walcheren, et n'y laissez que très-peu de Français.

« Instruisez-moi des ordres que vous aurez donnés pour remplir à cet égard les intentions du premier consul. »

LE MINISTRE DE LA GUERRE A MARMONT.

« Paris, le 15 mai 1804.

« J'ai rendu compte au premier consul, citoyen général, de la situation dans laquelle j'ai trouvé l'armée que vous commandez. Je lui ai dit qu'en trois mois vous avez fait tout ce qu'on devait attendre de celui qui, avec des qualités distinguées, avait été à la grande école de Bonaparte.

« Il savait qu'à votre arrivée vous n'aviez rien trouvé de disposé pour l'expédition.

« Je lui ai fait connaître que la flottille du Texel était prête à mettre à la voile; qu'une division de troupes bataves bien organisée occupait Alkmaër et Harlem, et que j'avais été satisfait de son instruction; que la division française aux ordres du général Boudet, occupant Utrecht, était également bien instruite et disciplinée; que celle qui est dans Arnhem, aux ordres du général Grouchy, offrait des résultats également satisfaisants, et que j'y avais surtout remarqué la précision des manœuvres du 24e régiment; qu'enfin la cavalerie, aux ordres du général Guérin, méritait les mêmes éloges.

« Je lui ai présenté le sort du soldat amélioré par vos soins, des salles de convalescents établies, les casernes assainies, les subsistances meilleures, et les hôpitaux mieux tenus. Je lui ai fait connaître aussi l'enthousiasme avec lequel l'armée à vos ordres s'est unie au vœu du peuple qui porte Napoléon à la magistrature suprême de l'Empire, en établissant l'hérédité dans sa famille. Il a éprouvé la jouissance la plus vive en voyant l'armée pénétrée de reconnaissance pour la sollicitude qu'il a montrée à tout ce qui intéresse son bien-être et sa gloire.

« Le premier consul, citoyen général, me charge

de vous témoigner sa satisfaction particulière : vous transmettrez les mêmes sentiments aux officiers et soldats. »

LE GRAND CHANCELIER DE LA LÉGION D'HONNEUR A MARMONT.

« Paris, le 27 septembre 1804.

« J'ai reçu, monsieur le général et cher confrère, la lettre que vous m'avez fait l'honneur de m'écrire le 29 fructidor.

« La solennité, l'ordre et la magnificence que vous avez mis dans la distribution que Sa Majesté Impériale vous avait chargé de faire sont un nouveau témoignage de votre amour pour la patrie et de votre dévouement à l'Empereur. Il était beau de voir une armée, composée de Français et de Bataves, rassemblée sous les ordres de son général, sur la place même où elle va élever un monument à Napoléon, écouter attentivement le discours énergique que vous avez prononcé, et applaudir, tout entière, aux militaires français que vos mains décoraient de l'aigle de la Légion. J'aurai l'honneur de rendre compte à Sa Majesté du zèle avec lequel vous avez rempli la mission qu'elle vous avait confiée : de pareilles fêtes récompensent et font naître les héros.

« Je m'empresse de vous envoyer les neuf grands et les sept petits aigles dont vous avez besoin et que vous réclamez. »

« De Lacépède. »

L'AMBASSADEUR SÉMONVILLE A MARMONT.

« La Haye, 3 novembre 1804.

« Monsieur le général, j'ai l'honneur de vous prévenir que je reçois l'ordre de me concerter avec vous pour prendre, relativement aux communications de ce pays-ci avec l'Angleterre, toutes les mesures que nous avions déjà jugé convenable d'adopter. Ainsi, non-seulement nous ne pouvons plus former aucun doute sur l'approbation de Sa Majesté, mais encore nous aurons la satisfaction de lui annoncer que nous avions prévenu la totalité de ses ordres.

« Sa Majesté en a tellement senti la nécessité, qu'elle y ajoute ceux de faire saisir, dans toute l'étendue du territoire batave, les marchandises anglaises qui peuvent s'y trouver, et de contraindre le gouvernement batave à prendre des dispositions de tout point analogues à celles prescrites en France contre les navires neutres qui auraient touché dans les ports d'Angleterre et seraient chargés de marchandises anglaises.

« Nous ne pouvons nous flatter de faire exécuter strictement cette seconde partie des ordres de Sa Majesté; le gouvernement batave paraît plus que jamais disposé à persister dans son système d'inertie et à paralyser vos dispositions, par la défense faite à ses agents de concourir à leur exécution.

« Je viens cependant de lui notifier les volontés de Sa Majesté, en lui annonçant qu'il sera seul responsable des suites que son fol entêtement pourra entraîner.

« Quant à l'acte de préhension des marchandises anglaises, les moyens de le mettre à exécution sont en votre pouvoir, et je ne puis, monsieur le général, que m'en référer à ce que votre prudence vous suggérera pour régulariser, par les formes dont vous prescrirez l'emploi, la rigueur d'une mesure qui ne fût jamais devenue nécessaire si le gouvernement batave eût moins obstinément fermé l'oreille à nos représentations et à nos plaintes.

« Son Excellence le ministre des relations extérieures m'adresse la liste de plusieurs maisons (treize d'Amsterdam et quatre de Rotterdam) qui, d'après le dépouillement de la correspondance saisie à Helvoët, ont paru faciliter l'entrée des marchandises anglaises sur le continent.

« Cette liste n'est rien moins que complète; on n'y lit même pas les noms des maisons les plus connues pour entretenir des relations habituelles avec nos ennemis. — Le séjour que vous avez fait en Batavie a, au surplus, dû vous convaincre, monsieur le général, qu'aucune maison de commerce ne serait, pour ainsi dire, à l'abri de reproches, si toutes ne pouvaient présenter pour excuse la tolérance coupable de leur gouvernement.

« Cette tolérance est telle, que les expéditions de beurre et de fromage sont devenues plus actives depuis la connaissance donnée au commerce du concours des forces françaises pour empêcher la contrebande. On s'est empressé de profiter du temps qui devait naturellement s'écouler jusqu'à l'arrivée des forces distribuées par vos ordres sur les différents points de la côte, et j'ai la certitude que des crédits sont même encore donnés par des maisons de Londres sur des négociants d'Amsterdam pour des achats considérables de beurre dans la province de Frise, où il est plus facile que sur tout autre point d'échapper à la surveillance des troupes.

« Dans un tel état de choses, peut-être jugerez-vous, monsieur le général, devoir charger une personne investie de toute votre confiance de se rendre à la Haye pour m'y faire connaître vos intentions et préparer, de concert avec elle, les instructions définitives des agents, tant civils que militaires, établis sur les côtes. »

LE MINISTRE DE LA GUERRE A MARMONT.

« Paris, le 11 novembre 1804.

« Son Excellence le ministre de la marine m'a prévenu, général, que, d'après la demande que vous en avez faite, il avait donné des ordres pour faire stationner, à l'embouchure de la Meuse, les deux bricks le *Phaéton* et le *Voltigeur*, à l'effet d'empêcher les communications et la contrebande qui ont lieu entre la Hollande et l'Angleterre.

« Le ministre de la marine m'annonce en même temps que, si ces deux bâtiments vous paraissaient insuffisants pour le service auquel ils sont affectés, il ferait en sorte d'y destiner en outre quelques canonnières ou bateaux canonniers. »

LE MINISTRE DE LA GUERRE A MARMONT.

« Paris, le 11 novembre 1804.

« Je vous adresse, général, les lettres de Sa Majesté Impériale, qui vous appellent à assister à la cérémonie de son couronnement et du sacre, qui aura lieu le 2 décembre.

« L'intention de l'Empereur étant que l'un des généraux de division et deux des généraux de brigade employés à l'armée française en Batavie viennent assister à cette auguste cérémonie, vous voudrez bien désigner ces généraux à votre choix, leur faire tenir les lettres ci-jointes qui leur sont destinées, et me faire connaître, par le retour de mon courrier, les noms de ceux que vous aurez choisis.

« Vous remettrez, pendant votre absence, le commandement de l'armée au général de division Vignole, auquel vous laisserez les instructions que vous jugerez être nécessaires. »

M. DE SÉMONVILLE A MARMONT.

« La Haye, le 8 décembre 1804.

« Mon cher général, votre courrier m'a remis, avant hier soir, la lettre que vous m'avez fait l'honneur de m'écrire; le général Vignole a reçu la sienne quelques heures après, et est accouru de suite. Pendant qu'il est chez Peyman, je commence à m'entretenir avec vous. Je veux répondre à votre confiance en vous exposant ce que je sais des causes de ce qui se passe ici, les effets qui en sont résultés et que je crois qui en résulteront, et enfin les remèdes qui me semblent appropriés aux maux que ce damné de gouvernement semble s'efforcer d'attirer sur son pays.

« Votre armée l'occupe; votre gloire est intéressée maintenant à la tranquillité intérieure, comme elle le sera un jour à l'expédition : j'en conclus que, fussé-je un peu verbeux, vous ne m'en saurez point mauvais gré.

« Ces gens-ci ne sont point simplement des fous : ce sont des poltrons révoltés qui perdent toute mesure, et qui cherchent un éclat pour venger leur orgueil humilié.

« Au retour de Cologne, M. Schimmelpenning a fait connaître les intentions de l'Empereur sur les choses (on ne pouvait s'en dispenser); peut-être eût-il été prudent d'attendre à se prononcer sur les personnes l'instant où elles seraient privées d'un reste de pouvoir.

« Lors de la première conférence de M. Schimmelpenning, la stupeur a commandé l'obéissance. D'ailleurs, chacun était incertain si le collègue à côté duquel il était assis n'obéirait point, s'il n'avait point son marché fait pour rester en place ou en prendre une autre : on a donc donné tous les pouvoirs à M. Schimmelpenning pour céder aux volontés de Sa Majesté Impériale.

« Mais peu à peu le gouvernement est revenu de son étonnement; on s'est expliqué, chaque membre s'est assuré que la disgrâce atteindrait à peu près l'universalité des membres.

« La première résolution avait été d'obéir; la seconde fut de laisser faire; la troisième, d'adopter petit à petit les dispositions propres à se faire proscrire plutôt que chasser, parce que la proscription est accompagnée de quelque renommée, et que la honte, au contraire, est la compagne fidèle de ceux qui souffrent qu'on les mette à la porte sans mot dire.

« C'est ainsi, mon cher général, que le gouvernement s'est successivement monté à ce point de démence où vous le voyez aujourd'hui. Les délais qui se sont écoulés, la maladie de Schimmelpenning, le retard du couronnement, ceux que l'on prévoit encore pour son retour, tout a merveilleusement servi cette marche. Elle a été celle de tous les corps constitués à qui on a laissé le temps de se reconnaître avant d'exécuter leur destruction prononcée ; et, ainsi que je le mandais au ministre, on peut reconnaître là ce qu'ont fait, il y a douze ans, le clergé, les parlements, la noblesse, et les plus petits bailliages de province.

« Depuis trois semaines je m'aperçois de ces progrès, et j'ai écrit à différentes reprises au ministre pour presser de tous mes moyens le retour de M. Schimmelpenning. Cependant, lorsque le fameux arrêté désorganisateur a paru, j'étais encore bien loin de le craindre, et en voici les raisons : si je ne les disais pas, vous penseriez que l'ambassadeur n'est qu'un sot, et je ne veux point vous laisser cette idée.

« Le fait est que j'avais meilleure opinion du caractère de Peyman, et que je lui supposais un peu plus d'énergie.

« Je pensais donc qu'il agirait à votre égard comme le sous-secrétaire Boscha avait agi avec moi pour les affaires étrangères.

« Lorsque ce dernier s'est aperçu que son gouvernement entrait en délire, il a pris la résolution de supprimer toutes les paperasses, protestations, arrêtés qui devaient m'être remis. Il s'est borné à les adresser à l'ambassadeur Schimmelpenning, d'abord officiellement, puis avec des lettres confidentielles, qui le prévenaient qu'usage n'en avait point été fait, et que, l'envoi n'étant que pour la forme, M. Schimmelpenning devait seulement en prendre lecture pour juger l'état du pays et la nécessité de son prompt retour.

« Cette conduite de Boscha fait honneur à ses bonnes intentions, surtout dans la position secondaire où il est placé. Je devais penser que Peyman en adopterait une semblable, ou que, en qualité de ministre, il la porterait plus loin et refuserait l'obéissance en offrant sa démission. La seule menace eût empêché une pareille délibération.

« Quel a été mon étonnement lorsque j'ai appris que l'arrêté tenu secret par Boscha devait être expédié le matin par Peyman ! J'ai couru chez lui : la sottise était faite. J'ai demandé alors l'arrêté à Boscha, et me suis empressé de l'envoyer à Paris par courrier, en priant le ministre de me transmettre ses ordres ; car, en pareille matière, il me semblait que nulle réponse officielle n'était assez forte, et qu'on devait garder le silence ou déclarer au gouvernement qu'il était en hostilité, et qu'ainsi on allait les commencer.

« Ma dépêche, expédiée par un courrier de Boscha, porteur des mêmes nouvelles à M. Schimmelpenning, a dû arriver à Paris le jour où vous me faisiez l'honneur de m'écrire.

« Tels sont, mon cher général, les antécédents dont je voulais vous rendre compte et les causes de ce qui s'est passé.

« Quels que soient leurs effets, il vous importait de les connaître en détail, et vous en tirerez la conséquence que, si le changement arrêté dans la pensée de l'Empereur était nécessaire à Cologne, il est devenu indispensable du moment que le projet a été connu, et qu'aujourd'hui il ne saurait être trop prompt.

« Que fera le gouvernement? Je n'oserais encore vous le dire. Nous venons de le provoquer, le général Vignole et moi, après une conférence avec Peyman, après avoir fait agir Boscha de son mieux auprès de ces entêtés. Nous nous sommes réunis chez

le président avec deux de ses collègues. Là, les bonnes raisons ne nous ont point manqué pour confondre leur absurdité. Nous nous sommes annoncés comme des hommes mus par le seul intérêt du pays où nous exercions de grandes fonctions, aucun motif personnel ne pouvant dicter nos instances, puisque, consentement bâtard ou refus, la volonté de l'Empereur n'en sera pas moins exécutée.
— On s'est retiré pour délibérer; nous ne pouvons vous dire encore quel sera le résultat, et je vous écris en l'attendant, afin de ne point retarder le départ de votre courrier.

« En tout état de cause, le gouvernement s'adressera directement à l'Empereur. A cela nous n'avions aucune objection à faire, et nous ne nous y sommes point opposés.

« Mais, provisoirement, les troupes bataves auront-elles l'ordre d'obéir? Voilà ce qui est en délibération.

« Leur grande majorité, ainsi que vous le savez, ne demande pas mieux que de renverser le gouvernement. Ainsi vous n'avez rien à craindre pour la tranquillité publique sur le résultat des ordres qu'on pourrait leur donner. Mais cette disposition à l'insubordination, tout avantageuse qu'elle soit à notre cause, n'en est pas moins un mal, et je préfère, sous tous les rapports, que l'obstination du gouvernement ne les place point dans cette position.

« Si cependant elle se réalisait, je vous supplierais, mon cher général, d'accélérer de tout votre pouvoir les décisions de Sa Majesté relativement à l'organisation définitive de ce pays, car, si une mesure violente, comme l'occupation militaire de la Haye et le brusque renvoi du gouvernement, devait avoir lieu, nécessité serait qu'il fût immédiatement remplacé. Tous les interrègnes sont funestes, et l'on ne peut prévoir les terribles résultats de celui-ci dans un pays artificiel qui ne subsiste que par une surveillance de toutes les heures.

« Le temps nécessaire pour cette organisation peut être court si elle succède à une organisation existante; mais, dans la supposition d'une cessation absolue de pouvoirs, l'autorité même de Sa Majesté Impériale serait entravée par une multitude de difficultés, toutes source des plus grands malheurs. — Les prévoir, mon cher général, c'est vous mettre à portée de les prévenir. Vous êtes, à Paris, investi de la confiance de Sa Majesté; elle daigne accorder le même sentiment à M. Schimmelpenning. — Les vues de cet ambassadeur ne peuvent être contrariées par la commission batave, à qui je connais peu de caractère et à laquelle je suppose peu de crédit. Les fêtes du couronnement seront déjà loin pour celui qui ne s'occupe que de la postérité. Efforcez-vous de fixer un moment ses regards sur un pays bien petit auprès de ses grandes destinées, mais dont l'importance commerciale est encore assez grande pour la prospérité française.

« Surtout veuillez, je vous supplie, prévenir Sa Majesté, avant votre départ, sur la nécessité de profiter ici de l'installation du nouveau gouvernement pour assurer aux Français, dans ces contrées, divers avantages dont ils ont été privés malgré la conquête.

« Veuillez ne pas oublier que, quant aux institutions, nous vivons encore ici sous le régime stathoudérien, et que pas une d'elles n'a été changée depuis cent trente ans.

« Lorsque je me suis rendu à Paris, il y a deux ans, j'avais cru que les approches de la paix étaient le temps propre à faire décider ces questions politiques. Les occupations des ministres les ont empêchés d'examiner les travaux que je voulais leur soumettre sur ces divers objets. Si nous laissons passer l'époque présente, nous courons risque de trouver encore des obstacles, soit de la part du gouvernement batave après qu'il sera établi, soit de la part de l'Angleterre si la paix devait nous obliger ici à négocier au lieu de commander.

« Ces considérations sortent un peu, je le sais,

de vos occupations habituelles. Je ne vous en parlerais point si vous n'étiez que général d'armée; mais vous aimez l'Empereur et votre pays; vous êtes en état de les servir tous deux sous plus d'un rapport; et, si le général rejette ces détails, le conseiller d'État m'entendra. »

« *P. S.* Ma lettre finie, mon cher général, je m'empresse de vous annoncer que le gouvernement a cédé; mais, pour conserver une sorte de liberté dans ses délibérations, il a demandé que je lui adressasse une note à l'effet de lui déclarer :

« 1° Que c'est la volonté expresse de Sa Majesté.

« Assurément il ne pouvait pas en douter; je le lui ai écrit et dit assez de fois.

« 2° Que l'arrêté entraîne l'insubordination de l'armée, etc., etc.

« La chose était évidente sans ma déclaration.

« N'importe; je vais la faire dans des termes convenables à la dignité de mon gouvernement, et l'arrêté sera retiré jusqu'à la décision de Sa Majesté, laquelle bien certainement ne l'approuvera point.

« A quoi bon ces notes? direz-vous. — A trouver un moyen de délibérer sans avoir l'air de céder à la lettre dans laquelle vous parlez de votre voyage à la Haye avec une *assistance convenable*.

« C'est cette menace d'assistance qui a produit

son effet; mais on ne veut point l'avoir vue, et on demande note officielle à l'ambassadeur. »

M. DE SÉMONVILLE A MARMONT.

« La Haye, le 13 décembre 1804.

« Mon cher général, lorsque la lettre que vous m'avez fait l'honneur de m'écrire m'est parvenue, j'étais déjà informé, par le général Vignole, qui m'avait envoyé son aide de camp Meynadier, du mécontentement de l'Empereur et de sa résolution d'exiger le rapport de l'indécent arrêté du 23 novembre dernier.

« Je vous avais marqué que le gouvernement batave, en se déterminant à suspendre son exécution, s'était proposé d'adresser des représentations à Sa Majesté Impériale. Quelques gens sages sont parvenus à le faire renoncer à ce projet, qui ne pouvait avoir aucun bon résultat; et, lorsque M. Meynadier est arrivé, j'ai promptement obtenu, par le concours des mêmes personnes, la révocation formelle de l'arrêté. Elle vient de m'être officiellement annoncée par le sous-secrétaire d'État pour les affaires étrangères, et le général Vignole pourra, dans son ordre du jour de demain, donner à cette rétractation toute la publicité que vous avez jugée convenable.

« Je n'ai eu nul besoin d'employer de nouvelles menaces pour l'obtenir. — On n'était point encore revenu de l'effroi causé par votre lettre au ministre Peyman, et, si j'eusse reçu du ministre des relations extérieures l'ordre d'exiger le renvoi des plus mutins, dans le cas où l'arrêté ne serait pas révoqué, ils ne se seraient pas montrés plus soumis. Ces gens-ci ne résistent jamais qu'à demi; ils deviennent souples dès qu'on se montre prêt à exécuter la menace. — C'est une observation que j'ai eu occasion de renouveler mille fois depuis cinq ans.

« J'ai écrit à Paris le 8 frimaire, et, le 10, j'exposais la situation des choses et des esprits, et demandais des ordres. — Peut-être ne s'est-on pas pressé de les expédier, parce que je répondais du maintien de la tranquillité. Le 18, j'ai marqué que le gouvernement s'était amendé. — Tout cela est arrivé à Paris avant, pendant ou depuis l'époque à laquelle vous écriviez. N'ayant rien reçu du ministre des relations extérieures, je suppose que M. Schimmelpenning, dont l'opinion est extrêmement prononcée en notre faveur, et qui a expédié un courrier à cet effet le samedi, aura obtenu qu'on attendît la réponse du vôtre.

« Nous ne serions pas exposés à de telles incartades de la part du gouvernement, si l'on avait adopté la mesure que j'ai proposée avec les plus vives instances dans les premiers moments de la déclaration de guerre. J'avais désiré qu'on m'autorisât à faire concentrer, dans une commission de deux ou trois membres désignés par nous dans le gouvernement, la direction de toutes les affaires relatives à l'armée, à la marine et à la défense. La troupe du gouvernement se serait alors trouvée réduite à délibérer à volonté sur les matières d'intérieur qui eussent été sans intérêt pour nous. — J'ai même joint à ce projet un travail par lequel j'ai démontré à M. de Talleyrand que, dans un espace de cent vingt ans, l'Angleterre, durant son alliance, avait exigé à peu près les mêmes choses, son ambassadeur ayant droit de présence aux séances du conseil d'État; les circonstances étaient les mêmes : nous pouvions établir la parité.

« Mon opinion n'a pas été suivie. — Le gouvernement fit des protestations sans nombre à Bruxelles. Sa Majesté me fit l'honneur de me demander, après les avoir reçues, si je croyais qu'on tiendrait ses engagements : je n'hésitai point à lui répondre que la chose était même impossible en vertu de l'organisation vicieuse. Alors elle me dit qu'elle était cependant déterminée à en essayer et à attendre au mois de décembre avant de prendre un parti. — Un an s'est écoulé; vous voyez comme nous l'avons passé à remorquer cette mauvaise galère qui fait eau de toutes parts. Si les circonstances politiques avaient permis à Sa Majesté de prendre plus tôt une délibération, nous aurions évité au gouvernement bien des fautes, au pays bien des malheurs, à vous bien de l'ennui, et à moi bien du tourment. »

M. DE SÉMONVILLE A MARMONT.

« La Haye, le 15 décembre 1804.

« Mon cher général, ne voulant point retarder le départ du courrier, je ne prends, après avoir rendu compte au ministre, que le temps nécessaire pour vous prévenir que tout est terminé ici, et, j'espère, à votre satisfaction. Les quatre membres désignés se retirent du gouvernement et ne prendront plus aucune part, ni directe ni indirecte, à ses délibérations, jusqu'à l'installation du nouveau. Quant au fameux arrêté, vous avez déjà été prévenu, par ma correspondance, qu'il avait été totalement et publiquement rétracté la veille du jour que j'ai reçu les ordres de Sa Majesté. Je me flatte donc de vous revoir bientôt ici, sans que vous ayez besoin d'y développer aucune force active pour faire exécuter les ordres de notre gouvernement. Tout est rentré dans le calme, et bientôt ceci ne sera plus que la matière des conversations de quelques oisifs de la Haye ou d'Amsterdam. J'attends avec impatience l'instant de votre retour pour vous renouveler l'assurance de mes sentiments d'amitié et de haute considération. »

BERTHIER A MARMONT.

« Paris, le 26 janvier 1805.

« Je vous préviens, général, que l'intention de l'Empereur est que vous vous rendiez, le plus promptement possible, à la tête de votre armée.

« J'annule toute autorisation, congé ou permission donnés aux officiers employés à l'armée française en Hollande; en conséquence, donnez-leur vos ordres pour qu'ils aient à rejoindre sur-le-champ leur poste respectif.

« Vous devez vous présenter ce soir ou demain matin chez l'Empereur pour prendre congé de lui.

« Si Sa Majesté ne juge pas devoir vous entretenir de vos instructions, vous les recevrez par la voie de ses ministres quand vous serez à votre poste.

« Le prochain départ de l'expédition du Texel vous fera sentir la nécessité de faire rejoindre promptement tous vos généraux. »

BERTHIER A MARMONT.

« Boulogne, le 3 août 1805.

« Je vous préviens, général, que l'Empereur vient d'arriver à son quartier général du Pont-de-Brique, près Boulogne, et que Sa Majesté a pris le commandement, en personne, de ses armées.

« Sa Majesté me charge de vous demander si votre armée est embarquée et si votre escadre a fait la sortie qui lui avait été ordonnée.

« Faites-moi connaître tous les jours la reconnaissance que l'on peut avoir faite des bâtiments ennemis qui se trouvent devant le Texel et devant Helvoëtsluys; envoyez-moi exactement vos états de situation, et enfin des nouvelles que vous pouvez avoir des ennemis, et dépêchez-moi des courriers quand cela sera nécessaire. Toutes les nouvelles deviennent du plus grand intérêt pour l'Empereur. Ne négligez donc aucun moyen, général, pour m'instruire de tout ce qu'il y aurait de nouveau. »

BERTHIER A MARMONT.

« Boulogne, le 8 août 1805.

« Je vous envoie, mon cher Marmont, l'ordre du jour de l'armée des côtes de l'Océan, qui vous fera connaître les détails du combat qui a eu lieu le 3 thermidor.

« Si l'escadre de l'amiral Villeneuve n'avait pas été contrariée douze jours par les vents, tous les projets de l'Empereur réussissaient; mais ce qui est différé de quelques jours n'en sera que plus décisif.

« Je vous renouvelle, mon cher Marmont, l'assurance de mon amitié.

« Soyez exact à envoyer à l'Empereur toutes les nouvelles que vous pourriez avoir des Anglais en mer, et de l'Angleterre. »

BERTHIER A MARMONT.

« Boulogne, le 23 août 1805.

« Je vous préviens, général, que l'escadre de l'Empereur est partie du Férol le 26 thermidor avec l'escadre espagnole. Si ces escadres combinées arrivent dans la Manche, l'Empereur fait de suite l'expédition d'Angleterre; mais, si, par des circonstances de vents contraires, ou enfin par le peu d'audace de nos amiraux, elles ne peuvent se rendre dans la Manche, l'Empereur et roi ajournera l'expédition à une autre année, parce qu'elle n'est plus possible. Mais je dois vous prévenir que, dans la situation actuelle où s'est placée l'Europe, l'Empereur sera obligé de dissoudre les rassemblements que l'Autriche fait dans le Tyrol avant de faire l'expédition en Angleterre. Dans ce cas, l'intention de Sa Majesté est que, *vingt-quatre heures après que vous aurez reçu un nouvel ordre de moi,* vous puissiez débarquer, et, sous le prétexte de vous mettre en marche pour prendre vos cantonnements, vous gagniez plusieurs jours de marche sans qu'on sache ce que vous voudrez faire; mais, dans le fait, vous devez gagner Mayence.

« L'intention de l'Empereur est que, par le retour de mon courrier, que vous retiendrez le moins de temps possible, vous me fassiez connaître comment sera composé votre corps; Sa Majesté désire qu'il reste fort de vingt mille hommes; que vous emmeniez avec vous le plus d'attelage qu'il vous sera possible.

« Envoyez-moi également les dispositions que vous comptez faire pour le reste de vos troupes. La saison est trop avancée et l'hiver est trop prochain pour rien craindre des Anglais, et au printemps vous serez de retour avec votre armée en Hollande. Il suffit que les frontières soient gardées.

« Je vous recommande sur tout cela le secret le plus impénétrable; car, si le cas arrive, l'Empereur veut se trouver dans le cœur de l'Allemagne avec trois cent mille hommes sans qu'on s'en doute. »

BERTHIER A MARMONT.

« Boulogne, le 28 août 1805.

« Je vous ai fait connaître, général, par une dépêche datée d'aujourd'hui, que l'intention de Sa Majesté l'Empereur et roi est que vous vous mettiez en marche avec le corps d'armée que vous commandez pour vous rendre à Mayence.

« Faites toutes vos dispositions pour ce mouvement, qui devra s'opérer successivement par division.

« Réunissez de suite vos trois divisions à Alckmaer et faites partir la première sous les ordres du général Boudet, le 15 fructidor.

« Vous ferez partir la seconde, commandée par le général Grouchy, le lendemain.

« Et la troisième division, composée de troupes bataves, sous les ordres du général Dumonceau, le

. . . .

« Vous ferez mettre en mouvement, le . . . vos troupes d'artillerie et du génie, le 8ᵉ régiment de chasseurs et le 6ᵉ régiment de hussards, et généralement tout le reste du corps d'armée que vous commandez. Vous aurez soin de faire rentrer à leurs corps tous les détachements, avant le départ.

« Les divisions doivent partir avec armes et bagages, et complétement organisées. Chaque division doit marcher ensemble et militairement en ordre de guerre. Chaque officier doit être à son poste.

« Je joins ici un itinéraire pour chacune de vos divisions, et un itinéraire général qui les comprend toutes.

« J'ai fixé un séjour à Cologne; cependant vous pourrez le supprimer si vous jugez pouvoir le faire sans trop fatiguer les troupes.

« Vous ferez connaître aux généraux commandant les divisions que l'intention expresse de Sa Majesté est qu'ils prennent toutes les précautions nécessaires pour empêcher la désertion, ainsi que pour maintenir la discipline la plus exacte en route.

« Ils doivent avoir le plus grand soin d'envoyer à l'avance des officiers d'état-major pour préparer leurs cantonnements, et un commissaire des guerres pour faire assurer les subsistances.

« Recommandez-leur aussi d'éviter aux troupes toute fatigue inutile, en ne faisant arriver dans le chef-lieu d'étape que les corps qui devront y loger, et en envoyant les autres dans leur cantonnement respectif par le chemin le plus court. De même au départ, la division ne doit se réunir que dans le cantonnement le plus avancé sur la route qu'on a à faire dans la journée.

« Vous réglerez de la manière que vous jugerez la plus utile au service la marche de votre état-major général.

« Je donne avis du passage du corps d'armée que vous commandez dans les vingt-cinquième et vingt-sixième divisions militaires qu'il doit parcourir, afin qu'il soit pris des mesures pour assurer le service dans toutes ses parties.

« Instruisez-moi, général, des dispositions que vous aurez faites pour l'exécution de ce mouvement.

« *P. S.* Vous pouvez changer ce que vous voulez pour remplir les dispositions de votre mutation particulière. »

LIVRE HUITIÈME

1805

Sommaire. — L'armée dirigée sur Mayence. — Le capitaine Leclerc et l'électeur de Bavière. — Arrivée à Wurtzbourg. — Le territoire d'Anspach. — L'armée autrichienne. — Détails. — Mack. — L'esprit et le caractère. — Disposition de l'armée. — Obstination de Mack. — Combat de Wertingen : Lannes et Murat. — Ney au pont de Gunzbourg. — L'Empereur à Augsbourg. — Position de Pfuld. — L'ennemi cerné. — L'archiduc Ferdinand. — Description de la place d'Ulm. — Les nouvelles fourches. — Valeur comparée des troupes françaises et étrangères. — L'armée sur l'Inn. — Marmont dirigé sur Lambach, sur Steyer. — Une partie de l'armée sur la rive gauche du Danube, à Passau. — Combat d'Amstetten. — Mortier à Dürrenstein. — Marmont à Leoben à la rencontre de l'armée de l'archiduc Charles. — Bataille de Caldiero : Masséna contre l'archiduc. — Marche de Marmont en Styrie. — Le capitaine Onakten. — Le capitaine Testot-Ferry : brillant fait d'armes. — Incertitudes sur la direction de l'archiduc Charles. — Marmont prend position à Gratz. — Sécurité de l'Empereur à l'égard de l'archiduc Charles. — Le hasard, la bravoure, la présence d'esprit, et le pont du Thabor : Lannes et Murat. — La surprise du pont décide la direction de la campagne. — Bataille d'Austerlitz. — Les sacs russes. — Retraite de Marmont sur Vienne. — L'armistice.

Le 5 fructidor (24 août) le maréchal Berthier, major général de l'armée, m'écrivit pour me prévenir de tout disposer pour débarquer mon corps, les événements de l'escadre de l'amiral Villeneuve devant faire probablement ajourner l'expédition d'Angleterre tandis que le mouvement des Autrichiens, qui avaient passé l'Inn, nous appellerait en Allemagne.

Le 10 (29), je reçus l'ordre de débarquer et de me mettre en route sur Mayence; et, le 12 (31), toutes mes troupes, artillerie, cavalerie, matériel, personnel et chevaux, étaient en plein mouvement pour ma nouvelle destination.

Mon corps d'armée se composait de vingt-cinq bataillons, savoir : treize français et douze bataves; de onze escadrons, sept français et quatre bataves; quarante pièces de canon, le tout faisant vingt et un mille cinq cents hommes et trois mille chevaux. Il formait trois divisions, deux françaises, la deuxième complétée par un régiment batave, et une hollandaise; les deux premières commandées par les généraux Boudet et Grouchy, et la troisième par le général Dumonceau.

Je reçus l'ordre d'assurer la conservation de l'escadre et de la flotte de transport, et de pourvoir à la défense de la Hollande. J'y laissai, pour cet objet, quatorze mille hommes convenablement répartis.

Le major général me prescrivit de me rendre en poste à Mayence, aussitôt après avoir tout disposé et mis mes troupes en mouvement; de prendre le commandement de cette place, et de donner tous les ordres nécessaires à son armement et aux travaux à faire à Cassel; d'entrer en communication avec le maréchal Bernadotte, en marche pour se rendre à Wurtzbourg; de chercher à connaître le mouvement des Autrichiens sur le Danube, et tout ce qui se passait en Allemagne; enfin de mettre, autant que possible, la frontière en état de défense, et de tenir au courant l'Empereur de tout ce que j'apprendrais d'important.

Tous les corps d'armée partirent simultanément, se dirigeant ainsi sur le Rhin. L'armée des côtes prit le nom de grande armée, et fut divisée en sept corps, qui prirent les numéros suivants :

L'armée de Hanovre, commandée par le maréchal Bernadotte, prit le numéro un; mon corps d'armée le numéro deux; le camp de Bruges, commandé par le maréchal Davoust, le numéro trois; le camp de Boulogne, commandé par le maréchal Soult, le numéro quatre; le corps composé de réserves de grenadiers, commandé par le maréchal Lannes, le numéro cinq; le camp de Montreuil, commandé par le maréchal Ney, le numéro six; enfin le corps d'embarquement, qui était en Bretagne, et commandé par le maréchal Augereau, le numéro sept.

Ainsi six corps d'armée, faisant environ cent soixante-dix mille hommes, se trouvèrent, en peu de jours, réunis, manœuvrant dans le même système et pouvant se mettre en ligne.

Cette armée, la plus belle qu'on ait jamais vue, était moins redoutable encore par le nombre de ses soldats que par leur nature : presque tous avaient fait la guerre et remporté des victoires. Il y avait un reste du mouvement et de l'exaltation des campagnes de la Révolution; mais ce mouvement était régularisé; depuis le chef suprême, les chefs de corps d'armée, et les commandants des divisions jusqu'aux simples officiers et aux soldats, tout le monde était aguerri. Le séjour de dix-huit mois dans de beaux camps avait donné une instruction, un ensemble qui n'a jamais existé depuis au même degré, et une confiance sans bornes. Cette armée était probablement la meilleure et la plus redoutable qu'aient vue les temps modernes.

A mon arrivée à Mayence, je me mis en rapport avec nos divers ministres et résidents. J'envoyai le capitaine Leclerc, un de mes aides de camp, auprès de l'électeur de Bavière, à Wurtzbourg, pour lui annoncer ma prochaine arrivée et le rassurer. Ce prince, effrayé de sa position, avait si peur de se compromettre, que, n'osant pas le recevoir comme officier français, au milieu des espions dont il était entouré, il lui fit dire de venir en redingote chez lui, en s'annonçant comme un marchand de dentelles. Cet officier, très-spirituel et très-distingué, qui, bien des années après, est mort des suites de ses blessures reçues à la bataille de Salamanque, lui annonça mon prochain passage du Rhin avec trente mille hommes, nombre exagéré de près de moitié; l'électeur trouva ce secours bien faible, et demanda combien de monde amenait Bernadotte. Ce maréchal avait seize mille hommes; Leclerc lui en donna vingt-cinq mille. Alors l'électeur se crut perdu; il ne parlait que de la force des Autrichiens, de leur armée immense. En peu de temps il put être convaincu qu'il ne nous fallait pas autant de monde qu'il croyait pour obtenir la victoire.

Mes troupes arrivées à Mayence, le passage du Rhin s'opéra aussitôt, et, le deuxième jour complémentaire (20 septembre) je quittai cette ville pour me rendre à Wurtzbourg.

Le prince de Hesse-Darmstadt avait dû réunir quatre mille hommes de ses troupes à mon corps, et de nombreux moyens de transport; mais il manqua de parole et différa l'exécution. Le prince de Nassau fut plus exact. L'avenir n'était pas suffisamment clair aux yeux de ces petits princes; et ceux qui pouvaient gagner du temps avant de se déclarer hautement ne négligèrent rien pour y parvenir. Ainsi les secours promis et annoncés se réduisirent à peu de chose.

Un mois plus tard tout le monde était à nos pieds et ne parlait que de dévouement.

Pendant mon mouvement sur Wurtzbourg, le troisième corps passait le Rhin, le 4, à Manheim, le quatrième à Spire, le sixième en face de Durlach, le cinquième à Kehl.

Le premier corps, après avoir opéré sa jonction à Wurtzbourg avec le deuxième, marcha par Anspach pour se porter sur le Danube : les troupes bavaroises se réunirent à lui. Mon corps, le deuxième, marcha parallèlement à peu de distance et passa par Rotenbourg, Treuslingen, Pappenheim, Eichstadt et Neubourg. Le troisième, en communication avec moi, passa par Heidelberg et Dinkelsbhül, et vint à Neubourg ; le quatrième par Heilbronn, Hall, Rosenberg, Nordlingen et Goppingen ; le cinquième par Louisbourg, Stuttgard, Esslingen. Tout cet admirable mouvement stratégique étant effectué, le 16, l'armée se trouvait sur le flanc et les derrières de l'ennemi, à six lieues du Danube.

Les premier, deuxième et troisième corps avaient violé le territoire prussien compris dans la ligne de neutralité ; les autorités prussiennes firent des protestations, sans opposer aucun obstacle ; mais le roi de Prusse, qui avait résolu de conserver une exacte neutralité et de la faire respecter, se décida, dès ce moment, à se joindre à nos ennemis. La bataille d'Austerlitz et les événements qui suivirent en suspendirent momentanément les effets.

Les détails des circonstances qui changèrent les dispositions du roi de Prusse sont venus plus tard à ma connaissance; et, comme ils sont authentiques et que je les tiens de la bouche même du prince de Metternich, ils méritent d'être consignés ici.

Le roi avait formellement annoncé son intention de rester neutre; mais l'empereur Alexandre, qui comptait sur la faiblesse du roi et sur les auxiliaires qu'il avait à cette cour, ne doutait pas de parvenir à l'entraîner; aussi dirigea-t-il sans hésiter des colonnes sur la Pologne prussienne, qu'elles devaient traverser pour entrer sur le territoire autrichien. Le prince Dolgorouki, aide de camp de l'empereur de Russie et un de ses faiseurs, fut envoyé à Berlin pour annoncer au roi que les troupes russes entreraient tel jour sur le territoire prussien. Le comte Alopeus, ministre de Russie à Berlin, conduisit aussitôt Dolgorouki à l'audience du roi, pour lui faire cette communication. Il était accompagné du comte de Metternich, ministre d'Autriche. Le roi répondit avec emportement, et déclara que l'oubli de ses droits et cette insulte le forceraient à se jeter dans les bras des Français; il dit au premier (Dolgorouki) que le seul remède était de repartir immédiatement pour arrêter les colonnes russes avant leur entrée sur le territoire prussien, ce qui était, faute de temps, à peu près impossible. Cette orageuse conférence tirait à sa fin et tout semblait sans remède, quand on gratta à la porte du roi : un ministre entre et apporte le rapport officiel de la marche des troupes françaises et de leur entrée sur le territoire d'Anspach.

Le roi se calma sur-le-champ et dit au prince Dolgorouki : « Dès ce moment, mes résolutions sont changées, et désormais je deviens l'allié de l'empereur de Russie et de l'empereur d'Autriche. » Et il est resté fidèle à ce parti, que l'honneur lui commandait de suivre, mais qui d'abord a été si funeste pour lui.

Telles sont les circonstances de cette crise. La résolution de la Prusse fut la conséquence de ce mépris du droit des gens dont Napoléon se rendit souvent coupable quand il se croyait le plus fort. En respectant le territoire prussien, et la chose lui était facile, Napoléon avait un allié au lieu d'un ardent ennemi.

Pendant ce temps, l'Autriche avait réuni son armée d'Allemagne à Ulm, nœud des routes d'où on peut se porter dans plusieurs directions, et bon point stratégique. Une partie de l'armée occupait les débouchés de la forêt Noire, et voyait pour ainsi dire la vallée du Rhin. L'armée autrichienne, déjà forte de soixante-dix mille hommes, était destinée à être renforcée par l'armée russe en marche, mais encore éloignée. Cette combinaison avait fait jeter en Italie la plus grande partie des forces autrichiennes, et l'archiduc Charles, qui les commandait, réunissait sous ses ordres cent vingt mille combattants.

L'archiduc Ferdinand commandait nominalement l'armée d'Allemagne; le général Mack avait le pouvoir positif. Cet arrangement rappelait les dispositions faites du temps de Louis XIV, et toujours funestes. Il porta les mêmes fruits en cette circonstance : et il en sera constamment de même. Il est contre la nature des choses de multiplier inutilement les rouages du commandement; d'affaiblir l'autorité en la divisant; de rendre l'obéissance incertaine en donnant à l'un le pouvoir, à l'autre les honneurs; en admettant des conseils, des discussions, le concours de plusieurs personnes, là où il ne peut et doit y avoir qu'une tête, un bras, une volonté. Il faut bien choisir le chef, l'investir de pouvoir et de confiance, lui donner la gloire du succès avec la responsabilité tout entière des événements, et s'abandonner à son génie et à sa fortune.

L'organisation autrichienne était donc mauvaise; le choix de Mack, de plus, était malheureux : déjà cet officier général avait vu fondre entre ses mains, sans combattre, l'armée napolitaine dans la précédente guerre; mais on avait mis cet événement sur le compte des soldats napolitains, et leur réputation donnait beau jeu à ses partisans pour le défendre. Mais Mack, homme incomplet, d'une imagination vive et d'un caractère faible, était peu propre au commandement : une proportion inverse des facultés est nécessaire pour occuper convenablement ce poste élevé.

Le caractère doit dominer l'esprit, car il vaut mieux exécuter avec vigueur ce qu'on a projeté avec plus ou moins de talent que de se perdre dans des conceptions toujours nouvelles, et d'exécuter faiblement et d'une manière incertaine des projets habilement conçus. Cette manière d'opérer enlève nécessairement les chances favorables et présente à l'ennemi des occasions faciles à saisir au milieu d'une espèce de chaos amenant presque toujours une catastrophe. Mack aurait pu être un bon instrument entre les mains d'un général habile; mais, devenu chef, il perdit le sens et le jugement dès que la fortune lui fut contraire.

Notre mouvement fut ignoré par Mack, ou il n'en eut qu'une faible idée. Cependant il lui était facile de faire explorer l'Allemagne par ses officiers. Il ne voulut croire à notre marche qu'au moment où il était trop tard pour s'y opposer; et, quand la crise arriva, il ne sut pas, à force d'énergie, réparer ses fautes et sauver au moins une portion de son armée. La seule chose raisonnable, dans tout ce désastre, fut tentée par l'archiduc Ferdinand, et contre la volonté formelle de Mack.

Le 16 vendémiaire (8 octobre), toute l'armée était en ligne, et placée de la manière suivante : le premier et le deuxième corps à Eichstadt, le troisième à Monheim, le quatrième à Goppingen, le cinquième à Neresheim, et le sixième, le 15 à Heidenheim.

L'obstination de Mack à garder sa position venait de l'exemple que lui avait donné le général Kray en 1796. Mais il n'y avait aucune similitude dans les deux situations : Moreau n'avait pas franchi l'Iller, et Jourdan n'avait pas dépassé Bamberg, où il avait été battu. Dans une situation semblable, Ulm était le nœud naturel des armées autrichiennes. Ici il en était tout autrement : des têtes de colonne s'étaient montrées à dessein vers Stuttgard, pour masquer le mouvement général qui s'opérait sur le flanc et les derrières de l'armée autrichienne.

L'arrivée de toute l'armée française aux points indiqués fit sentir enfin au général Mack la nécessité de changer ses dispositions. Soit qu'il se résolût à effectuer sa retraite, soit qu'il s'abandonnât à l'étrange idée de défendre l'espace compris entre l'Iller, le Danube et le Lech jusqu'à l'arrivée des Russes, il fallait garder le Danube, depuis Donauwerth jusqu'à Ulm, et tenir en force Donauwerth, ainsi que les points intermédiaires, tels que Gunzbourg. En conséquence, il donna l'ordre à une réserve de douze bataillons de grenadiers et du régiment de cuirassiers du duc Albert, commandée par le général Auffenberg, et qui venait du Tyrol, de se porter, à marches forcées, sur Donauwerth. Mais, sur ces entrefaites, Murat avait passé le Danube à Donauwerth même avec une nombreuse cavalerie. Soutenu par le cinquième corps de Lannes, il rencontra cette colonne à Wertingen, l'attaqua avec vigueur et l'enveloppa. Elle fut dispersée, prise ou détruite. Les débris de l'infanterie se jetèrent dans les marais du Danube, à Dillingen; les débris de la cavalerie se sauvèrent derrière le Lech.

Le général Mack avait rassemblé la masse de ses forces autour d'Ulm. Une partie sur la rive gauche, en vue des hauteurs d'Albeck, occupait le couvent d'Elchingen; dix mille étaient à Gunzbourg et se liaient avec les derrières par la rive gauche.

Pendant ce temps, le maréchal Ney, avec le sixième corps, occupait Albeck, tenait en échec la partie de l'armée autrichienne placée sur la rive gauche, et couvrait ainsi le pont de Donauwerth. Soult, avec le quatrième corps, avait passé à Donauwerth et remonté le Lech sur les deux rives, et occupé Augsbourg et Friedberg.

Le premier corps et les Bavarois avaient passé le Danube à Ingolstadt, tandis que le troisième et le deuxième, l'ayant franchi à Neubourg, s'étaient dirigés sur Aichach. Le troisième corps continua son mouvement sur Munich à l'appui du premier. Mais, les nouvelles des Russes étant rassurantes, je reçus l'ordre, le 19 (11 octobre), de me rendre à Augsbourg, où je m'établis dans le magnifique faubourg Lechhausen. La division batave fut chargée d'entrer dans la ville pour y faire le service : chose heureuse pour elle, car, si elle m'avait suivi dans le mouvement que j'exécutai par une nuit obscure et des chemins de traverse très-difficiles, il est probable qu'elle s'y serait fondue en entier, ainsi qu'il advint à un régiment batave attaché à ma seconde division.

Par suite de ces divers mouvements, et grâce à l'incroyable et stupide apathie de Mack, l'armée autrichienne était entièrement tournée, prise à revers dans toutes ses lignes de retraite, depuis le Tyrol et l'Autriche jusqu'en Bohême.

Après l'affaire de Wertingen, Murat et Lannes marchèrent sur Ulm par la rive droite. Mais, pendant ce temps, Ney, qui voulait prendre part aux événements, tomba sur le flanc de l'ennemi; et, après avoir chassé tout ce qu'il avait devant lui, passa le pont de Gunzbourg de vive force, mit en déroute le corps chargé de le défendre, et prit le général d'Aspre, qui le commandait. Le 59ᵉ régiment eut la gloire de franchir le pont sous le feu de l'ennemi; mais il acheta l'honneur de ce succès par la mort de son colonel, officier d'une grande espérance, Gérard Lacuée, aide de camp de l'Empereur. Ce fait d'armes rappelait Lodi et nos beaux jours d'Italie.

Après le combat de Gunzbourg, le maréchal Ney donna ordre au général Dupont, resté à Albeck, de resserrer davantage l'ennemi sur Ulm. Celui-ci y marcha directement et soutint contre des forces quadruples un combat où il fut presque toujours victorieux. Il fit à l'ennemi autant de prisonniers qu'il avait de soldats. A la nuit il reprit sa position d'Albeck. L'ennemi avait pris les équipages de la division, et cette perte causa une diversion utile au général Dupont.

Je trouvai le quartier général à Augsbourg, et j'y revis l'Empereur. Cette ouverture de campagne lui présageait des succès qui ne tardèrent pas à se réaliser, et il m'en entretint avec une grande satisfaction. Il me parla avec indignation de la conduite de l'amiral Villeneuve et exprima de vifs regrets des obstacles qu'il avait apportés à la descente en Angleterre. Ceux qui ne croient pas à la réalité du projet auraient bien vite changé d'opinion s'ils l'a-

vaient entendu en ce moment. Il me tint ce jour-là
le propos que j'ai rapporté précédemment, et qui
décèle toute sa pensée sur les conséquences de l'expédition d'Angleterre.

Je reçus l'ordre, le 20 vendémiaire (12 octobre),
de partir avec mes deux divisions françaises, ma
cavalerie et vingt-quatre bouches à feu, pour me
porter, à marches forcées et par le chemin le plus
direct, sur l'Iller, à Illertiessen, en passant par
Usterbach et Taimanhain, afin de couper la route
qui conduit d'Ulm à Memmingen. Je me rapprochai
ensuite d'Ulm, et relevai sur cette rive du Danube
le corps de Lannes et la cavalerie de Murat, qui,
ayant continué leur mouvement et rejeté l'ennemi
sur la rive gauche, repassèrent le Danube et vinrent se joindre au sixième corps, commandé par le
maréchal Ney.

Mon camp fut placé au village et à la position
Pfuld, mes postes établis dans le petit faubourg, en
face de la ville, dont le pont de communication
était rompu. D'un autre côté, le maréchal Soult,
avec le quatrième corps, après avoir marché sur
Memmingen, qui avait capitulé, et détruit quelques
corps isolés dont il avait fait la rencontre, s'était
porté sur Biberach. Il gardait ainsi tous les débouchés de la Haute-Souabe.

De quelque côté que l'ennemi voulût se porter, il

avait d'abord deux corps d'armée à combattre, et ensuite presque toute l'armée.

Mais, avant l'exécution entière de ces mouvements, le maréchal Ney était resté seul sur la rive gauche et avait même une partie de ses troupes sur la rive droite. L'ennemi voulut tenter de s'ouvrir un passage en marchant sur lui. L'ennemi tenait en force le pont d'Elchingen et l'abbaye qui le domine; la possession de ce poste aurait couvert son flanc droit et protégé son mouvement projeté sur Nordlingen. L'archiduc, ayant formé les vingt mille hommes de troupes qu'il conduisait en deux divisions commandées par le général Werneck et le prince de Hohenzollern, attaqua nos troupes brusquement à Albeck, les en chassa, et rendit ainsi libre le chemin de la Bohême. Dans le même temps, le maréchal Ney, avec la majeure partie de son corps d'armée, attaquait l'abbaye d'Elchingen, défendue par le général Laudon, et passait le pont sous le feu de l'ennemi, tandis que, d'un autre côté, le maréchal Lannes et Murat balayaient la rive droite et forçaient le corps ennemi qui s'y trouvait à rentrer dans la place. Aussitôt le chemin de retraite ouvert, l'archiduc avait marché avec sa cavalerie à tire-d'aile. L'infanterie le suivit pesamment; mais la division Dupont, revenue de son étourdissement, attaqua de nouveau l'ennemi, le culbuta, reprit la position qu'elle avait perdue, et coupa ainsi en deux l'armée autrichienne.

Mack aurait dû faire combattre à outrance pour rouvrir le passage et suivre le mouvement avec ce qui lui restait de troupes. L'archiduc, après avoir attendu vainement deux jours, instruit que nous avions rejeté Mack dans la place, continua sa marche; mais déjà il était bien tard. Murat, dès le 23 vendémiaire (15 octobre) au soir, mis à sa poursuite avec sa cavalerie et la division Dupont, joignit et attaqua l'arrière-garde du général Werneck, qu'il culbuta à Langenau, près de Neresheim, et fit quatre à cinq mille prisonniers.

Une partie du corps de Lannes fut envoyée dans la direction de Nordlingen. L'ennemi, dont la marche était ralentie par cinq cents chariots, atteint, battu, cerné, mit bas les armes par capitulation, ainsi que le général Werneck. Le prince de Hohenzollern et l'archiduc se séparèrent de cette colonne avec deux ou trois mille chevaux qui leur restaient et atteignirent heureusement la Bohême.

Le 25 au matin, le corps du maréchal Lannes occupait Elchingen et Albeck, et le maréchal Ney se mettait en mouvement pour attaquer le Michelsberg et enlever les positions occupées par l'ennemi. La garde impériale et deux divisions de cavalerie étaient à l'abbaye d'Elchingen.

J'occupais, ainsi que je l'ai déjà dit, la rive droite pour contenir l'ennemi de ce côté. S'il eût voulu marcher sur Memmingen, je serais tombé sur son flanc et je me serais attaché à sa poursuite, tandis que le maréchal Soult lui aurait barré le passage; et, si, au lieu de prendre cette direction, il eût voulu descendre le fleuve par la rive droite, je lui aurais aussi barré le passage, et j'aurais combattu jusqu'à extinction pour conserver les ponts qui servaient à ma communication avec l'Empereur et les corps de Lannes et de Ney.

La division de dragons du général Beaumont fut ajoutée à mes troupes et mise sous mes ordres; l'ennemi ne tenta rien et attendit stupidement l'attaque qu'on dirigea contre lui.

La place d'Ulm est petite et ne vaut rien ; elle est dominée et en fort mauvais état. Elle n'était capable d'aucune défense, surtout dans l'état où elle se trouvait alors.

Le Michelsberg, position immense que cent mille hommes pourraient occuper, n'a rien de particulier. Quelques travaux y avaient été exécutés, mais des postes, à défaut de corps de troupes, y figuraient des bataillons.

Attaquer la position et en chasser l'ennemi fut l'affaire d'un moment : les Autrichiens, écrasés, rentrèrent confusément dans la place. Il ne leur restait plus qu'à se rendre, et ils s'y résignèrent promptement. On leur accorda quatre jours de répit, après lesquels ils devaient ouvrir les portes de la ville et mettre bas les armes. Ils eurent ce qu'on est convenu d'appeler les honneurs de la guerre, honneurs ressemblant plutôt à l'exécution d'une condamnation et à un supplice solennel : ils défilèrent devant leurs vainqueurs. Jamais spectacle plus imposant ne s'était offert à mes yeux : le soleil le plus brillant éclairait cette cérémonie, et le terrain le plus favorable ajoutait à la beauté du coup d'œil.

La ville d'Ulm, située sur la rive gauche du Danube, a un développement assez petit. Une plaine parfaitement horizontale, de trois à quatre cents toises de longueur environ, l'enveloppe, et cette plaine est entourée elle-même par des montagnes qui s'élèvent régulièrement en amphithéâtre. Au tiers de ce demi-cercle s'avance un rocher escarpé haut de trente pieds.

Les troupes françaises bordaient la plaine, formées en colonnes, par division et par brigade, ayant la tête de chaque colonne au bas de l'amphithéâtre, et la queue plus élevée : l'artillerie de chaque division entre les brigades.

Le corps de Lannes étant en route pour Munich, le mien et celui du maréchal Ney, seuls présents, formèrent huit colonnes ainsi disposées en pente.

L'Empereur était placé à l'extrémité du rocher dont j'ai parlé, ayant derrière lui son état-major, et, plus en arrière, sa garde. La colonne autrichienne, sortie par la porte d'aval et en suivant circulairement une ligne parallèle à celle qu'indiquait la tête de nos colonnes, défilait devant l'Empereur, et, à cent pas de là, déposait ses armes. Les hommes désarmés rentraient ensuite dans Ulm par la porte d'amont : vingt-huit mille hommes passèrent ainsi sous de nouvelles Fourches Caudines.

Un pareil spectacle ne peut se rendre, et la sensation en est encore présente à mon souvenir. De quelle ivresse nos soldats n'étaient-ils pas transportés! Quel prix pour un mois de travaux! Quelle ardeur, quelle confiance n'inspire pas à une armée un pareil résultat! Aussi, avec cette armée, il n'y avait rien qu'on ne pût entreprendre, rien à quoi on ne pût réussir.

Toutefois je réfléchis avec une sorte de compassion au sort de braves soldats, mal commandés, dont la mauvaise direction a trompé la bravoure. Personne ne doit leur reprocher un malheur dont ils sont victimes; tandis que ce malheur est une faute, et peut-être un crime, de la part de leur chef. Ces réflexions me vinrent, et elles furent inspirées par le désespoir peint sur la figure de quelques officiers supérieurs et subalternes. Mais elles furent remplacées par une sorte d'indignation en remarquant un des principaux généraux, le général Giulay, dont l'air était satisfait, et dont la préoccupation semblait n'avoir d'autre objet que d'assurer une marche régulière et la correction dans les alignements. Au fond, le désespoir dont je supposais toute cette armée remplie était ressenti par peu de gens. Au milieu de la cérémonie, je me rendis au lieu où les soldats mettaient les armes aux faisceaux; je dois le dire ici : ils montraient une joie indécente en se débarrassant de leur attirail de guerre.

Tel fut le résultat de cette campagne si courte et si décisive, où l'habileté de nos mouvements fut admirablement secondée par l'ineptie du général ennemi. Cette circonstance, au surplus, est une condition nécessaire aux très-grands succès, même pour les plus grands généraux.

Je veux raconter deux faits qui, chacun dans son genre, ne sont pas dépourvus d'intérêt. Le premier a pour objet de montrer combien est grande la supériorité qu'ont sur les troupes mercenaires, enrôlées à prix d'argent, des troupes françaises, et, en général, des troupes nationales, levées comme les nôtres. J'avais complété ma seconde division par un régiment hollandais. Ce régiment, après avoir campé à Zeist pendant dix-huit mois, et reçu les mêmes soins que toutes mes autres troupes, valait ce que la Hollande a jamais eu de meilleur. Il était commandé par un nommé Pitcairn, excellent officier. Voici cependant ce qui lui arriva. Dans la marche pénible effectuée pendant la nuit, d'Augsbourg à Ulm, les troupes eurent beaucoup à souffrir : la rigueur du temps, l'obscurité de la nuit, les mauvais chemins, la longueur de la marche, éparpillèrent beaucoup de soldats. En arrivant devant Ulm, j'avais à peine la moitié de mon monde; mais, en vingt-quatre heures, tous les soldats français, à l'exception d'une centaine peut-être, rejoignirent leurs régiments. Le 8ᵉ régiment batave, fort de plus de mille hommes en partant d'Augsbourg, avait, en arrivant devant Ulm, trente-sept hommes à son drapeau. Au bout de huit jours, il avait quatre-vingts hommes; et jamais, pendant le reste de la campagne, son effectif ne s'est élevé au delà de cent trente hommes. Tous les soldats dispersés s'établirent dans des fermes en sauvegarde, et n'en sortirent pas de toute la guerre. Comparez de pareilles troupes à celles qui ont pour mobile l'honneur, le devoir, l'amour de la gloire et de la patrie !

L'autre fait est celui-ci : j'avais plus de douze mille hommes campés sur la hauteur de Pfuld. Ce village n'a pas quarante maisons. Nous y restâmes cinq jours. L'ordre maintenu, les ressources furent consacrées aux besoins de mes troupes, et elles ne manquèrent de rien.

Quel pays pour faire la guerre que celui où l'on trouve de pareils produits, des hommes pour les conserver et des magasins ainsi tout faits, dont on dispose sans contestation! car les Allemands, gens éminemment raisonnables, savent d'avance et reconnaissent que les soldats doivent être nourris. Quand ce qu'on leur enlève reçoit une destination utile, ils s'en consolent. Le désordre seul les blesse et les mécontente.

L'armée autrichienne en Souabe avait disparu. Le premier corps, soutenu par le troisième, était entré à Munich. Les faibles débris de l'armée autrichienne, consistant dans les corps de Kienmayer et de Merfeldt et quelques autres détachements, ne faisant pas en tout vingt-cinq mille hommes, étaient seuls en présence. Après avoir choisi pour sa base d'opération le Lech, et Augsbourg pour sa place de dépôt, l'Empereur porta toute son armée sur l'Inn.

Le sixième corps, resté à Ulm et affaibli de la division Dupont, reçut l'ordre d'entrer dans le Tyrol. Après avoir pénétré par Kuffstein, il se dirigea sur Inspruck, et fut chargé de chasser du Tyrol l'archiduc Jean, qui s'y trouvait, mais dont la retraite était nécessitée par celle de toutes les armées autrichiennes, et spécialement par le mouvement qu'allait commencer incessamment l'archiduc Charles.

Le premier corps reçut l'ordre de se porter sur Wasserbourg et d'y passer la rivière. Je reçus celui de prendre la même direction avec le deuxième corps et de l'appuyer. Le troisième se porta entre Freising et Mühldorf. Murat, avec la cavalerie et le cinquième corps, se dirigea sur Haag et Braunau, et le quatrième sur le même point, par la grande route de Hohenlinden. Le passage fut disputé, mais il s'effectua simultanément sur tous les points.

Quoique les troupes russes, commandées par Koutousoff, fussent arrivées sur les bords de l'Inn, les corps autrichiens de Kienmayer et de Merfeldt combattirent seuls; il en fut de même pendant toute la retraite jusqu'à Amstetten. Le désordre était tel en ce moment chez les Autrichiens, que la place de Braunau, seule forteresse de cette frontière, fut abandonnée. Sans garnison, armée et approvisionnée, remplie de grands magasins de subsistances, pas un soldat ne s'y trouvait : aussi les habitants ouvrirent-ils les portes aux premiers Français qui se présentèrent.

Bernadotte continua son mouvement sur Salzbourg. Je fus d'abord chargé de le soutenir; ensuite je reçus l'ordre de me porter sur Lambach. Davoust, de Mühldorf, s'était porté sur Lambach, tandis que Murat, soutenu par Soult, avait marché sur Wels, et Lannes sur Schœrding et Lintz. Davoust chassa l'ennemi de Lambach, passa la Traun et se dirigea sur Kremsmünster. Je marchais derrière lui en seconde ligne. Bernadotte reçut l'ordre de se porter de Salzbourg sur Lambach. Par ces dispositions, la droite était bien éclairée, et cependant toute l'armée pouvait se réunir, si une bataille devenait nécessaire.

Les Russes firent leur retraite sur Ens par la route directe de Vienne; mais les débris de l'armée autrichienne, manœuvrant avec eux, étaient trop peu de chose pour livrer bataille avec quelque espérance de succès, et les armées du Tyrol et d'Italie trop éloignées pour venir sauver Vienne. Koutousoff se décida donc à repasser brusquement le Danube sur le pont de Krems, à détruire ensuite les moyens de passage, et à aller ainsi au-devant des autres armées russes, en marche pour le joindre. Mais je ne dois pas anticiper sur les événements.

Pendant ce temps, le maréchal Davoust s'avança sur Steyer et passa l'Ens de vive force. Je m'y portai également, et je l'y remplaçai. Le maréchal Soult passa la même rivière à Ens, à la suite du corps de Lannes, qui lui-même était précédé par la cavalerie de Murat.

D'un autre côté, l'Empereur avait donné l'ordre au général Dupont de suivre la rive gauche du Danube depuis Passau, soutenu par la division Dumonceau. Lannes reçut aussi l'ordre de faire passer la division Gazan sur des barques pour faire, avec la division de dragons du général Klein, l'avant-garde de ce nouveau corps, mis sous les ordres du maréchal Mortier. Celui-ci reçut l'ordre de se mettre en mouvement avant d'avoir opéré la réunion de toutes ses troupes.

Nous supposions aux Russes l'intention de livrer bataille dans la position de Saint-Pölten; mais, après avoir rallié tout ce qui était à leur portée, ils avaient ralenti leur marche. On trouva une forte arrière-garde à Amstetten. Un combat sanglant, où l'infanterie française et l'infanterie russe s'abordèrent pour la première fois dans cette guerre, fut livré. La victoire nous resta, et le mouvement rétrograde des Russes fut accéléré.

Les Russes, ayant repassé le Danube à Krems et brûlé le pont, se trouvèrent séparés de la masse de nos troupes, et n'ayant devant eux que le corps commandé par Mortier, dont les divisions n'étaient même pas rassemblées. Mortier, parti de Linz avec la seule division Gazan, trouva l'ennemi occupant en force Stein et Dürrenstein, situés dans un horrible défilé au pied du château de Dürrenstein, dont les ruines couronnent cette position, lieu célèbre pour avoir servi de prison à Richard Cœur-de-Lion, à son retour de Palestine. Koutousoff, opérant sa retraite sur la Moravie, et allant, par conséquent, faire une marche de flanc devant le corps de Mortier, devait à tout prix tenir le défilé pour être couvert. Par la raison contraire, Mortier devait le forcer : aussi y alla-t-il tête baissée. Mais Koutousoff, forcé de combattre, fit passer une forte colonne par les hauteurs, et prit ainsi en flanc et en queue la division Gazan. On se battit de la manière la plus vigoureuse dans les rues mêmes de Dürrenstein; on fit dix fois usage de la baïonnette. La division Gazan combattit un contre six, et, malgré des prodiges de valeur, elle allait succomber quand la division Dupont vint la dégager et la sauver.

Murat, dont l'Empereur avait d'abord arrêté le mouvement sur Vienne, se dirigea sur cette ville. Mais je dois rendre compte du mouvement opéré par les autres corps sur la Styrie.

Davoust, après le passage de l'Ens à Steyer, reçut l'ordre de suivre Merfeldt, qui se retirait par Waidhofen, Gaming et Mariazell. Dans ce dernier lieu, il le joignit et le battit. Après ce succès, il changea sa direction, se rapprocha de l'armée et marcha sur Vienne.

Je reçus l'ordre, le 16 brumaire (7 novembre), de partir également de Steyer, de remonter l'Ens à marches forcées, de culbuter et prendre tout ce que j'avais devant moi, et de me diriger ainsi sur Leoben, afin de couvrir l'armée de ce côté et de connaître les mouvements de l'armée autrichienne d'Italie.

Pendant les événements d'Ulm et depuis, les armées française et autrichienne, en Italie, en étaient venues aux mains. Il existait une grande disproportion dans les forces. L'armée autrichienne se composait de cent vingt mille hommes des plus belles troupes, et Masséna n'avait pas au delà de cinquante-cinq mille hommes. Il parvint cependant à passer l'Adige et à s'emparer de Véronette. L'ennemi rassembla toutes ses forces dans la position de Caldiero, barrant ainsi la vallée, des montagnes à la rivière. Il y établit de bons retranchements.

Les projets, à l'ouverture de la campagne, avaient été sans doute d'une autre nature; et la cour de Vienne, ainsi que l'archiduc, comptaient sur la conquête de toute l'Italie. L'éloignement de l'armée française sur les côtes de l'Océan, l'invasion et la conquête de la Souabe, sans coup férir, par une armée placée aux débouchés de la vallée du

Rhin, l'arrivée prochaine de quatre-vingt mille Russes venant se joindre à l'armée autrichienne, tout semblait devoir rassurer sur le sort de l'Allemagne : alors plus d'obstacles pour l'Italie. La disproportion des forces, devenue bien plus sensible après avoir fait les garnisons des places, assurait à l'archiduc des succès faciles. Mais il en fut tout autrement. La catastrophe si prompte, si entière, si imprévue d'Ulm, changea tout. Les opérations de l'Italie ne pouvaient plus être que secondaires. L'Allemagne envahie, le Tyrol conquis, l'archiduc ne pouvait songer à s'avancer davantage, la prudence le forçait à attendre, à se rapprocher même. Bientôt le salut de la monarchie lui commanda de rentrer dans les États héréditaires avec autant de promptitude que le maintien du bon ordre et la conservation de son armée pouvaient le lui permettre.

Toutefois il lui était utile, avant de commencer son mouvement, d'avoir sur l'armée française un succès décidé, pour être assuré de ne pas être inquiété trop vivement dans sa marche. Masséna, de son côté, voulait, par des mouvements offensifs, lui imposer et le retenir. Cette double combinaison amena la bataille de Caldiero, où nous ne pouvions pas être vainqueurs. Masséna la perdit; et, par suite, elle remplit le but de l'archiduc, en lui assurant une paisible et facile retraite. La bataille fut livrée le 30 octobre (8 brumaire), et le 2 novembre l'armée autrichienne commença son mouvement.

Je partis de Steyer immédiatement après en avoir reçu l'ordre. La marche que j'entreprenais n'était pas sans difficultés. L'Ens coule au milieu de très-hautes montagnes; ses eaux sont encaissées; la vallée est étroite; des ponts en bois, impossibles à rétablir s'ils étaient détruits, doivent nécessairement être franchis; ainsi on peut se trouver arrêté par des obstacles insurmontables dans cette vallée stérile, au milieu de défilés à défendre. La saison ajoutait encore aux difficultés. Nous étions au fort de l'hiver. On sait à quel point cette saison est rigoureuse dans ces hautes montagnes, et combien les chemins glacés qu'il faut parcourir retardent et contrarient la marche. Un mouvement extraordinaire, rapide, était cependant nécessaire pour pouvoir espérer de réussir.

A six lieues de Steyer, je rencontrai d'abord un premier obstacle imprévu; il semblait de mauvais augure. Dans un lieu où la vallée est fort resserrée, une portion de montagne qui s'était écroulée la veille barrait le chemin et bouchait toute la vallée. Il fallut faire un passage par-dessus le rocher et les éboulements qui l'avaient accompagné. On y employa presque toute une journée.

A Steyer, je rencontrai une faible division en position : elle flanquait la gauche du corps de Merfeldt, suivi par Davoust. Je l'attaquai, la détruisis, et pris deux bataillons du régiment Giulay-infanterie.

Je continuai ma marche avec rapidité, en suivant la rive droite de l'Ens, poussant toujours devant moi, dans cette vallée partout resserrée et où la rivière est très-encaissée, quelque cavalerie que j'avais. La route passe, sur la rive gauche, à quelque distance au delà du bourg Altenmarkt ; et, à trois quarts de lieue plus loin, au village de Reifling, elle repasse sur la rive droite, qu'elle ne quitte plus. La destruction de ces ponts si élevés, si longs, impossibles à reconstruire avec mes moyens, était de nature à m'inquiéter beaucoup. Nous ne pouvions franchir la rivière sans eux, et je devais m'attendre à y trouver quelque infanterie.

Je chargeai le capitaine Onakten, du 6° régiment de hussards, de prendre cent hommes de choix, et de se précipiter sur les ponts quand il serait à portée. Onakten, officier d'une bravoure à toute épreuve, entreprenant, vigoureux, ne doutait de rien. Le régiment de hussards le suivait de près, et quelques compagnies de voltigeurs marchaient avec lui. Les choses se passèrent le plus heureusement du monde. Les escadrons autrichiens, vivement pressés dans leur retraite, étant arrivés près du premier pont, Onakten tomba sur eux comme la foudre et le passa en même temps qu'eux, sabrant aussi deux compagnies d'infanterie chargées de mettre, après le passage de la cavalerie autrichienne, le feu à un amas de combustibles préparé d'avance. Il continua sa charge abandonnée jusqu'au delà du second pont; il le traversa de même, et le grand obstacle à craindre dans cette marche fut ainsi surmonté.

Arrivé à Reifling, je voulus avoir des nouvelles du mouvement des troupes ennemies qui se retiraient par les montagnes. J'envoyai en reconnaissance le capitaine Testot-Ferry, un de mes aides de camp, bon soldat et homme de guerre très-distingué, avec deux cents chevaux du 8ᵉ de chasseurs, et je le chargerai de remonter la Salza. Arrivé à une lieue de la grande route, des paysans l'informèrent qu'un bataillon autrichien venait d'arriver et de camper à une lieue plus loin. Voulant le reconnaître avant de rentrer, il passa la revue de la ferrure de ses chevaux, et ne prit que ceux qui pouvaient marcher plus facilement sur le terrain couvert de glace. Il laissa en arrière le reste pour lui servir de réserve, et se mit en route avec cent vingt chevaux. Arrivé près du lieu où on lui avait annoncé le camp de ce bataillon, il traversa seul un bois pour observersans être aperçu, et il vit le bataillon sans défiance, n'ayant placé aucun poste de sûreté, entièrement occupé à son établissement. Il rejoignit son détachement, laissa ses trompettes à la lisière du bois, où elles sonnèrent la charge au moment même où il se précipitait sur le camp avec sa troupe, renversant et brisant les fusils. Il fit réunir immédiatement le bataillon sans armes, et me l'amena prisonnier à mon quartier général. Ce bataillon était fort de quatre cent cinquante hommes et de dix-neuf officiers. Ce trait est certainement une des actions de troupes légères les plus jolies qu'on puisse citer.

Je quittai les bords de l'Ens, dont les sources sont beaucoup plus à droite, et placées dans le Tyrol. Je franchis la montagne d'Eisenerz avec la plus grande difficulté, la saison l'ayant rendue presque impraticable. Je débouchai dans la vallée de la Muhr, et j'arrivai à Leoben, encore rempli, pour moi, des souvenirs les plus vifs : là, huit ans et demi plus tôt, s'étaient terminés les immortels travaux de l'armée d'Italie.

Détaché à une grande distance, chargé d'éclairer une immense étendue de pays, je devais pourvoir à ma sûreté en conservant toujours ma communication avec l'armée, et retarder l'arrivée de l'ennemi sur Vienne autant que la proportion de mes forces avec les siennes pouvait le permettre.

J'envoyai des partis sur Iudenbourg, Unzmarkt et Knittelfeld, afin d'avoir des nouvelles; j'appris qu'aucune troupe ennemie n'avait paru sur ce point. Le prince Charles était encore en Italie, mais en mouvement rétrograde. On disait que sa retraite se faisait sur la Croatie, chose peu probable; mais au moins sur la Hongrie. L'archiduc Jean, évacuant le Tyrol, se portait sur Klagenfurth. Après avoir réuni toutes ses troupes, il ne les diviserait sans doute pas de nouveau; il se retirerait avec toute l'armée d'Italie par la Carniole et la Styrie, et non portion par la Styrie et portion par la Carinthie; car, s'il eût marché sur Vienne par la route d'Unzmarkt et d'Iudenbourg, il pouvait être atteint et coupé par le maréchal Ney, débouchant du Tyrol par les sources de la vallée de la Muhr, et arrivant avant lui ou en même temps que lui à Neumarkt, point de jonction de la grande route de Villach à Vienne. L'arrivée des troupes du Tyrol à Klagenfurth dessinait d'ailleurs leurs mouvements. C'eût été de Villach qu'elles se seraient portées sur la Muhr, si elles avaient dû prendre cette direction.

Le véritable point d'observation me parut donc être Grätz, et je me mis en marche pour m'y rendre, après avoir détruit tous les ponts sur la Muhr et établi des détachements légers chargés de me donner fréquemment des nouvelles de ce côté. La possession de Grätz, d'un bon effet d'opinion, était d'ailleurs d'une grande ressource pour l'armée.

Arrivé à Grätz, j'y établis mon quartier général; je plaçai à Vildon une forte avant-garde chargée de pousser tous les jours des partis sur Ehrenhausen : d'autres reconnaissances exploraient journellement la frontière de la Hongrie par la route de Grätz à Fürstenfeld.

L'archiduc Charles, après avoir livré la bataille de Caldiero, le 30 octobre (8 brumaire), ne perdit pas de temps pour commencer sa retraite. Mais une armée aussi nombreuse, ayant une marche aussi longue à exécuter, et dont le but était, non d'aller au secours d'une autre armée, mais d'aller livrer bataille avec ses propres moyens, ne pouvait marcher qu'avec lenteur. Aussi fus-je quelques jours à Grätz sans avoir aucune connaissance précise de l'ennemi. Les bruits populaires, par leur incertitude et leur contradiction, étaient une preuve suffisante de son éloignement.

Cet état de choses donna une grande sécurité à l'Empereur pour les opérations que les circonstances lui firent entreprendre. Toutefois la division batave de mon corps d'armée, déjà à Vienne, fut envoyée à Neustadt pour me soutenir et me servir d'intermédiaire entre Vienne et l'armée.

L'armée était entrée à Vienne le 21 novembre. On

ne pouvait prévoir que le pont du Danube nous serait livré; et on devait croire à la prochaine arrivée de l'archiduc Charles. Dans cette supposition, l'Empereur comptait, après la prise de Vienne, laisser seulement un corps pour défendre le Danube et faire tête de colonne à droite pour marcher à la rencontre de l'armée d'Italie et l'écraser. Mais la fortune en décida autrement et donna une tout autre direction à la campagne.

Un hasard hors de tous les calculs nous rendit maîtres du pont de Thabor. L'archiduc étant loin, une seule chose restait à faire; battre et accabler l'armée russe, s'avançant à grandes marches par la Moravie.

Avec plus d'habileté, l'armée russe aurait réglé son mouvement sur celui de la grande armée autrichienne, et reculé, s'il eût fallu, jusqu'à l'arrivée de ce puissant secours, dont la coopération devait être si utile. Mais les troupes russes étaient confiantes et nous voyaient pour la première fois : un jeune empereur, entouré d'un état-major présomptueux, était à leur tête. Un amour-propre déplacé remplaça les calculs de la raison, seule règle à suivre dans la conduite d'une guerre et le commandement des armées; on résolut inconsidérément de courir sans retard les chances d'un combat immédiat, et la bataille d'Austerlitz fut livrée.

La surprise si singulière du pont du Thabor mérite d'être racontée. Après la prise de possession de Vienne par capitulation, les troupes françaises se portèrent sur les bords du Danube. Là, le fleuve a une grande largeur. Les Autrichiens avaient tout préparé pour en défendre le passage et pour détruire le pont sur pilotis existant et servant à la communication de la capitale avec la Moravie et la Bohême. Des batteries formidables, placées sur la rive gauche, le pont couvert de matières combustibles, rendaient la défense facile : une étincelle pouvait le détruire, quand les troupes françaises se présentèrent à l'entrée; à leur tête se trouvaient Murat, Lannes et Oudinot.

La remise de la place avait fait cesser les hostilités et produit une de ces suspensions d'armes en usage à la guerre dans des circonstances semblables. Les pourparlers pour l'évacuation de Vienne avaient amené plusieurs fois des officiers généraux autrichiens dans le camp français. Le bruit d'un armistice se répandit; les Autrichiens le désiraient ardemment, et on croit volontiers ce qu'on désire. Ce bruit accrédité contribua sans doute à faire suspendre la destruction du pont.

Les Allemands sont, de leur nature, conservateurs, économes; et un pont comme celui-là est d'un grand prix. Murat et Lannes, tous les deux

Gascons, imaginèrent de profiter de cette disposition des esprits et d'en abuser. Ils mirent en mouvement leurs troupes, sans paraître hésiter. On leur cria de s'arrêter; elles le firent, mais elles répondirent qu'il y avait un armistice, et que cet armistice nous donnait le passage du fleuve.

Les deux maréchaux, se détachant des troupes, vinrent seuls sur la rive gauche pour parler au prince Auersperg, qui y commandait, en donnant l'ordre à la colonne d'avancer insensiblement. La conversation s'entama; mille sornettes furent débitées à ce stupide prince Auersperg, et, pendant ce temps, les troupes gagnaient du terrain et jetaient sans affectation dans le Danube la poudre et les matières combustibles dont le pont était couvert. Les plus minces officiers, les derniers soldats autrichiens, jugeaient l'événement; ils voyaient la fraude et le mensonge, et les esprits commençaient à s'échauffer.

Un vieux sergent d'artillerie s'approche brusquement du prince et lui dit avec impatience et colère : « Mon général, on se moque de vous, on vous trompe, et je vais mettre le feu aux pièces. » Le moment était critique; tout allait être perdu, lorsque Lannes, avec cette présence d'esprit qui ne l'abandonnait jamais, et cette finesse, cet instinct du cœur humain, apanage particulier des Méridionaux, appelle à son secours la pédanterie autrichienne, et s'écrie : « Comment, général, vous vous laissez traiter ainsi ! Qu'est donc devenue la discipline autrichienne, si vantée en Europe? » L'argument produisit son effet. L'imbécile prince, piqué d'honneur, se fâcha contre le sergent, le fit arrêter. Les troupes, arrivant, prirent canons, généraux, soldats, et le Danube fut passé. Jamais chose semblable n'est arrivée dans des circonstances tout à la fois aussi importantes et aussi difficiles.

Cet événement décida la direction de la campagne, et amena les immenses succès qui la couronnèrent. Si le pont eût été brûlé, l'Empereur, manœuvrant contre l'archiduc, et celui-ci étant encore éloigné, eût dû peut-être sortir du bassin du Danube supérieur. Les Russes auraient pu à leur aise, si le passage de vive force à Vienne leur eût paru trop difficile, marcher sur Presbourg ou plus bas. L'archiduc, que la sotte confiance des Russes n'animait pas, eût refusé la bataille. Il aurait manœuvré de manière à opérer sa jonction avec eux avant le combat. Alors c'était une grande bataille contre deux cent mille hommes, au fond de la Hongrie, loin de nos ressources et de nos points d'appui. La campagne eût pu avoir des résultats tout différents.

Mais le danger eût été bien plus grand pour nous

encore si les deux armées eussent opéré en arrière en se rapprochant et porté le théâtre de la guerre au-dessus de Vienne. Au lieu de cela, l'Empereur, n'ayant aucun obstacle devant lui, poursuivit le corps de Koutousoff, qu'il battit à Hollabrünn, et marcha à la rencontre de la grande armée russe. L'ayant jointe aux environs de Brünn, et après avoir réuni le corps de Lannes, celui de Soult, de Bernadotte, une division de Davoust, la cavalerie de Murat et la garde impériale, faisant ensemble au moins cent mille hommes, il attaqua l'armée ennemie, composée de quatre-vingt mille Russes et de quinze mille Autrichiens.

N'ayant pas assisté à la bataille d'Austerlitz, je n'en ferai pas la description. Tout le monde en connaît les résultats. L'affaire fut courte; les Russes s'y battirent avec courage, mais sans intelligence, et nous fîmes vingt mille prisonniers. Dès le lendemain, l'empereur Alexandre commença sa retraite sur la Pologne; et, une entrevue ayant eu lieu entre l'empereur d'Autriche et Napoléon, un armistice en fut la suite.

A cette bataille d'Austerlitz, les Russes pratiquèrent, pour la dernière fois, un usage fort singulier, qu'ils avaient suivi constamment jusque-là. Avant de charger l'ennemi, et pour le faire avec plus de promptitude et de vigueur, on faisait mettre les sacs à terre à toute la ligne, et ils y restaient pendant le combat. Tous les militaires savent de quelle importance il est pour le soldat de conserver son petit équipage. Les souliers, la chemise, renfermés dans son sac, les cartouches qui y sont placées, etc., tout cela est intimement lié à sa conservation et à la faculté de combattre, de se mouvoir, à sa santé, à son bien-être. Eh bien, comment comprendre l'usage russe ?

De deux choses l'une : ou l'on est vainqueur, ou l'on est vaincu : vaincu, les sacs sont perdus et l'armée désorganisée ; même vainqueur, si la victoire a été précédée de quelques mouvements rétrogrades, et cela arrive souvent dans les grandes batailles, il en est presque de même ; et, si on a culbuté d'abord l'ennemi et qu'on le poursuive, on s'éloigne, et alors il faut nécessairement s'arrêter à une ou deux lieues, le laisser en repos, faire même un mouvement rétrograde et perdre un temps précieux pour venir chercher les sacs abandonnés. L'armée française, à Austerlitz, trouva et prit plus de dix mille sacs rangés en ordre et laissés à la place que les corps russes avaient occupée. Cet usage, hors la circonstance de l'assaut d'une place ou de l'attaque d'un poste retranché, après lesquels on rentre nécessairement au camp, est tout ce qu'il y a de plus absurde, et les Russes y ont renoncé.

Pendant que l'Empereur opérait en Moravie et

préparait la bataille d'Austerlitz, j'étais, comme on le sait, en Styrie. A l'approche de l'archiduc, j'avais porté mon quartier général à Vildon, afin d'être informé plus tôt. Je m'avançai avec ma cavalerie jusqu'à Ehrenhausen, où j'eus un combat.

L'archiduc, en marchant sur Vienne, avait à choisir entre deux routes : la route directe par Grätz, Bruck et le Semmering, où la route de Hongrie, passant par Körmönd et aboutissant à Neustadt. La première, plus courte de sept à huit marches, était défendue ; l'autre, libre. En prenant la première, il serait retardé dans sa marche par les obstacles créés à chaque pas ; notre résistance se renouvellerait chaque fois qu'elle serait possible, et la vallée de la Muhr s'y prêtait beaucoup. En prenant cette route, rien ne pourrait être préparé pour faire face aux besoins de ses troupes pour arriver ensemble, en bon état et prêtes à combattre. Il se décida donc avec raison pour la route de Hongrie ; quoique plus longue, elle ne le ferait pas arriver plus tard, et le ferait arriver en meilleur état. Un corps de troupes, commandé par le général Chasteler, placé d'abord à Marbourg, puis à Mureck et Radkersbourg, ensuite à Fürstenfeld, couvrit tout son mouvement. Je n'avais, dans ce système, d'autre rôle à jouer que de garder Grätz le plus longtemps possible, pour forcer l'ennemi à pivoter autour de cette ville, et d'en partir pour me rendre lestement à Vienne, au moment où la tête de son infanterie serait arrivée à ma hauteur. Chaque jour, des prisonniers faits sur Ehrenhausen et sur Fürstenfeld m'apprenaient la position de l'armée, et j'étais admirablement bien servi par un système d'espionnage très-bien organisé.

Le général Grouchy, fait prisonnier à la bataille de Novi, et conduit à Grätz, y avait résidé assez longtemps et beaucoup connu un nommé Haas, placé à la tête d'une administration de bienfaisance et d'un hôpital. Cet homme, ennemi de la maison d'Autriche et révolutionnaire décidé, s'abandonnait à des rêves politiques et souhaitait un changement. Ses fonctions le mettaient en rapport journalier avec beaucoup de gens de la campagne ; par son intermédiaire je fus instruit, chaque jour, du lieu où était le quartier général de l'archiduc et de la masse de ses troupes.

Après avoir tout préparé pour une marche légère et rapide, évacué d'avance mes malades et mes blessés, fait disposer des vivres toujours prêts à Bruck, à Murzzuschlag et sur toute cette route, le 14 frimaire (5 décembre), les rapports m'ayant fait supposer la position de l'ennemi telle que je n'avais plus que juste le temps nécessaire pour le devancer à Vienne, je me mis en marche, et le troisième jour mon avant-garde entrait à Neustadt, quand les coureurs de l'archiduc s'y présentaient de leur côté.

Nous fîmes là une rencontre très-affligeante : celle d'un officier d'état-major apportant la nouvelle de l'armistice conclu et signé à Austerlitz le 15 frimaire (6 décembre). Sans cet événement, j'aurais été le lendemain près de Vienne, soutenu par tout ce qui se trouvait dans cette ville. Deux jours après, la plus grande partie de l'armée victorieuse à Austerlitz serait arrivée, et nous aurions eu une grande bataille, sous les murs mêmes de cette capitale, où j'aurais joué un rôle important, me trouvant à l'avant-garde, et mes troupes étant toutes fraîches et remplies d'ardeur.

A cette nouvelle, tout le monde s'arrêta : amis et ennemis, chacun resta en place. Les conditions de l'armistice connues officiellement, je rétrogradai sur Grätz pour occuper la province de Styrie, destinée à pourvoir aux besoins de mon corps d'armée. Huit jours après en être sorti, j'y étais de retour.

CORRESPONDANCE ET DOCUMENTS

RELATIFS AU LIVRE HUITIÈME

BERTHIER A MARMONT.

« Paris, le 14 septembre 1805.

« Je vous préviens, général, qu'incessamment vous allez recevoir l'ordre de passer le Rhin à Cassel pour vous rendre à Wurtzbourg et vous joindre au maréchal Bernadotte. Un corps de huit mille hommes de Hesse-Darmstadt, mais qui, au premier moment, ne sera que de quatre mille, se rendra sous vos ordres. Vous recevrez une instruction qui vous fera connaître tous les princes des pays que vous traverserez, qui sont nos amis, ainsi que ceux qui sont du parti de l'Autriche.

« Le prince de Nassau vous enverra un capitaine avec cent voitures qui vous serviront à porter des munitions d'artillerie. Le prince de Hesse-Darmstadt doit aussi vous en envoyer. Il faut en profiter pour porter des munitions de toute espèce; car vous ne sauriez trop en avoir.

« L'Empereur me charge de vous dire que tout ceci doit être dans le plus grand secret; que votre langage doit même être pacifique; mais en même temps vous devez augmenter votre artillerie autant que vos moyens de transport pourront le permettre. Nous trouverons des chevaux dans les pays que nous traverserons. Il suffit que les pièces et un caisson par pièce soient attelés par le train. Les autres caissons seront attelés par les chevaux du pays, comme on pourra. »

BERTHIER A MARMONT.

« Paris, le 15 septembre 1805.

« Je dois vous prévenir, général, qu'en examinant la carte j'ai vu que la route que je vous ai tracée passe à Siemmeven, ce qui est la vieille route. Il y en a une beaucoup plus courte le long du Rhin, et qui peut abréger de deux journées de marche. Quoique j'imagine que, pour faire ce changement, vous n'ayez pas besoin d'ordre de moi, j'ai pensé que je devais vous faire connaître l'avantage qu'il y avait de suivre cette nouvelle route, puisque votre armée, au lieu d'arriver à Mayence le cinquième jour complémentaire, pourra y arriver le troisième. Je vous préviens que l'électeur de Bavière est arrivé à Wurtzbourg le 25, et que là cet électeur réunit toutes ses troupes. Vous devez lui envoyer un de vos officiers pour lui faire connaître que vous êtes avec un corps de trente mille hommes à Mayence pour marcher sur Wurtzbourg et vous y réunir à son armée et au corps du maréchal Bernadotte.

« J'écris à M. Otto à Wurtzbourg.

« J'attends de vos nouvelles, général, et je vous engage à me donner toutes celles que vous apprendrez. »

BERTHIER A MARMONT.

« Paris, le 19 septembre 1805.

« Je vous dépêche un courrier, monsieur le général Marmont, pour vous faire connaître que vous et l'armée que vous commandez devez vous diriger le plus promptement possible sur Wurtzbourg sans attendre de nouveaux ordres de moi. L'Empereur désirerait que vous pussiez y être rendu au plus tard le 8 vendémiaire. »

BERTHIER A MARMONT.

« Strasbourg, le 28 septembre 1805.

« Je vous envoie, général, la copie de la lettre que j'écris à M. le maréchal Bernadotte. Votre corps d'armée reste dans toute son intégrité sous vos ordres, composé comme il l'est aujourd'hui; mais, comme vous êtes réuni à M. le maréchal Bernadotte, vous vous trouvez sous ses ordres, et il vous indiquera la route que vous aurez à tenir pour former une seconde colonne à deux, trois ou quatre lieues au plus sur sa droite. Vous aurez soin de vous mettre en communication fréquente avec le corps de M. le maréchal Davoust, qui marche aussi à votre droite.

« Indépendamment des comptes que vous rendrez à M. le maréchal Bernadotte, vous devez m'écrire journellement. »

BERTHIER A MARMONT.

« Ettlingen, le 2 octobre 1805.

« Je vous envoie, général, un croquis qui vous fera connaître la direction que prennent dans leur marche les différents corps d'armée.

« L'Empereur compte que, d'après ses intentions, que je vous ai fait connaître ainsi qu'à M. le maréchal Bernadotte, vous vous serez mis en marche aujourd'hui, d'après les ordres et la direction que vous aura donnés ce maréchal.

« Tous les corps de l'armée se mettent également en mouvement, et passent le Necker.

« J'écris à M. le maréchal Bernadotte qu'ayant dû voir, par la proclamation qui lui a été adressée, ainsi qu'à vous, que nous sommes en pleine guerre, il doit attaquer tout ce qui se rencontrera devant lui, et que, dans tous ces mouvements, vous devez maintenir votre communication avec M. le maréchal Davoust.

« Je l'informe que l'Empereur sera ce soir à Stuttgard; que Sa Majesté suivra ainsi le mouvement des deux corps de droite, parce qu'il serait possible que l'ennemi voulût déboucher par Ulm.

« Le corps qui a débouché de la Bohême sur la Rednitz n'est composé que d'un ou de deux régiments de cavalerie, et de quelques bataillons d'infanterie.

« Si l'ennemi passait le Danube pour se porter sur M. le maréchal Bernadotte, l'intention de Sa Majesté est qu'il l'attaque et que vous mainteniez toujours votre communication. Dans ce cas, toute l'armée ferait un mouvement sur les deux premiers corps.

« Du moment où notre droite aura passé Heidenheim, l'Empereur se portera de sa personne aux deux premiers corps d'armée, dont Sa Majesté sera fort aise de voir les troupes.

« Il n'est point dans l'intention de l'Empereur de faire des magasins, excepté ceux qu'il fait préparer en cas d'événement. L'armée doit vivre par réquisition, en laissant des bons en règle que l'Empereur fera rembourser.

« Tous les pays qui sont amis de l'Autriche sont nos ennemis et doivent être traités ainsi. Je vous en enverrai la note; et, dans ce moment, il faut s'occuper d'écraser les Autrichiens avant l'arrivée des Russes.

« Je pense que vous avez eu, du gouvernement batave, la solde de votre armée pour tout le mois de vendémiaire.

« Quant aux troupes du landgrave de Hesse-Darmstadt que vous deviez avoir, vous ne devez pas y compter pour le moment. »

BERTHIER A MARMONT.

« Donauwert, le 8 octobre 1805.

« L'intention de l'Empereur, monsieur le général Marmont, est que vous vous empariez d'Ingolstadt aujourd'hui, si vous pouvez le faire plus promptement que M. le maréchal Bernadotte, qui a ordre de l'occuper demain.

« L'Empereur imagine que vous êtes en mesure de passer le Danube à Neubourg, ou entre Neubourg et Ingolstadt.

« Vous devez passer ce fleuve sans délai, si M. le

maréchal Bernadotte n'a personne devant lui; et, immédiatement après que vous aurez passé le Danube, vous vous porteriez sur Ingolstadt afin d'en faire réparer les ponts, et rendre le passage facile au maréchal Bernadotte et au corps bavarois.

« Je vous rappelle l'ordre de m'envoyer, tous les soirs, un aide de camp ou officier d'état-major, et de me faire connaître ce qu'il y aura de nouveau. »

BERTHIER A MARMONT.

« 9 octobre 1805.

« Les moments sont précieux, général, chaque heure perdue nous ôte une partie des succès que notre marche nous a donnés.

« Rendez-vous avec votre corps d'armée, ce soir, à l'intersection des routes d'Augsbourg à Neubourg, et de Munich à Rain, c'est-à-dire au village ou dans les environs de Gundelsdorff; tirez des vivres partout où vous pourrez, car il y aura bien de la peine à vivre à Augsbourg.

« Le quartier général impérial sera ce soir à Augsbourg.

« Je vous préviens que, dès aujourd'hui, votre corps d'armée ne recevra des ordres que du grand état-major général. »

BERTHIER A MARMONT.

« Augsbourg, le 12 octobre 1805.

« M. le général Marmont partira, aussitôt la réception du présent ordre, avec toute sa cavalerie, ses deux divisions françaises et vingt-quatre pièces de canon bien attelées et bien approvisionnées, ses cartouches, ses ambulances, pour se rendre sur Babenhausen, passant par Steepach, Untergossenhausen, Usterbach, Zumershausen, Tainhausen, Edewheffen, Krumbach.

« Le général Marmont se trouvera avoir neuf lieues à faire.

« Deux cents de ses meilleurs chevaux de cavalerie devront arriver ce soir à Babenhausen, et se mettre, aussitôt leur arrivée, en communication avec les postes du prince Murat, qui occupe Weissenhorn. Le reste de sa cavalerie arrivera ce soir aussi loin qu'elle pourra, mais au moins sur la Mindelheim, au village de Tainhausen, où M. le général Marmont se trouvera de sa personne. Il y fera rendre également deux mille hommes d'infanterie de son avant-garde.

« Le reste de ses deux divisions d'infanterie pourra coucher ce soir, une division à Usterbach, à quatre lieues, et l'autre à Zumershausen, qui est environ à cinq lieues et demie.

« Demain, à six heures du matin, tout le corps de M. le général Marmont se mettra en marche. Sa cavalerie se portera sur l'Iller, pour intercepter la route de Weissenhorn à Memmingen au village d'Hohenhausen.

« M. le général Marmont, avec son corps d'armée, se portera au village d'Illertiessen, où il est nécessaire que demain, avant onze heures du matin, il soit en position sur les hauteurs du village d'Illertiessen, et que sa cavalerie soit répandue le long de l'Iller, communiquant par sa droite avec le prince Murat, et par sa gauche avec le maréchal Soult. — Si le chemin était trop difficile pour son artillerie, il la fera passer par la chaussée qui, de Babenhausen, va à Weissenhorn (trois lieues); et, de cette ville à Illertiessen, il y a deux lieues.

« Le principal but de M. le général Marmont est de se trouver sur la droite de Weissenhorn, avec tout ce qu'il pourra de monde, le plus tôt possible, dans la journée de demain 21, la bataille devant avoir lieu dans la journée du 22.

« Après avoir donné tous ses ordres de départ, le général Marmont viendra prendre lui-même ceux de l'Empereur. »

BERTHIER A MARMONT.

« Oberfullen, le 15 octobre 1805.

« Je vous préviens général, que l'Empereur restera toute la journée à l'abbaye d'Elchingen. Son intention est que vous vous teniez de votre personne sur la petite hauteur du village de Pfuld; que vous ayez là une de vos divisions; que l'autre s'y trouve à portée, près d'Ulm; que votre cavalerie soit entre l'une et l'autre de ces divisions.

« La division de dragons à pied du général Baraguey-d'Hilliers, qui se trouve en position à son bivac, gardera les ponts d'Elchingen et de Talfingen; le général Baraguey-d'Hilliers placera sur chacun de ces deux ponts deux pièces de canon.

« Le général Beaumont, avec sa division de dragons, se placera pour fortifier votre ligne.

« Votre principal but, général, doit être d'empêcher l'ennemi de s'échapper d'Ulm, ou le retarder suffisamment pour que, des hauteurs, nous puissions revenir pour l'atteindre.

« Si cependant il vous était impossible d'empêcher l'ennemi de passer, le principal chemin qu'il faut toujours garder est le chemin qui va à Gunzbourg. Il vaudrait mieux laisser échapper l'ennemi par le chemin qui va à Memmingen, sauf à vous mettre, le plus tôt possible, à sa poursuite.

« Lorsque l'attaque sera fortement engagée sur les hauteurs, ou si vous vous apercevez que l'ennemi se dégarnit trop devant vous, vous ferez ce que vous voudrez pour l'attaquer de votre côté et produire tout l'effet d'une fausse attaque.

« Vous resterez pendant toute l'affaire en bataille, et de manière à produire le plus d'effet qu'il sera possible à l'ennemi, qui vous verra des hauteurs.

« Enfin, général, vous tiendrez des postes le long du Danube, depuis le pont de Talfingen jusque le plus près possible d'Ulm, et vous ferez reconnaître, sur la rive gauche, en passant au village de Talfingen, et en longeant le Danube, si on ne pourrait pas, de ce côté, faire une attaque réelle sur l'enceinte d'Ulm du moment où nous nous serons emparés des hauteurs.

« Du moment où vous serez arrivé sur les hauteurs de Pfuld, vous enverrez un de vos aides de camp à l'Empereur, qui sera à l'abbaye d'Elchingen. »

BERTHIER A MARMONT.

« Munich, le 27 octobre 1805.

« Il est ordonné à M. le général Marmont de partir, aujourd'hui 5, de Munich avec son corps d'armée, pour se rendre et prendre position entre Munich et Obersdorf; son avant-garde suivant l'arrière-garde de M. le maréchal Bernadotte, qui marche sur Wasserbourg, où son avant-garde est déjà arrivée.

« M. le général Marmont ne fera aucune espèce de réquisition sur sa gauche; il se nourrira par sa droite aussi loin que cela sera nécessaire.

« M. le général Marmont occupera Wasserbourg du moment que M. le maréchal Bernadotte aura passé l'Inn pour se diriger sur Saltzbourg.

« Pour cela, il se mettra en communication avec M. le maréchal Bernadotte; il poussera des reconnaissances sur Kraiburg et Mühldorf. Il attendra de nouveaux ordres à Wasserbourg, dans le cas où il s'y rendrait, si le maréchal Bernadotte passe l'Inn pour se diriger sur Saltzbourg.

« Le général Marmont prendra du pain pour deux jours.

« Le maréchal Soult prend position à Hohenlinden, ayant en avant, au delà de Haag, la cavalerie du prince Murat. »

BERTHIER A MARMONT.

« Braunau, 31 octobre 1805.

« Je vous préviens, général, que le prince Murat et le maréchal Davoust sont déjà à Haag, à quatre lieues au delà du Ried, sur la route de Lambach, d'où il n'est plus qu'à six lieues. Vous devez donc vous dépêcher d'arriver à Strasswalthen, et le plus rapidement que vous pourrez à Vacklabruck.

« L'ennemi nous a abandonné la place de Braunau, et sûrement il a cru la laisser à un corps de son armée. Nous avons trouvé quarante pièces de canon en batterie, chaque pièce avec tous ses ustensiles, prête à tirer, dix-huit fours avec leurs ustensiles, cent mille rations de pain, une quantité immense de poudre et de projectiles, des bombes, des farines, etc., etc.

« Le prince Murat vient de joindre leur arrière-garde à Ried; il a pris quatre pièces de canon et fait six cents prisonniers. »

BERTHIER A MARMONT.

« Laynbach, le 4 novembre 1805, neuf heures du matin.

« Le maréchal Davoust, général, se porte aujourd'hui sur Steyer; ayez un aide de camp près de lui, afin d'être instruit promptement s'il avait besoin de vous.

« Portez votre quartier général cette nuit à Kremsmunster, et réunissez-y votre corps d'armée du moment que vous serez instruit que le maréchal Davoust se sera emparé de Steyer et en aura rapproché son armée.

« L'Empereur désire que le maréchal Davoust ait une tête de pont sur l'Ens le plus tôt possible.

« Concertez avec lui les mouvements qu'il serait nécessaire de faire pour arriver à ce but; dans tous les cas, soyez toujours prêt à soutenir l'armée de ce maréchal.

« Sa Majesté désire aussi que votre cavalerie tienne des patrouilles sur la route de Knedorf à Rottenmann, tout comme lorsque l'Ens sera passé et qu'il sera constaté que l'ennemi ne peut plus prendre l'offensive. Votre cavalerie éclaire le chemin de Steyer à Leoben, et celle de M. le maréchal Davoust le chemin de Steyer à Waadhofen à Annaberg et Lilienfeld.

« Le maréchal Bernadotte doit être demain à Laynbach. »

BERTHIER A MARMONT.

« Lintz, le 7 novembre 1805.

« Il est ordonné à M. le général Marmont de partir de la position qu'il occupe avec tout le corps à ses ordres, pour se porter à grandes marches à Leoben, prendre et culbuter tout ce qu'il y aura devant lui. Il aura soin de se faire précéder d'une avant-garde qui poussera des reconnaissances en avant de lui.

« Le général Marmont aura également soin de laisser, depuis Steyer, des petits postes de cavalerie de cinq en cinq lieues, afin de pouvoir correspondre facilement avec le quartier général impérial. Cet article est important, afin que l'Empereur sache promptement ce qui se passera dans la vallée de l'Ens, de la Muhr et en Italie.

« Du moment que la grande armée sera arrivée à la position de Saint-Pölten, le général Marmont communiquera et placera ses petits postes de cavalerie par la route de Mariazzell.

« Le général Marmont se conduira suivant les circonstances. L'Empereur ne voit pas qu'il puisse rien craindre dans l'état où se trouve l'ennemi; cependant il mettra beaucoup de prudence dans sa marche. Je lui répète qu'il doit effectuer son mouvement en faisant les plus grandes marches qu'il lui sera possible.

« Il doit me faire connaître, par le retour de l'officier, les endroits où il compte coucher jusqu'à Leoben.

« Il est très-important que, de l'endroit où le général Marmont couchera chaque soir, il prenne des renseignements pour savoir comment, de cet endroit, il pourrait rejoindre directement la grande armée sur Saint-Pölten s'il en recevait l'ordre. Il sentira combien il est important que je reçoive souvent de ses nouvelles. »

LIVRE NEUVIÈME

1805 — 1806

Sommaire. — Marmont à Grätz jusqu'à la paix. — Masséna en Illyrie. — Le fort de Grätz. — Coup d'œil sur la campagne qui vient de finir. — Conséquences de la violation du territoire prussien : détails. — Grätz. — Ordre d'occuper le Frioul. — Les Autrichiens livrent Cattaro aux Russes. — Séjour à Trieste. — Mort du père de Marmont. — Les faux illyriennes. — Les enclaves du Frioul. — Les Fourlous parlent languedocien. — Le corps d'armée de Marmont à Monfalcone et à Sacile. — Trombe de Palmanova. — Système de défense de la frontière italienne contre l'invasion des Allemands. — Forts à Malborghetto, à Caporetto, à Canale. — Le coffre-fort d'Osopo. — Visite à Udine et à Milan. — Eugène Beauharnais. — Passion de Marmont pour l'Italie. — Perspicacité des Italiens. — Les conscrits parisiens. — Lauriston en Dalmatie. — Il prend possession de Raguse. — Le Montenegro : son organisation. — Le système constitutionnel se soulève contre Lauriston. — Description de la place de Raguse. — Lauriston assiégé. — Molitor et Marmont viennent à son secours. — Étonnement de Lauriston. — Molitor obligé de s'arrêter à la porte. — Le général Thiars ; anecdote. — Dandolo à Zara : son importance affectée. — Fêtes et visites à madame Dandolo.

Je restai à Grätz jusqu'à la paix, dont la signature eut lieu le 6 nivôse (28 décembre).

L'archiduc prit ses cantonnements en Hongrie. Le maréchal Masséna, avec l'armée d'Italie, occupa Laybach, la Carniole, et poussa ses troupes légères sur la Drave et Marbourg, où se faisait la jonction de nos territoires. Mes troupes, après avoir fait de belles marches et des mouvements rapides, se reposèrent dans l'abondance.

Je régularisai les grandes ressources de cette province et maintins un ordre sévère. Les habitants furent ménagés autant que possible; ils le méritaient par leur excellent esprit, leur douceur et leur bonhomie.

Pendant l'armistice, je reçus l'ordre de me disposer à marcher, l'intention de l'Empereur étant de rentrer brusquement en campagne si on tardait à s'entendre sur les conditions de la paix. Dans le cas de la reprise des hostilités, le fort de Grätz, mis en état de défense, pouvait m'être utile. Placé sur une montagne isolée, dominant la ville, il fut construit autrefois pour la protéger. Armé convenablement, il était susceptible, par sa position, d'une longue résistance. Mais alors il était consacré seulement à la garde de malfaiteurs et de condamnés. J'eus l'idée de le rendre à sa première destination. J'en fis mon rapport à l'Empereur, et, sur son approbation, dix jours après, ceux qui l'habitaient en sortirent. Des canons, envoyés de Vienne, furent mis sur les remparts; les magasins furent remplis de vivres, et les dépôts de mes régiments en habitèrent les casernes.

Les habitants voyaient avec beaucoup de peine ces dispositions, destinées à appeler un jour chez eux les malheurs de la guerre. Plus tard, j'eus l'occasion de partager leurs regrets. La paix rendit inutiles ces préparatifs de défense; mais les Autrichiens profitèrent des travaux faits, et laissèrent cette forteresse dans l'état où je l'avais mise. Quand, en 1809, j'entrai à Grätz, elle m'incommoda beaucoup et rendit difficiles tous mes mouvements.

Je jetterai un coup d'œil rapide sur cette campagne si prompte et dont les résultats furent si heureux. Nous les dûmes sans doute à la rapidité des mouvements, à la vigueur des attaques, à la bonté des troupes, mais aussi à l'incroyable confiance des Russes. Leur conduite fut contraire à tous les calculs de la raison; j'en ai déjà établi la preuve. Mais la chose sera plus évidente quand on saura dans quelle disposition étaient les Prussiens.

La violation de son territoire avait décidé le roi de Prusse à nous faire la guerre, et son armée était au moment d'entrer en campagne; plusieurs corps avaient déjà quitté leurs garnisons quand la bataille d'Austerlitz fut livrée.

On a vu dans quelle situation difficile l'armée française se serait trouvée, malgré les succès d'Ulm, si les Russes avaient agi avec prudence et méthode, et attendu l'arrivée de l'armée de l'archiduc Charles avant de combattre. Mais on peut juger de ce qui serait arrivé, si à ces difficultés on ajoute la présence de cent cinquante mille Prussiens vers

Ingolstadt, barrant la vallée du Danube, s'emparant de notre ligne d'opération et prenant l'armée à revers : il eût fallu plus qu'un miracle pour nous tirer d'affaire; enfin, si Vienne, dont les fortifications étaient alors intactes, qui renfermait d'immenses approvisionnements d'artillerie, avait fermé ses portes et se fût défendue quinze jours contre un simple blocus, car l'armée française n'avait aucun moyen de siége avec elle, ni à portée, on se demande ce qui serait advenu : il est plus que probable que la campagne aurait fini par notre destruction ou une retraite précipitée, et non par des triomphes.

Je reviens à ce qui me concerne.

La ville de Grätz est une des plus agréables résidences des États autrichiens; elle est fort belle et habitée par une noblesse aisée. Sa physionomie se ressent du voisinage de l'Italie, et les mœurs des habitants ont encore le caractère de bonté de l'Allemagne. Elle participe de la nature des deux pays. La rivière de la Muhr, qui la traverse, coule d'abord dans des gorges étroites et pittoresques, et ensuite au milieu d'un bassin large et bien cultivé, où est placée la ville. J'y trouvai beaucoup d'émigrés, appartenant à la maison de madame la comtesse d'Artois; ils furent protégés, et rien ne troubla leur repos.

L'Empereur ayant décidé que mon corps d'armée ne reviendrait point en Hollande, toutes les troupes bataves me furent retirées, et se mirent sur-le-champ en marche pour retourner sur les côtes de la mer du Nord. Je reçus, le 7 janvier, l'ordre de relever successivement, avec mes deux divisions françaises et ma cavalerie, les troupes de l'armée d'Italie; de rentrer à l'époque fixée pour l'évacuation totale du pays sur la rive droite de l'Isonzo, et d'occuper le Frioul.

L'armée avait trouvé des approvisionnements immenses dans l'arsenal de Vienne, un des plus grands et des plus beaux dépôts d'artillerie qui aient jamais existé. On évacua tout ce qu'il renfermait, soit sur la Bavière, soit sur l'Italie. Les immenses ressources en attelages des provinces de Carinthie et de Styrie furent consacrées à ces transports, et je parvins à tout enlever dans l'espace de temps très-court que la disposition du traité de paix avait fixé.

Après avoir évacué la Styrie, j'occupai encore, pendant deux mois, la Carinthie, la Carniole et Trieste. J'étais autorisé à rapprocher l'époque de l'évacuation, si les Autrichiens remettaient plus tôt aux troupes françaises les provinces d'Istrie, de Dalmatie et les bouches de Cattaro, l'un étant subordonné à l'autre. Mais, loin d'en agir ainsi, les troupes autrichiennes remirent, contre la teneur des traités, les bouches de Cattaro à l'amiral russe

Siniavin, qui s'y présenta avec une escadre et des troupes de terre. Le commandant autrichien de Castelnovo rejeta d'abord sa sommation; mais le commissaire du gouvernement, marquis de Ghisilieri, se rendit sur les lieux, leva toutes les difficultés, et, motivant sa résolution sur ce que le délai fixé pour remettre les bouches de Cattaro aux Français était expiré sans qu'ils se fussent présentés pour en prendre possession, il y fit recevoir les troupes russes. Cette affaire retentit alors dans toute l'Europe et devint l'objet des plus vives discussions.

A l'occasion de ce manque de foi, je prolongeai d'abord mon séjour à Trieste; mais, quelques jours plus tard, je quittai cette ville, conformément à de nouveaux ordres de l'Empereur, qui se contenta, en échange, de garder Braunau. Je conclus aussi, avec le général de Bellegarde, un arrangement qui nous donnait passage libre par Trieste et la Croatie, avec des troupes, jusqu'au moment où Cattaro nous serait rendu.

J'achevai donc l'évacuation des provinces encore occupées par mes troupes, et je repassai l'Isonzo. Le 4 mars, j'entrai dans le Frioul, et j'établis mon quartier général à Udine, ville charmante et bien habitée où je passai tout le printemps.

Mon séjour à Trieste avait été accompagné des

plus vifs chagrins pour moi. La nouvelle de la mort de mon père, mort d'apoplexie, le 1ᵉʳ janvier, m'y était parvenue. La certitude de ne jamais revoir un être que l'on aime beaucoup est, sans doute, ce qui rappelle le plus péniblement à notre esprit la faiblesse de notre nature et le vague de notre avenir.

Pendant mon séjour en Carniole et à Trieste, le ministre de l'intérieur avait demandé à l'Empereur de faire envoyer en France quelques-uns des ouvriers employés, dans les forges de ce pays, à la fabrication des faux qu'elles sont en possession de fournir à toute l'Europe. Cette fabrication, source de richesses pour ce pays, était à cette époque sa propriété exclusive. Les faux fabriquées en France, partie en fer, partie en acier, après avoir servi quelque temps, n'étaient plus bonnes à rien; tandis que celles de Carinthie, entièrement d'acier, restent toujours les mêmes. Cette circonstance tient à la nature du minerai : ce pays renferme des mines carbonatées; traitées comme les autres, elles donnent, au lieu de fer, de l'acier naturel. Si on voulait en tirer du fer, il faudrait lui faire subir une opération dispendieuse : au lieu de cela, on a de première fusion un acier ductile qui se forge comme le fer, et dont on fait des faux, des faucilles, des scies, et tous les instruments tranchants employés aux usages domestiques. On exportait autrefois de

France, pour ces objets, quatre millions de francs annuellement, afin de satisfaire aux besoins de l'agriculture.

Depuis l'envoi des ouvriers en France, dont le nombre a été augmenté, lorsque plus tard j'ai été gouverneur des provinces illyriennes, on a découvert, dans le département de l'Ariége, des minerais analogues à ceux de Carinthie; et la France est affranchie du tribut qu'elle payait à l'étranger.

Le Frioul vénitien avait des enclaves sur la rive droite de l'Isonzo, et le Frioul autrichien des enclaves sur la rive gauche. Ce pays, dépendant, de temps immémorial, d'administrations dont le langage est différent, avait conservé le type de son origine d'une manière extraordinaire. On peut y reconnaître la puissance des habitudes et de l'administration : sur la rive droite, les habitants ne parlaient pas italien, et ne connaissaient que l'allemand et le *vindisch*, langage dérivé de la langue slave; sur la rive gauche, l'italien était seul en usage. Et puis prétendez changer en vingt-quatre heures, comme tant de nos faiseurs modernes, les habitudes, les opinions, les mœurs, les préjugés des peuples! Le temps et des institutions qui régularisent et appliquent son action peuvent seuls exécuter un pareil ouvrage.

J'ai un autre exemple à citer de la manière extraordinaire dont le langage se perpétue quelquefois. Je me promenais un jour aux environs d'Udine avec le général Vignole, mon chef d'état-major. Vignole était Languedocien et savait le patois de son pays. Tout à coup il se retourne, croyant entendre causer des paysans de sa province : c'étaient des habitants du Frioul. Grand étonnement de notre part : quelques recherches nous apprirent que, sous l'empire romain, une légion dont le recrutement se faisait constamment dans la Gaule Narbonnaise avait été pendant un grand nombre d'années à Udine.

Mon corps d'armée fut établi dans le Frioul, depuis Monfalcone jusqu'à Sacile. Mes régiments furent renforcés des dépôts laissés en Hollande; le quatrième bataillon du 92ᵉ régiment, fort de mille hommes, et entièrement composé de conscrits du département de la Côte-d'Or, ne laissa pas, en traversant la Bourgogne, un seul soldat en arrière : tant les habitants de cette province sont de fidèles et valeureux soldats !

Deux nouveaux régiments furent ajoutés à mon corps d'armée, le 9ᵉ et le 13ᵉ. Je m'occupai avec succès, là comme partout, du bien-être de mes troupes. J'en employai une partie aux travaux de Palmanova, tête de notre ligne, dont on parvint à faire une assez bonne place. Il arriva presque sous mes yeux un phénomène naturel extraordinaire, digne d'être raconté. On avait construit une demi-lune en terre sur un des fronts de Palmanova; il n'y avait encore aucun revêtement, mais les terrepleins avaient tout leur relief : il ne restait plus que les parapets à terminer. L'ouvrage étant déjà très-avancé, on se disposait à l'armer, et les madriers destinés à la construction des plates-formes étaient déjà sur place, quand une trombe de terre s'éleva à peu de distance de Palmanova et se porta sur la demi-lune nouvellement construite, et l'effaça complétement, en dispersant la terre à une grande distance : les madriers mêmes furent enlevés et jetés à quelques centaines de toises.

Je reçus de l'Empereur l'ordre de reconnaître avec soin la frontière et de proposer un système de défense. Je m'en occupai, et je proposai des travaux que l'Italie devra faire exécuter un jour si jamais elle devient une puissance et veut assurer sa frontière contre l'Autriche.

Je vais les indiquer sommairement.

Je n'ai pas sous les yeux le mémoire que je rédigeai alors, et dont les détails, après tant d'années, sont sortis de ma mémoire; mais j'en ferai connaître l'esprit.

La sûreté d'une armée appuyée à Palmanova, chargée de défendre l'Isonzo, tient à la possession des montagnes. Si l'ennemi trouve le moyen de déboucher de ce côté, il faut se retirer sur le Tagliamento. Mais les montagnes sont d'un accès difficile; elles ne présentent que des passages étroits et susceptibles d'être fermés avec des forts ou des places. Le plus important de ces débouchés, mais aussi le plus difficile à défendre, est celui qui de Tarvis conduit dans la vallée du Tagliamento. Vient ensuite celui de l'Isonzo : il faut que chacun ait sa défense propre. Le lieu le plus favorable pour couvrir le Tagliamento est situé en arrière de Tarvis, à moitié chemin de la Ponteba, près de Malborghetto. Une place de cinq à six bastions présenterait au passage un assez grand obstacle.

Le second débouché est celui qui de Tarvis vient dans la vallée du Natisone, et sur la rive droite de l'Isonzo. Un emplacement admirable existe à Caporetto; on y ferait une petite place imprenable et qui aurait le double avantage de fermer complétement la gorge et les chemins venant de Pletz et de Krafred, et de défendre aussi le passage qui, de la vallée de l'Isonzo, conduit dans celle du Natisone.

Tout le pays compris entre les sources du Natisone, excepté le passage de l'Isonzo, est absolument impraticable jusqu'à la hauteur de Canale. Resterait à construire un fort à Canale; il fermerait la vallée et rendrait maître de la grande route qui suit la rivière, et du pont. Ainsi la défense de la frontière avec une armée serait réduite à une assez petite étendue, au cours de l'Isonzo, depuis Canale jusqu'à Monfalcone et la mer.

Avec ces trois places, c'est-à-dire une place à Malborghetto, un grand fort ou une petite place à Caporetto, et un petit fort à Canale, la frontière deviendrait très-forte.

On a construit, dans la vallée du Tagliamento, un fort inexpugnable, celui d'Osopo. La force de la position a séduit; mais ce fort ne remplit que très-imparfaitement son objet : la vallée est trop large sur ce point pour être fermée. Ce fort peut servir à conserver des magasins, à recevoir des dépôts : c'est un coffre-fort où on peut mettre en sûreté des trésors; mais, sous le rapport stratégique, il n'est qu'une gêne, et non un véritable obstacle, au mouvement d'une armée ennemie.

J'allai, pendant mon séjour à Udine, revoir Venise, où j'avais été plusieurs fois pendant ma première jeunesse. Le général Miollis y commandait : On ne pouvait pas en confier la garde et la conservation à de meilleures mains.

Je fus de là, à Milan, voir Eugène Beauharnais, qui y exerçait les fonctions de vice-roi d'Italie. Il venait d'épouser une princesse de Bavière de la plus grande beauté, modèle de douceur et de vertu. Il faut être l'objet de la prédilection du ciel pour rencontrer une pareille femme, aussi accomplie de toutes les manières, quand on est marié par les combinaisons de la politique. Eugène se livrait avec ardeur à l'exécution de ses devoirs. Bon jeune homme, d'un esprit peu étendu, mais ayant du sens, sa capacité militaire était médiocre : il ne manquait pas de bravoure. Son contact avec l'Empereur avait développé ses facultés; il avait acquis ce que donnent presque toujours de grandes et d'importantes fonctions exercées de bonne heure, mais il a toujours été loin de posséder le talent nécessaire au rôle dont il était chargé.

On l'a beaucoup trop vanté; on a surtout vanté son dévouement et sa fidélité dans la crise de 1814. Ces talents prétendus se sont bornés à faire alors une campagne fort médiocre, et cette fidélité tant proclamée a eu pour résultat de faire tout juste le contraire de ce qui lui avait été prescrit, et précisément ce qu'il fallait pour assurer la chute de l'édifice qui a croulé avec tant d'éclat. Il s'était fait illusion sur sa position; il avait cru à la possibilité d'une existence souveraine indépendante, mais peu de jours suffirent alors pour le détromper. Il avait bâti sur des nuages. Je reparlerai de lui avec détail et de manière à fixer l'opinion de la postérité sur son compte.

Je passais mon temps de mon mieux dans cette délicieuse Italie. Je ne l'ai jamais habitée ou même traversée sans éprouver un sentiment de bonheur. Son beau soleil, les grands souvenirs qu'elle rappelle, ont constamment agi sur moi d'une manière puissante. L'esprit prompt et l'intelligence supérieure de ses habitants m'ont toujours frappé, et plus encore en cette circonstance qu'en toute autre. Je venais de passer deux ans avec les Hollandais et les Allemands. Si la nature a donné à ces peuples de grandes facultés, la promptitude de la compréhension n'en fait pas partie. Cette facilité à concevoir, notre apanage aussi, à nous autres Français, leur est refusée. Pour pouvoir espérer d'être bien compris d'un Allemand, il faut lui répéter la même chose plusieurs fois et de différentes manières. En quittant l'Autriche, je continuai machinalement la même méthode. Je m'aperçus bientôt combien cela était inutile. Ceux auxquels je parlais m'avaient compris même avant que mes premières explications fussent achevées, et souvent même ils en avaient tiré des conséquences qui m'avaient échappé à moi-même.

Pour ajouter aux agréments du séjour d'Udine, nous imaginâmes de faire jouer la comédie. Un de mes régiments, le 9ᵉ, se recrutait à Paris. Parmi les soldats de ce corps se trouvaient beaucoup de jeunes acteurs, envoyés par la conscription. On monta une troupe; des spectacles publics furent donnés au théâtre, et firent accourir toute la province.

Le souvenir de ce régiment m'engage à dire un mot sur l'esprit militaire. Qui croirait, au premier aperçu, qu'un régiment, entièrement recruté à Paris, dans une population en général faible et souvent énervée par la débauche, fût bon à la guerre et brave devant l'ennemi? Qui n'imaginerait qu'un régiment, recruté par des paysans en Alsace, en Franche-Comté, en Bourgogne, ne fût préférable? Eh bien, il n'en est rien. Un pareil régiment pourra mieux supporter les fatigues de la guerre, être plus discipliné; mais il ne se battra pas avec plus de courage, et souvent se battra moins bien. Notre métier est un métier d'amour-propre, et les Parisiens en ont beaucoup. Voilà l'explication. Rien de plus difficile à conduire habituellement que de pareils soldats, à cause de mille prétentions, de réclamations incessantes, etc.; mais aussi rien de plus résolu devant l'ennemi. Ils se sentent tous capables de fonctions supérieures à celles de soldat; de là leur mécontentement et leurs demandes continuelles.

Pour mettre plus en rapport leurs facultés avec leurs prétentions, il me paraîtrait juste, équitable et conforme aux intérêts du service de répartir dans tous les régiments les conscrits des grandes villes.

Leur nombre étant peu considérable dans chaque corps, ils trouveraient plus facilement un débouché et auraient plus de chances de fortune. Les corps manquent souvent de sujets capables d'avancement ; ils en seraient abondamment pourvus, et tout le monde se trouverait bien de cet arrangement.

On avait envoyé en Dalmatie le général Lauriston, comme commissaire, pour la remise des places, et le général Molitor, avec une division, pour en prendre possession. Sa marche fut lente, beaucoup de temps fut perdu, et le commissaire autrichien, ainsi que je l'ai déjà dit, fit ouvrir les portes de Castelnovo et de Cattaro aux Russes, sous prétexte que les Autrichiens n'étaient tenus de garder les villes et de les défendre que jusqu'au 15 février. Cette époque étant passée, ils ne devaient pas se battre pour nous, qui n'étions pas leurs alliés : raisonnement d'une mauvaise foi manifeste. Mais les Russes étaient en possession, et il n'était pas facile de les chasser.

L'Empereur donna l'ordre, à cette occasion, au général Lauriston, de prendre possession de Raguse, c'est-à-dire d'occuper cette place, comme compensation et comme moyen d'observer les bouches de Cattaro. Ce petit pays, qui jouissait du plus grand bonheur, dont les habitants sont doux, industrieux, intelligents; oasis de civilisation au milieu de la barbarie, vit disparaître tout son bien-être par ce conflit, dans lequel la fatalité vint le mêler. Je n'en dirai pas davantage en ce moment sur lui, me réservant d'entrer plus tard dans de plus grands détails sur ce qui le concerne.

Près de Cattaro est le Monténégro, pays de hautes montagnes, de l'accès le plus difficile; sa population est d'origine slave, et professe la religion grecque. De temps immémorial, elle s'est affranchie de la domination de la Porte Ottomane, et le pacha de Scutari n'a jamais pu parvenir à l'asservir. Le père du pacha actuel a été tué en combattant contre elle. La Russie, dont les vues sur l'Orient datent de loin, et dont la politique n'a jamais dévié un moment, a établi, depuis longues années, des relations avec ce pays, et communique habituellement avec lui par la Servie. Un archevêque, chef de la religion, reconnaît la suprématie de l'autocrate de toutes les Russies. L'archevêque Petrovich, homme d'un esprit supérieur et d'un fort grand caractère, vivait alors; il était décoré du chapeau blanc, la plus haute dignité ecclésiastique de cette église.

Le territoire des Monténégrins se divise en six comtés, dont deux supérieurs et quatre inférieurs. Ces quatre derniers comptent quarante-cinq mille habitants; les six donnent une population totale de soixante mille âmes. Tout le monde est armé, et cette population peut mettre environ six mille fusils en campagne. Le Vladika (archevêque) gouverne ce pays par son influence, mais légalement. Un ordre politique, dont il est seulement une partie, une assemblée nationale, décide toutes les choses importantes, et nomme le gouverneur chaque année. Le Vladika préside cette assemblée. Elle se réunit souvent et se compose d'un député par famille. Voilà un gouvernement représentatif, dans un pays encore barbare, et, si l'on étudie l'histoire, on voit que tous les peuples ont commencé ainsi. Les assemblées, chez les Francs, le champ de mai sous la seconde race, ne sont pas autre chose. Tous les hommes marquants de la société étaient appelés à concourir à la décision des choses importantes; il est donc dans la destinée des peuples d'adopter cette forme de gouvernement à l'origine des sociétés, et d'y revenir ensuite, quand des fautes et des souffrances les portent à chercher un état meilleur. Ainsi les défenseurs des anciens usages devraient pardonner à ceux qui aiment ces institutions, en raison de ce qu'ils rétablissent d'une manière plus régulière ce qui exista un peu confusément autrefois.

Dans les tribus arabes mêmes, le chef de la tribu se fait assister des anciens. C'est dans la famille seule que l'on trouve l'exemple de l'unité de pouvoir. Mais quel caractère a ce pouvoir-là! et quel contre-poids contre son abus la nature a placé dans le cœur des pères!...

Je reviens aux Monténégrins. On comprend quelle sensation produisit parmi eux la cession des bouches de Cattaro aux Russes, et l'arrivée des troupes russes de terre et de mer. Les anciennes relations se resserrèrent, et le général russe eut une armée à ses ordres. Un moyen d'action de plus se trouvait aussi dans la similitude du langage, les Monténégrins parlant la langue slave dans toute sa pureté.

L'isolement dans lequel ils ont vécu depuis la conquête (douze ou treize siècles), l'ignorance dans laquelle ils sont de nos besoins et de nos arts, leur a rendu superflu de modifier leur langage, et la langue des paysans monténégrins est restée stationnaire; elle est la même que celle dans laquelle la Bible russe est écrite. Si l'on ajoute que l'éloignement de la Russie la met dans l'impossibilité d'opprimer ce pays, quoiqu'elle puisse le protéger, on conçoit l'union et l'obéissance que ces circonstances établirent promptement de la part des Monténégrins en faveur des Russes; de plus, les habitants de Cattaro, aux deux tiers de la religion grecque, et presque tous livrés à la navigation, n'espérant rien de favorable sous notre autorité, devinrent promptement aussi les auxiliaires des Russes.

Le général Lauriston trouva dans les Ragusais une population soumise et confiante. Les forces qu'il amenait n'étaient pas très-considérables, mais elles suffisaient à la sûreté du pays s'il avait su en faire un meilleur usage. Brave et honnête homme, mais d'une grande médiocrité, il n'a jamais justifié, même un seul jour, sa fortune. Les Monténégrins firent une irruption dans les canali dépendant de Raguse. De petits détachements, ayant été envoyés sans précaution, furent battus, et des têtes coupées, selon l'usage de l'Orient. Nos soldats furent intimidés; deux mille quatre cents Russes suivirent les bandes qui descendaient de la montagne, tandis que l'escadre venait canonner la place, et tout fut mis dans le plus grand désordre. Les quatre à cinq mille hommes de Lauriston, rejetés dans la place, y restèrent bloqués.

La ville de Raguse a une bonne enceinte en maçonnerie d'un relief très-grand, flanquée par de grosses tours susceptibles d'être armées de canons; la défense maritime est facile, ses remparts étant construits de manière à être couverts d'artillerie. Lauriston ajouta à cette défense l'occupation de la petite île de la Croma, qui couvre le port; il la fit retrancher et armer. L'ennemi y débarqua, mais l'attaqua vainement.

Les fortifications de Raguse sont adossées à la montagne dite de San Sergio, haute de quatre cents toises au moins, très-roide et dominant immédiatement le port. La ville elle-même est défilée par la pente rapide du terrain sur lequel elle est bâtie, par la hauteur des maisons et par celle des remparts. Le sommet de cette montagne aurait dû être occupé immédiatement par une redoute. Mais Lauriston n'avait rien préparé à cet effet. Après avoir essayé d'y combattre sans appui, ainsi que dans une première position, il fut chassé de partout. L'ennemi, maître du plateau et des pentes, put bloquer la ville avec facilité; il l'assiégea, mais sans intelligence; et, au lieu d'établir des batteries sur le flanc et au pied de la montagne, pour ouvrir les fortifications, il amena tout en haut, et avec beaucoup de peine, une douzaine de bouches à feu, canons et mortiers, avec lesquels il canonna et bombarda Raguse. Ce feu ne pouvait effrayer que les enfants, et ne devait mener à aucun résultat.

Cependant ce blocus, qu'on appelait le siége de Raguse, retentissait dans toute l'Europe. Molitor avait peu de troupes, et elles étaient disséminées dans cette immense Dalmatie; les communications incroyablement difficiles de ce pays mettaient obstacle à un prompt rassemblement et à une opération régulière, avec des moyens organisés pour délivrer Lauriston.

L'Empereur, dans son impatience et son inquiétude, me donna l'ordre de partir du Frioul pour la Dalmatie, dont il organisa les troupes en armée. Il m'autorisa à emmener avec moi trois régiments d'infanterie à mon choix; je pris le 18°, le 11° et le 35° de ligne, trois corps du camp d'Utrecht.

Les ordres de l'Empereur m'étant parvenus le 14 juillet, j'étais en route le 15 au soir. Une compagnie de voltigeurs, embarquée avec moi à Fiume, forma mon escorte, et j'arrivai à Zara aussi promptement que l'état de la mer le permit. A mon arrivée à Zara, j'appris que le siége de Raguse était levé. Molitor avait dégagé Lauriston. Après avoir rassemblé tout ce qu'il avait de disponible, c'est-à-dire deux régiments, les 81° et 79°, deux excellents corps, et quelques centaines de Pandours, milice employée dans ce pays, fait tout ce que la prévoyance la plus minutieuse lui avait suggéré pour faciliter son entreprise, pourvu ses troupes de vivres, de moyens de pansement et de nombreux chevaux de bât, dont la Dalmatie est fort riche, afin d'assurer la conservation et le transport des blessés, Molitor entra en opération. Il exagéra ses forces et les annonça très-supérieures à ce qu'elles étaient réellement. Parti de Stagno en cheminant d'abord sur le bord de la mer, il se porta, avant d'arriver au val d'Ombla, sur les crêtes qui le contournent, et, les suivant constamment, il déboucha dans la plaine de rochers qui forme le plateau de San Sergio.

Les commandants turcs sur la frontière correspondaient avec Molitor et lui donnaient des nouvelles. Hadgi, bey d'Uttovo, fort dévoué aux Français, lui écrivit pour lui annoncer que, grâce à Dieu, l'ennemi n'avait pas plus de vingt-cinq mille hommes. Cet avis peu rassurant n'effraya pas le général, qui savait bien dans quelle erreur les gens étrangers au métier de la guerre, et en particulier les Turcs, tombent dans l'évaluation des troupes qu'ils voient. Il y avait deux mille quatre cents Russes et quatre à cinq mille Monténégrins ou Bocquais. C'était déjà beaucoup pour moins de trois mille hommes qu'il amenait avec lui. A son approche, il y eut un léger engagement avec les Monténégrins; mais, ceux-ci s'étant retirés, les Russes en firent autant sans combattre, et Molitor arriva, le 5 juillet, avec sa colonne, sur la hauteur qui domine Raguse.

On a loué, avec raison, cette opération de Molitor; mais, certes, il ne pouvait pas voir tomber Raguse faute de vivres et faire prisonnier un général français, avec plus de quatre mille cinq cents soldats, sans avoir tenté de les délivrer. Il avait peu de monde, il est vrai; et cependant son opération, conduite tout à la fois avec prudence et vigueur, obtint le succès le plus complet. La garnison de Raguse fut débloquée par une troupe de beaucoup inférieure à sa force.

Lauriston, fort surpris de voir disparaître les Russes des positions qu'ils occupaient et de les y voir remplacés par des soldats portant des uniformes français, eut la simplicité de dire que peut-être c'était un piége de l'ennemi : des soldats russes habillés en Français, dans le but de lui faire ouvrir la ville et de le surprendre. La vue de Molitor en personne fut presque nécessaire pour le convaincre.

Mais Molitor dut rester hors des murs pendant quelque temps. Les portes de Raguse sont couvertes par un fossé et un pont-levis. Lauriston, par un excès de timidité, les avait fait murer et garnir de terre; et cependant, une porte, placée dans un rentrant, se trouve le point le moins attaquable de la fortification.

On se mit à la besogne pour ouvrir. Un certain M. de Thiars, depuis si marquant par l'opposition la plus hostile aux Bourbons, ancien émigré et aide de camp du duc d'Enghien, alors chambellan de l'Empereur, rempli de prétentions que rien ne justifiait, se hâta d'aller au-devant du général Molitor, le suppliant de ne pas l'oublier dans son rapport.

« J'ai fait, lui dit-il, peu de chose; mais enfin je suis le premier officier que vous ayez rencontré. » Les soldats, en entrant, l'ayant trouvé à la porte, et voyant la clef de chambellan à son habit, l'appelaient le portier de l'Empereur.

Instruit, à mon arrivée à Zara, du succès de la marche de Molitor, j'envoyai, suivant mes instructions, au 35° régiment (un des régiments en route pour me joindre) l'ordre de rétrograder et de rentrer dans le Frioul.

Je trouvai à Zara M. Dandolo, exerçant, pour le roi d'Italie, les fonctions de provéditeur général ou de gouverneur civil. On le connaît déjà; il avait fait partie du gouvernement provisoire de Venise en 1797, et aussi de la députation de Venise qui se rendait à Paris dans l'intention de corrompre les directeurs, et d'obtenir d'eux le rejet du traité de Campo-Formio. J'ai raconté en son lieu la scène remarquable qui se passa à cette occasion sous mes yeux, dans le cabinet du général Bonaparte, à Milan.

Ce Dandolo, l'homme le plus vain du monde, n'imagina-t-il pas d'élever des prétentions à mon égard et de disputer le rang avec moi, général en chef, grand officier de l'Empire! etc. Il prétendait presque trancher du souverain. Quoique logés dans le même palais, nous nous vîmes seulement par ambassadeur. Je continuai, le lendemain, ma route pour Raguse. Il porta les plaintes les plus vives sur le prétendu manque d'égards dont il avait été l'objet, fut tancé en réponse, et reçut l'ordre de réparer ses torts en venant me voir à mon quartier général, ordre qu'il exécuta quand je fus rentré à Spalatro, où je m'établis pour l'hiver.

J'allai à Zara pour lui rendre sa visite à mon tour. Sa femme, charmante personne, me plut beaucoup. Je lui donnai des fêtes et prolongeai mon séjour à Zara. Dandolo était jaloux comme un Italien du moyen âge. Alors M. le provéditeur général ne pouvait plus m'accuser de manquer de soins et de compter mes visites avec lui.

CORRESPONDANCE ET DOCUMENTS

RELATIFS AU LIVRE NEUVIÈME

BERTHIER A MARMONT.

« Braun, le 8 décembre 1805.

« L'Empereur ordonne, monsieur le général Marmont, que vous preniez le commandement de la Styrie, et que vous y cantonniez votre corps d'armée de la manière la plus avantageuse pendant le cours de l'armistice. Vous ferez fournir les subsistances, les fourrages et tout ce qui sera nécessaire à votre troupe par la province que vous occuperez. Vous ferez les dispositions nécessaires pour refaire vos troupes et les mettre le plus promptement possible en état de faire la guerre. Envoyez-moi le plus tôt que vous pourrez l'état des cantonnements que vous aurez choisis. »

BERTHIER A MARMONT.

« Schœnbrunn, le 14 décembre 1805.

« L'Empereur désire, monsieur le général Marmont, que votre correspondance avec moi soit plus détaillée; que vous me fassiez connaître le rapport de tous vos espions; car il est de la dernière importance que je sache tout ce qui se passe dans le pays que vous occupez, ainsi que tout ce qu'on peut connaître de la position et des mouvements de l'ennemi.

« Correspondez avec le maréchal Ney et avec le maréchal Masséna.

« Tout en laissant reposer vos troupes, occupez-vous de les mettre promptement en état de rentrer en campagne; car, de vous à moi, il est probable que nous reprendrons incessamment les hostilités. »

BERTHIER A MARMONT.

« Schœnbrunn, le 16 décembre 1805.

« L'Empereur, général, me charge de vous demander où est le dépôt des deux cents caissons que vous lui avez écrit avoir dans votre commandement.

« Sa Majesté désire que vous rédigiez un mémoire

sur la citadelle de Grätz. Combien de canons faudrait-il pour l'armer? Y a-t-il de l'eau, des bâtiments? Combien d'hommes peut-elle contenir? Pourrait-on y loger les dépôts, y établir des fours, des magasins de vivres, un arsenal pour les munitions, enfin des emplacements pour y déposer les bagages d'un corps d'armée de trente à quarante mille hommes? Combien il faudrait d'hommes pour la défendre?

« Si la citadelle de Grätz peut remplir l'objet dont je viens de vous parler, vous devez la faire armer et approvisionner de suite, et même y mettre un hôpital. L'opinion de l'Empereur est que, dans le genre de guerre que nous faisons, les hôpitaux de maladies graves ne peuvent sans inconvénient être placés de manière à les laisser prendre à l'ennemi.

« Vous vous êtes déjà trouvé dans le cas, général, où cette citadelle pouvait être utile, comme sagement vous l'avez fait en vous portant sur Vienne en manœuvrant de manière à ce que le prince Charles ne pût s'y porter avant vous.

« Faites connaître si la citadelle de Grätz, sous les rapports dont il est question ci-dessus, peut, dans douze ou quinze jours de travail, servir à garder les magasins et les bagages d'un corps d'armée de trente à quarante mille hommes pendant huit à dix jours, étant défendue par trois ou quatre cents hommes, temps nécessaire pour que l'armée qui agirait pût venir prendre sa position.

« L'Empereur désire encore que vous fassiez reconnaître et prendre tous les renseignements pour avoir l'itinéraire bien exact de la route que devrait suivre une armée de trente à quarante mille hommes pour se rendre de Grätz à Pesth. Vous devez faire connaître l'étendue, la nature de la route, les défilés, les ravins, enfin la position que pourrait prendre l'armée. Vous m'enverrez le plus promptement possible ce travail, afin que je le mette sous les yeux de l'Empereur. »

BERTHIER A MARMONT.

« Schœnbrunn, le 18 décembre 1805.

« Je vous préviens, général, que je viens de donner l'ordre au général Dumonceau de partir demain de Vienne avec sa division pour se rendre à Neustadt et rentrer dans le corps d'armée que vous commandez.

« L'intention de l'Empereur, général, est que vous teniez une division à Bruck, de manière à vous porter le plus rapidement possible à Neustadt au secours du général Dumonceau, qui s'y trouvera, et dans le cas où il y aurait lieu.

« Je donne l'ordre à M. le maréchal Masséna d'envoyer une division de dragons à Marbourg et une division de cuirassiers à Cilli. L'intention de l'Empereur est que vous preniez les mesures nécessaires pour leur nourriture. Vous en préviendrez M. le maréchal Masséna. »

« *P. S.* Vous devez garder la frontière d'armistice depuis Neustadt jusqu'à Neubourg. »

BERTHIER A MARMONT.

« Schœnbrunn, le 28 décembre 1805.

« Vous avez vu par ma lettre d'hier, général, que la paix est signée.

« L'intention de l'Empereur est que, avec vos deux divisions françaises, vous preniez possession du Frioul et de la ligne de l'Isonzo, en attendant de nouveaux ordres. Mais, avant de vous y rendre, Sa Majesté ordonne que vous occupiez le comté de Grätz, Trieste et la Carniole, jusqu'à ce que la division française qui doit occuper la Dalmatie et l'Istrie en soit en possession.

« Par le traité de paix, les Autrichiens ont deux mois pour rendre la Dalmatie et l'Istrie; mais le moyen d'avoir ces deux provinces tout de suite, ce serait d'occuper Grätz, Trieste et la Carniole avec beaucoup de troupes pendant le mois que nous avons pour évacuer cette partie, et en disant aux Autrichiens que nous évacuerions sur-le-champ ces pays, qui leur tiennent tant à cœur, parce que cela gêne leur commerce, au moment où eux-mêmes évacueraient la Dalmatie et l'Istrie.

« Je joins ici les articles du traité de paix qui concernent l'évacuation respective des pays qu'on doit rendre. »

BERTHIER A MARMONT.

« Schœnbrunn, le 31 décembre 1805.

« L'Empereur, général, a donné des ordres directs au général Songis pour évacuer beaucoup d'artillerie sur Palmanova.

« Il paraît que vous vous trouvez contrarié par le départ de l'artillerie batave.

« Vous ne devez renvoyer de chevaux bataves que ce qui sera strictement nécessaire pour mener l'artillerie : s'il y a des chevaux haut-le-pied, gardez-les, et nous en compterons ensuite avec la République batave.

« Employez sur-le-champ tous les chevaux de votre artillerie, tous ceux que vous pourrez avoir par réquisition pour faire sortir le plus tôt possible de la Styrie l'artillerie et les fusils envoyés par le général Songis (quand je dis les fusils, il n'y aura aucu embarras à leur égard, puisqu'ils vont par la voie du commerce). Pour vous donner plus de temps, je n'ai point encore fait l'échange des ratifications : il n'aura lieu que demain. Ainsi calculez que vous aurez encore dix jours pour évacuer la Styrie; mais vous ne devez commencer aucun mouvement sans un ordre de moi.

« C'est dans la Carinthie et à Trieste que je vous laisserai, jusqu'au moment où les Autrichiens nous auront cédé la Dalmatie et l'Istrie : vous recevrez une instruction à cet égard demain ou après.

« Il résulte du traité que les troupes françaises doivent évacuer la Styrie dix jours après l'échange des ratifications, et que nous devons évacuer, dans deux mois, la Carinthie et la Carniole pour la partie occupée par vos troupes ou par celles du maréchal Masséna; et le maréchal Masséna n'aura sûrement pas fait évacuer Trieste que ses troupes n'aient été relevées par les vôtres. Écrivez-lui à cet égard.

« Ma précédente lettre n'était pas claire, n'ayant pas encore vu le traité; mais celle-ci vous met au fait.

« En résumé, quand vous aurez reçu l'ordre d'évacuer toute la Styrie, vous mettrez vos troupes dans la partie de la Carniole et de Carinthie que nous occupons, et surtout à Trieste, afin de gêner tellement les Autrichiens, qu'ils nous proposent de nous mettre en possession de l'Istrie et de la Dalmatie avant les deux mois de rigueur, et alors je consentirai à évacuer la Carniole et la Carinthie du même jour où ils céderont l'Istrie et la Dalmatie; mais, dans ce moment, il est question de faire promptement traverser la Styrie à l'artillerie que vous envoie le général Songis. »

BERTHIER A MARMONT.

« Lintz, le 26 janvier 1806.

« Je reçois, général, par M. le colonel Axamitouski, votre lettre du 18 janvier seulement aujourd'hui 25. Le retard que les plénipotentiaires ont mis à me faire connaître que l'intention de l'empereur d'Allemagne serait de rendre la Dalmatie plus tôt si nous évacuons la Haute-Autriche rend cette mesure sans effet, puisque M. de Lichtenstein me propose de nous remettre la Dalmatie et l'Istrie le 10 février, si nous évacuons à cette époque la Haute-Autriche, Trieste, etc. Vous verrez, par la copie de la note ci-jointe, ma réponse; si les plénipotentiaires approuvent quelque chose, vous en serez prévenu par le général Andréossi.

« Le général Lauriston et les troupes d'Italie devant prendre possession de la Dalmatie, vous n'aurez rien à faire à cet égard.

« Je vous recommande, général, de correspondre journellement avec moi par la poste, et, quand vous le jugerez nécessaire, par des officiers. Mon quartier général sera à Munich le 1ᵉʳ février. »

BERTHIER A MARMONT.

« Lintz, le 28 janvier 1806.

« Général, je vous autorise, dans le cas où les Autrichiens auraient remis à l'armée française, le 10 février, l'Istrie, la Dalmatie, les bouches de Cattaro, les îles vénitiennes et toutes les villes et forts qu'elles renferment, à évacuer Trieste, Goritz et tout ce que vous occupez des États de l'empereur d'Allemagne, c'est-à-dire à commencer votre mouvement le jour où vous apprendrez officiellement, par les commissaires Bellegarde et Lauriston, que nos troupes occupent l'Istrie, la Dalmatie, les îles vénitiennes, les places et forts qu'elles renferment, et les bouches de Cattaro. Alors vous vous rendrez en Italie avec vos deux divisions françaises, et vous prendrez possession du Frioul et de la ligne de l'Isonzo. Vous aurez soin de m'instruire de votre marche et des positions que vous occuperez.

« Si cela a lieu, je présume que vous pourriez partir vers le 10 février. »

LE PRINCE EUGÈNE A MARMONT.

« Vérone, le 30 janvier 1806.

« J'ai reçu, monsieur le général, votre lettre du 26 janvier. Le général Molitor est parti pour prendre possession de la Dalmatie : le général Seras partira sous peu de jours pour occuper l'Istrie. Il est probable que vous ne tarderez pas à faire votre mouvement sur l'Italie; cependant je présume que vous attendrez peut-être l'avis du général Lauriston à cet effet. Quant à l'officier que vous me recommandez, je lui porte depuis longtemps des sentiments d'amitié; ainsi je compte l'employer au service du royaume d'Italie : j'attendrai pour cela votre arrivée, ne pouvant dans le moment même lui donner une place.

« Je vous renouvelle, monsieur le général, l'assurance de mes sentiments distingués. »

BERTHIER A MARMONT.

« Munich, le 5 février 1806.

« Je ne vois point d'inconvénient, général, à ce que, du moment où vous serez instruit officiellement par le commissaire de Sa Majesté, le général Lauriston, que nos troupes sont en possession de l'Istrie et de la Dalmatie, vous évacuiez Trieste, le comté de Goritz et toute la partie des États de l'empereur d'Allemagne où vous avez des troupes, pour entrer dans le Frioul. Mais, comme je vous l'ai mandé, vous aurez soin d'avoir une avant-garde à Monfalcone et d'occuper Udine, afin de faciliter votre communication avec l'Istrie et la Dalmatie.

« J'aurais désiré que vous eussiez joint au travail que vous m'avez envoyé pour la Légion d'honneur les pièces à l'appui, c'est-à-dire les demandes faites par les corps, ces états devant être annexés au travail général. »

« *P. S.* Du moment que vous serez dans le pays vénitien, vous devrez rendre compte des ordres que vous recevrez de moi à Son Altesse le prince Eugène Napoléon : mais, comme je vous le dis, occupez Monfalcone et Udine.

« J'ai des nouvelles de l'Empereur du 30. Sa Majesté se portait bien.

« J'évacuerai successivement les États d'Autriche, aux termes fixés par le traité : du reste, rien de nouveau. »

BERTHIER A MARMONT.

« Munich, le 10 février 1806.

« Je ne puis qu'approuver, général, toutes les

mesures que vous avez prises pour hâter la remise de la Dalmatie et de l'Istrie; tout ce que vous avez fait à cet égard est conforme aux intentions de l'Empereur : vous devez être dans ce moment dans le Frioul vénitien, en occupant Udine et Monfalcone.

« J'ai fait connaître à l'Empereur le désir que vous avez d'être employé d'une manière active, et de trouver les occasions de déployer et votre zèle et vos talents; mais, général, toutes les dispositions de Sa Majesté tiennent tellement à la marche politique des affaires, qu'on ne peut rien prévoir, et c'est quand l'occasion se présente à l'Empereur, et au moment où on s'y attend le moins, qu'il donne les marques les plus éclatantes de sa confiance. »

LE PRINCE EUGÈNE A MARMONT.

« Milan, le 26 février 1806.

« Je vous préviens, monsieur le général Marmont, que Sa Majesté, par sa lettre du 11 février, me prévient que vous faites partie de l'armée d'Italie, avec le corps sous vos ordres; votre quartier général doit être à Udine, et le projet de cantonnement que vous m'avez envoyé cadre avec les intentions de l'Empereur, qui tient également à conserver à Monfalcone un bataillon et un escadron. L'intention formelle de Sa Majesté est qu'aucune troupe autrichienne, aucun soldat, aucun officier, ne passe l'Isonzo. Comme il y a, le long de l'Isonzo, quelques villes ou villages appartenant aux Autrichiens, vous en ferez prendre possession avant qu'aucune troupe autrichienne arrive; il serait même nécessaire d'y envoyer sur-le-champ des postes, soit d'infanterie ou de cavalerie; seulement pour le premier moment, car il faudra des postes de cavalerie partout, d'après les ordres de Sa Majesté, qui tient tellement à cette occupation et conservation de cette limite, dans toute son intégrité, qu'elle me rend responsable, ainsi que vous, de l'exécution stricte de ses ordres à cet égard. En un mot, la limite du royaume d'Italie est l'Isonzo, et de plus Monfalcone; et, s'il y a des réclamations, vous tiendrez ferme; vous pouvez répondre que c'est par ordre de Sa Majesté, qui s'en entendra avec l'empereur d'Autriche.

« Je vous adresse cette lettre par mon aide de camp, le chef d'escadron Delacroix; vous voudrez bien, par son retour, me faire part des dispositions que vous aurez prises, afin que je puisse en rendre compte sur-le-champ à Sa Majesté, qui exige une réponse prompte à cet égard.

« Dans le cas où vous ne seriez pas encore dans le cas de faire passer l'Isonzo à quelques-unes de vos troupes, je vous prie de faire le projet des détachements pour les différentes villes ou villages autrichiens sur la rive droite de l'Isonzo; et je donne des ordres à mon aide de camp pour faire exécuter les vôtres à ce sujet par le 15ᵉ régiment de chasseurs, qui est à Udine.

« Je vous serais obligé de m'envoyer l'état exact des possessions autrichiennes sur la rive droite de l'Isonzo. »

LE GÉNÉRAL MOLITOR A MARMONT.

« Macarsca, le 8 mars 1806.

« Les Autrichiens m'ont cédé la majeure partie des places et ports de la Dalmatie dans le désarmement le plus complet. Non-seulement ils en ont évacué leurs munitions, mais même les munitions ex-vénitiennes, qui, aux termes du traité de paix, appartenaient au royaume d'Italie. Ce qui pourra vous surprendre davantage, c'est qu'après avoir vaincu des difficultés dont aucun pays du monde n'offre d'exemples pour porter mes troupes en Albanie, et être parvenu aux frontières de Raguse, les troupes autrichiennes, l'élite du régiment de Thurn, sans avoir été attaquées, sans avoir manqué de vivres, sans avoir été inquiétées par les habitants de leurs garnisons (qui nous attendaient à bras ouverts), sans avoir tiré un coup de fusil enfin, ont reçu l'ordre de céder et ont cédé le 5 de ce mois aux troupes russes toutes les places des bouches de Cattaro, dont la principale était en état de soutenir un siége avec moins de troupes qu'elle n'en contenait.

« Le prince Eugène m'ayant interdit de commencer aucune hostilité, je m'empresse de rendre compte à Son Altesse de toutes ces circonstances; elles vous confirmeront sans doute, mon général, dans la nécessité de garder Trieste et la Carniole, pourvu que ces provinces soient encore en votre pouvoir.

« Veuillez bien agréer l'assurance de la très-haute considération avec laquelle j'ai l'honneur d'être, » etc.

EXTRAIT D'UNE LETTRE DE S. M. L'EMPEREUR
A S. A. I. LE VICE-ROI.

« 13 mars 1806.

. . . .

« Écrivez à Marmont qu'il fasse des reconnaissances depuis Palmanova jusqu'à Cividale et Caporetto. J'ai perdu de vue les localités que j'ai cependant bien connues; mais, autant que je puis m'en souvenir, du moment qu'on sort de Goritz et qu'on a monté la vallée de l'Isonzo, il devient impossible

de se porter sur Udine. Il n'y a aucun chemin de voitures. Ainsi, dans toute la vallée de l'Isonzo, on ne peut arriver à Udine que par Caporetto, par le grand chemin de Cividale, qui part d'Isonzo, c'est-à-dire par Osopo, et enfin par Gradisca, c'est-à-dire par Palmanova. S'il en était ainsi, mon intention serait d'avoir, sur le chemin d'Udine à Caporetto, une place forte. Il faut donc que Marmont fasse la reconnaissance du pays et qu'il choisisse le lieu. Ce n'est point une place de dépôt. Ce serait une place qui renfermerait tout le système défensif à établir dans la vallée; mais, pour cela, il faut des localités faites exprès. S'il était impossible de trouver un site qui fermât la vallée qui conduit de Caporetto à Cividale, alors un simple fort dans une belle position, le plus près possible de la frontière ennemie, pourrait suffire. Ce fort, maîtrisant la grande route, gênerait toujours d'autant les opérations de l'ennemi, les surveillerait et servirait de magasin naturel aux corps qui seraient placés pour défendre le débouché de Caporetto. Il serait nécessaire de reconnaître la Chiusa vénitienne, qui se trouve située entre la Ponteba et Osopo. Existe-t-elle? est-elle en bon état? Que faut-il faire pour la mettre dans le cas de fermer tout à fait la vallée et de servir d'avant-poste à Osopo?. . . . .
. . . . »

LE PRINCE EUGÈNE A MARMONT.

« Milan, le 18 mars 1806.

« Je vous envoie, monsieur le colonel général, l'extrait d'une lettre de Sa Majesté l'Empereur et roi, en date du 13 de ce mois. Elle désire que ses ordres soient remplis le plus tôt possible. Il sera nécessaire que vous fassiez un mémoire bien détaillé sur l'objet des demandes de Sa Majesté, et vous me l'adresserez pour que je le lui transmette, conformément à ses ordres.

« Je serais bien aise, monsieur le colonel général, que vous profitiez de votre séjour à Udine pour surveiller les travaux qui ont été ordonnés à Palmanova et Osopo. Vous m'enverriez, chaque semaine, un petit rapport sur ces travaux, auxquels Sa Majesté met beaucoup de prix, et je trouverais ainsi l'occasion de multiplier mes rapports avec vous. Sur ce, monsieur le colonel général, je prie Dieu qu'il vous ait en sa sainte garde. »

BERTHIER A MARMONT.

« Munich, le 17 avril 1806.

« Je profite, général, d'un courrier que M. la Bouillerie me demande pour envoyer à votre corps d'armée pour faire exécuter un ordre de l'Empereur que lui transmet le ministre du Trésor public, ainsi que vous le verrez par la lettre ci-incluse.

« Je saisis cette occasion, mon cher Marmont, pour vous inviter à m'écrire toutes les semaines par la poste, par Vérone et Trente, et à me donner des détails, tant sur votre position que sur votre corps d'armée; car vous n'êtes que détaché sous les ordres du vice-roi, et vous faites toujours partie de la grande armée. D'ailleurs, mon cher Marmont, l'amitié que j'ai pour vous me rend précieuse votre correspondance.

« Je viens de recevoir un courrier de M. de la Rochefoucauld, relativement à nos affaires avec la cour de Vienne. A la fin de sa lettre est le paragraphe suivant : voyez si ce que l'on dit est fondé.

« Les différents décasteres sont effrayés des rap
« ports qu'ils reçoivent sur les propos que les agents
« autrichiens attribuent à l'état-major du général
« Marmont et aux généraux qui composent son ar-
« mée. Ces propos annoncent la prochaine entrée
« de nos troupes dans la Carniole. Je ne vous fais
« part, » etc.

« C'est à vous seul, mon cher général, à juger si cela a quelque fondement. Nous sommes à la vérité sur nos gardes; je conserve Braunau. Nous gardons nos positions, mais nous ne sommes point en guerre. »

BERTHIER A MARMONT.

« Munich, le 22 avril 1806.

« Une note que je reçois de M. de la Rochefoucauld, général, m'oblige à vous expédier de nouveau un de mes courriers.

« Il me demande : 1° *Le général Marmont a-t-il l'ordre d'occuper la partie des États héréditaires autrichiens situés entre l'ancienne frontière et la rive droite de l'Isonzo?*

« 2° *Les intentions de Sa Majesté Impériale et Royale sont-elles que l'on frappe de réquisitions ce pays ?*

« J'ai dû provisoirement répondre que je ne savais pas que vous eussiez l'ordre d'occuper les pays appartenant à l'Autriche, sur la rive droite de l'Isonzo.

« Vous verrez, par la copie de trois lettres que je vous envoie, que l'on continue à faire des réquisitions sur le territoire autrichien, ce que le cabinet de Vienne réclame comme une contravention à l'article 22 du traité de paix.

« Je vous prie, général, de me faire connaître les ordres que vous pourriez avoir reçus de l'Empereur directement, et qui seraient contraires aux dispositions du traité : je vous demanderai également quelques détails sur votre position à l'égard du territoire autrichien et de la ligne militaire que vous devez occuper conformément au traité.

« Les trois lettres dont je vous envoie copie prouveraient que l'on frappe encore des réquisitions sur le territoire autrichien, ce qui est évidemment contraire au traité. Je vous prie de me donner des éclaircissements sur cet objet, afin que je puisse répondre à M. de la Rochefoucauld. »

LE PRINCE EUGÈNE A MARMONT.

« Varèze, le 2 juillet 1806.

« Vous aurez sans doute été prévenu que le général Lauriston, attaqué par des forces supérieures, a cru devoir se renfermer dans Raguse. Le général Molitor marche pour tourner l'ennemi, et j'envoie de l'Istrie par mer le 60ᵉ régiment. En conséquence, vous voudrez bien envoyer en Istrie le 18ᵉ régiment d'infanterie légère, en gardant son dépôt et les hommes qui ne sont point à l'école de bataillon à Pardenone, où se trouve en ce moment le régiment. Aussitôt que les événements deviendront plus tranquilles de ce côté, ce régiment vous rentrera probablement.

« Je rends compte du présent ordre à Sa Majesté.

« Sur ce, monsieur le colonel général, je prie Dieu qu'il vous ait en sa sainte garde. »

LE PRINCE EUGÈNE A MARMONT.

« Monza, le 12 juillet 1806.

« Je m'empresse de vous adresser, monsieur le général Marmont, avec une lettre de Sa Majesté, la copie d'un décret qui vous nomme général en chef de l'armée de Dalmatie. L'intention de Sa Majesté est que vous partiez vingt-quatre heures après la réception de sa lettre. Votre premier soin sera de dégager le général Lauriston. Vous vous ferez suivre par deux bons bataillons de guerre du 18e régiment d'infanterie légère, et, si vous le jugez convenable, par deux bataillons d'un autre régiment. Je dis *si vous le jugez convenable*, car vous allez avoir à Zara le 60e régiment, qui est porté à trois bataillons, mais qui, d'après les ordres de Sa Majesté, doit être réduit à deux bataillons de guerre, et les troisième et quatrième bataillons doivent être renvoyés en Istrie. Le troisième bataillon de dépôt du 18e régiment d'infanterie légère reviendra dans le Frioul. Vous emmènerez avec vous votre chef d'état-major, votre général d'artillerie, votre commissaire ordonnateur en chef. Il y a en Dalmatie un général du génie, mais vous ferez bien d'emmener le colonel qui commande en ce moment le génie du deuxième corps sous vos ordres, et deux officiers du génie. Vous pourrez emmener, si vous le jugez nécessaire, deux officiers supérieurs d'artillerie et quatre capitaines en second; vous pouvez emmener une compagnie de canonniers au grand complet et six ou huit pièces de campagne. Je vous engage à les prendre des calibres de six, et obus de cinq pouces six lignes. Ce sont les calibres que vous trouverez en Dalmatie. Vous emmènerez vos différents chefs de service, et surtout ce qui concerne les hôpitaux et beaucoup d'infirmiers. Il faut que les troupes que vous emmènerez aient, s'il est possible, trois paires de souliers par homme; le cuir et la toile manquent en Dalmatie. Sa Majesté désire que vous pressiez le plus possible ce mouvement. Vous allez donc avoir, en sus de ce que le général Molitor avait en Dalmatie, deux bons bataillons de guerre du 60° régiment, deux bataillons de guerre du 18° léger, un des chasseurs brescians, deux bataillons de la garde italienne, qui sont en marche, et enfin, si vous le jugez convenable, deux autres bataillons. Cependant l'intention bien formelle de Sa Majesté est que, lors de votre arrivée à Zara, si vous apprenez que Raguse a été dégagé par le général Molitor, alors vous devez renvoyer ces deux derniers bataillons. Vous verrez, d'après la copie des instructions que vous enverra l'état-major général, et que j'avais donnée par ordre de l'Empereur, que les deux bataillons de la garde et les chasseurs brescians sont destinés pour le corps d'armée du général Lauriston. Sa Majesté ne me dit pas que vous devez emmener des généraux, parce qu'elle sait qu'il y en a beaucoup en Dalmatie; cependant vous pouvez emmener avec vous un général de division ou un général de brigade, suivant que vous le jugerez convenable.

« Sa Majesté ayant nommé le général Lauriston gouverneur de l'Albanie et de Raguse, et ne m'en parlant pas dans sa dernière lettre, il continue à ne pas faire partie de l'armée de Dalmatie. Cependant, pour le bien du service, il est indispensable que vous correspondiez ensemble.

« Vous voudrez bien me faire envoyer, avant votre départ, par votre chef-d'état-major, l'état de situation bien détaillé du corps d'armée que vous laissez dans le Frioul.

« Le chef d'état-major général vous adressera la situation des troupes en Dalmatie. »

FIN DU TOME DEUXIÈME

TABLE DES MATIÈRES

LIVRE QUATRIÈME. — 1799-1800.

Expédition de Syrie. — Conférence avec le général Menou. — Alexandrie fortifiée. — Flottille envoyée au corps expéditionnaire en Syrie — Conséquences de l'insuccès à Saint-Jean-d'Acre. 1

Les pestiférés et les prisonniers. — Insurrection dans la province de Bahiré. — Flotte turque à Aboukir (12 juillet 1799). — Bonaparte à Alexandrie (22 juillet). — Bataille d'Aboukir (25 juillet). 12

Le général en chef prend la résolution de rentrer en France. — Son départ. — M. Blanc. — Navigation dangereuse. — Débarquement à Fréjus. — Anecdote. — Bonaparte se rend à Paris (octobre 1799). 32

CORRESPONDANCE DU LIVRE QUATRIÈME.

Berthier à Marmont, de Gaza.	55
Marmont à Bonaparte, d'Alexandrie.	56
Berthier à Marmont, de Jaffa.	60
— — de Saint-Jean-d'Acre.	62
Marmont à Bonaparte, d'Alexandrie.	62
— — d'Alexandrie.	68
— — d'Alexandrie.	72
— — d'Alexandrie.	75
— — d'Alexandrie.	76
— — d'Alexandrie.	81
— — d'Alexandrie.	82
— — d'Alexandrie.	86

LIVRE CINQUIÈME. — 1799-1800.

Bonaparte à Paris. — Les directeurs. — 18 brumaire. — Consulat. — Mesures administratives. — 1800. Campagne d'Italie. — Réunion de l'armée de réserve à Dijon. — Situation des armées française et autrichienne.. 88

Passage du Saint-Bernard. — Le fort de Bard. — Difficultés immenses. — Entrée à Milan. — Passage du Pô. — Les troupes françaises sur les bords de la Bormida. — Desaix. — Novi. — Bataille de Marengo (14 juin 1800). — Charge de Kellermann............... 115

Réflexions sur cette bataille. — Mort de Desaix et de Kléber. — Égypte. — Conséquences de la victoire de Marengo. — Desaix. — Armistice d'Alexandrie (16 juin).. 134

LIVRE SIXIÈME. — 1800-1804.

Masséna commande l'armée d'Italie. — Fête du 14 juillet à Paris. — Brune remplace Masséna. — Reprise des hostilités. — Campagne de 1800 à 1801 en Italie. — Retraite des Autrichiens. — Passage du Mincio (26 décembre). — Davoust et Brune. — L'armée sur l'Adige (31 décembre 1800). — Entrée à Vérone......... 149

Macdonald débouche du Splügen. — Armistice de Trévise. — Visite au général en chef. — Le colonel Sébastiani. — Démolition des places fortes. — Fénestrelles. — Mantoue. — Paix de Lunéville. — Davoust.. 170

Retour de Marmont à Paris. — Rétablissement du culte catholique (1802). — Le Code civil. — Institution de la Légion d'honneur. — Marmont inspecteur général d'artillerie. — Message du roi d'Angleterre. — Déclaration de guerre. — Distribution de l'armée sur les côtes. — L'Américain Fulton. — Polémique concernant les bateaux plats... 195

Stratégie navale. — Villeneuve et Calder. — Confiance de l'Empereur dans le succès de l'expédition en Angleterre. — Entretien d'Augsbourg. — Le général Foy. — Marmont au camp d'Utrecht...... 210

LIVRE SEPTIÈME. — 1804-1805.

Le général Victor en Hollande. — Le Directoire batave. — Inspection générale. — Établissement du camp. — Conditions locales. — Pichegru. — Érection de l'Empire. — Nomination des maréchaux. — Pourquoi est-il maréchal?.. 220

Retour au camp. — Facilités. — Choix de l'emplacement. — État sanitaire. — Instruction des troupes. — Grand concours d'étrangers. — Députation des magistrats d'Amsterdam. — Fêtes. — Marmontberg. — Conditions des mouvements d'armée.............. 228

TABLE DES MATIÈRES. 411

Quartiers d'hiver. — Couronnement de l'Empereur. — Plus rien de grand à faire. — Joseph Bonaparte. — Le *vilain* titre de roi. — Affaire des marchandises anglaises. — Mauvais vouloir du Directoire hollandais. — Il est remplacé par le grand pensionnaire. 239
Visite des provinces. — État physique de la Hollande. — Les digues. — Leur conservation. — Leur forme. — Visite dans l'île de Valcheren et de Gorée. — Accidents des digues. — Inondations des fleuves. — Activité des habitants contre leurs ravages. — Remèdes indiqués. . . 251
Voyage dans la Nord-Hollande. — Retour au camp. — Sa levée. — Préparatifs d'embarquement. — Nouvelle du combat d'Ortegal. — L'armée débarque. — Elle est dirigée sur le Rhin. 261

CORRESPONDANCE DU LIVRE SEPTIÈME.

Le ministre de la guerre à Marmont, de Paris. 272
    —   —   de Paris. 273
    —   —   de Paris. 273
Le grand chancelier de la Légion d'honneur à Marmont, de Paris. . 275
L'ambassadeur de Sémonville à Marmont, de la Haye. 276
Le ministre de la guerre à Marmont, de Paris. 279
    —   —   de Paris. 279
M. de Sémonville à Marmont, de la Haye. 280
    —   —   de la Haye. 289
    —   —   de la Haye. 292
Berthier à Marmont, de Paris. 293
    —   —   de Boulogne. 294
    —   —   de Boulogne. 294
    —   —   de Boulogne. 295
    —   —   de Boulogne. 297

LIVRE HUITIÈME. — 1805.

L'armée dirigée sur Mayence. — Le capitaine Leclerc et l'électeur de Bavière. — Arrivée à Wurtzbourg. — Le territoire d'Anspach. — L'armée autrichienne. — Détails. — Mack. — L'esprit et le caractère. — Disposition de l'armée. — Obstination de Mack. — Combat de Wertingen : Lannes et Murat. — Ney au pont de Gunzbourg. 300
L'Empereur à Augsbourg. — Position de Pfuld. — L'ennemi cerné. — L'archiduc Ferdinand. — Description de la place d'Ulm. — Les nouvelles fourches. — Valeur comparée des troupes françaises et étrangères. — L'armée sur l'Inn. 313
Marmont dirigé sur Lambach, sur Steyer. — Une partie de l'armée sur la rive gauche du Danube, à Passau. — Combat d'Amstetten. — Mortier à Dürrenstein. — Marmont à Leoben à la rencontre de l'armée de l'archiduc Charles. — Bataille de Caldiero : Masséna contre l'archiduc. 324

Marche de Marmont en Styrie. — Le capitaine Onakten. — Le capitaine Testot-Ferry : brillant fait d'armes. — Incertitudes sur la direction de l'archiduc Charles. 327
Marmont prend position à Gratz. — Sécurité de l'Empereur à l'égard de l'archiduc Charles. — Le hasard, la bravoure, la présence d'esprit, et le pont du Thabor : Lannes et Murat. 334
La surprise du pont décide la direction de la campagne. — Bataille d'Austerlitz. — Les sacs russes. — Retraite de Marmont sur Vienne. L'armistice. 338

CORRESPONDANCE DU LIVRE HUITIÈME.

			---	---
Berthier à Marmont, de Paris.	344
— — de Paris.	345
— — de Paris.	346
— — de Strasbourg.	346
— — d'Ettlingen.	347
— — de Donauwert.	349
— — de Donauwert.	350
— — d'Augsbourg.	351
— — d'Oberfullen.	353
— — de Munich.	354
— — de Braunau.	355
— — de Laynbach.	356
— — de Lintz.	357

LIVRE NEUVIÈME. — 1805-1806.

Marmont à Grätz jusqu'à la paix. — Masséna en Illyrie. — Le fort de Grätz. — Coup d'œil sur la campagne qui vient de finir. — Conséquences de la violation du territoire prussien : détails. — Grätz. — Ordre d'occuper le Frioul. — Les Autrichiens livrent Cattaro aux Russes. 360
Séjour à Trieste. — Mort du père de Marmont. — Les faux illyriennes. — Les enclaves du Frioul. — Les Fourlous parlent languedocien. — Le corps d'armée de Marmont à Monfalcone et à Sacile. 365
Trombe de Palmanova. — Système de défense de la frontière italienne contre l'invasion des Allemands. — Forts à Malborghetto, à Caporetto, à Canale. — Le coffre-fort d'Osopo. — Visite à Udine et à Milan. . 369
Eugène Beauharnais. — Passion de Marmont pour l'Italie. — Perspicacité des Italiens. — Les conscrits parisiens. — Lauriston en Dalmatie. — Il prend possession de Raguse. — Le Monténégro : son organisation. 371
Le système constitutionnel se soulève contre Lauriston. — Description de la place de Raguse. — Lauriston assiégé. — Molitor et Marmont viennent à son secours. — Étonnement de Lauriston. — Molitor obligé de s'arrêter à la porte. 379

Le général Thiars; anecdote. — Dandolo à Zara : son importance affectée. — Fêtes et visites à madame Dandolo. 383

CORRESPONDANCE DU LIVRE NEUVIÈME.

Berthier à Marmont, de Braun.. 386
—   —   de Schœnbrunn. 387
—   —   de Schœnbrunn. 387
—   —   de Schœnbrunn. 389
—   —   de Schœnbrunn. 390
—   —   de Schœnbrunn. 391
—   —   de Lintz. 393
—   —   de Lintz. 394
Le prince Eugène à Marmont, de Vérone. 395
Berthier à Marmont, de Munich. 395
—   —   de Munich. 396
Le prince Eugène à Marmont, de Milan. 397
Le général Molitor à Marmont, de Macarsca. 399
Extrait d'une lettre de S. M. l'Empereur à S. A. I. le vice-roi. . . 400
Le prince Eugène à Marmont, de Milan. 402
Berthier à Marmont, de Munich. 402
—   —   de Munich. 404
Le prince Eugène à Marmont, de Varèze. 405
—   —   de Monza. 406

FIN DE LA TABLE DES MATIÈRES DU TOME DEUXIÈME.

CONDITIONS DE LA SOUSCRIPTION

Les *Mémoires du maréchal duc de Raguse*, de 1792 à 1841, formeront huit forts volumes in-8. — Prix de chaque volume. . 6 fr.

IL PARAIT UN VOLUME TOUS LES QUINZE JOURS.

SOUVENIRS D'UN VOYAGE EN SIBÉRIE

PAR

CRISTOPHE HANSTEEN

Directeur de l'Observatoire de Christiania

ACCOMPAGNÉS D'UNE CARTE ITINÉRAIRE DRESSÉE PAR L'AUTEUR

Un fort volume in-8° — Prix : 6 fr.

NOUVELLE ÉDITION REVUE ET CORRIGÉE

MÉMOIRES ET CORRESPONDANCE POLITIQUE ET MILITAIRE

DU ROI JOSEPH

PUBLIÉS, ANNOTÉS ET MIS EN ORDRE

Par A. DU CASSE, aide de camp de S. A. I. le prince Jérôme Napoléon

Cette publication est une des plus importantes qui aient paru depuis longtemps. On comprend quelles données nouvelles fournit à l'histoire contemporaine un livre qui ne renferme pas moins de HUIT CENTS LETTRES inédites de Napoléon, de DOUZE CENTS du feu roi Joseph, et de CINQ A SIX CENTS des personnes les plus considérables de la République, du Consulat et de l'Empire. — Cet ouvrage forme dix forts volumes in-8°. — Prix de chaque volume. . . . . 6 fr.

Pour paraître prochainement

HISTOIRE
DU
RÈGNE DE GUILLAUME III

POUR FAIRE SUITE A

L'HISTOIRE DE LA RÉVOLUTION DE 1688

PAR T.-B. MACAULAY

TRADUIT DE L'ANGLAIS PAR AMÉDÉE PICHOT

L'ouvrage forme 3 volumes in-8°. — Prix de chaque volume. . . . . 4 fr.

www.ingramcontent.com/pod-product-compliance
Lightning Source LLC
Chambersburg PA
CBHW051831230426
43671CB00008B/918